大学应用型课程专业（精品）系列教材

HULIANWANG YINGXIAO

互联网营销

戴国良　主编

中山大学出版社

·广州·

版权所有　翻印必究

图书在版编目（CIP）数据

互联网营销/戴国良主编． —广州：中山大学出版社，2023.1
大学应用型课程专业（精品）系列教材/喻世友主编
ISBN 978 – 7 – 306 – 07700 – 4

Ⅰ．①互⋯　Ⅱ．①戴⋯　Ⅲ．①网络营销—高等学校—教材　Ⅳ．①F713.365.2

中国国家版本馆 CIP 数据核字（2023）第 016676 号

出 版 人：王天琪
策划编辑：嵇春霞　李海东
责任编辑：李海东
封面设计：曾　斌
责任校对：赵　婷
责任技编：靳晓虹
出版发行：中山大学出版社
电　　话：编辑部 020 – 84110283，84113349，84111997，84110779，84110776
　　　　　发行部 020 – 84111998，84111981，84111160
地　　址：广州市新港西路 135 号
邮　　编：510275　传　　真：020 – 84036565
网　　址：http：//www.zsup.com.cn　E-mail：zdcbs@ mail.sysu.edu.cn
印 刷 者：佛山市浩文彩色印刷有限公司
规　　格：787mm×1092mm　1/16　15.75 印张　380 千字
版次印次：2023 年 1 月第 1 版　2023 年 1 月第 1 次印刷
定　　价：58.00 元

如发现本书因印装质量影响阅读，请与出版社发行部联系调换

大学应用型课程专业（精品）系列教材
编委会

主　编　喻世友

编　委（按姓氏拼音排序）

　　　陈剑波　陈天祥　丁建新　方海云　冯　原
　　　何江海　何兴强　黄家瑜　黄静波　黎颂文
　　　罗焕敏　吕佩安　孙　立　王丽荣　卫建国
　　　杨　智　喻世友

前　言

近年来，互联网营销取得了前所未有的发展，受到了社会各界的重视。2020年7月6日，人力资源和社会保障部联合国家市场监督管理总局、国家统计局发布9个新职业，其中包括互联网营销师。2021年，人力资源和社会保障部、中央网信办、国家广播电视总局共同发布了互联网营销师国家职业技能标准。互联网营销师正式纳入《中华人民共和国职业分类大典》，广大互联网营销从业者将迎来健康规范发展的新时期。

本书定位于培养互联网营销应用型人才，可以作为普通本科、应用型本科、高职高专等高校的教材，也可以作为互联网营销从业人员的工具书。

所谓应用型人才，是有别于学术型人才与操作型人才的一种人才类型。应用型人才的关键特征是知行合一。知行合一既是人才类型，也是人才培养模式：作为人才类型，是指既掌握系统理论知识，又能够指导自己行动、理论联系实际的完成工作任务的人才；作为人才培养模式，是通过"知"了解"行"，通过"行"了解"知"。

本书在内容编排上，根据互联网营销的理论知识和工作任务进行拆解、重构，将内容分为三大部分共九章。第一部分为第一章至第四章，第二部分为第五章，第三部分为第六章至第九章。第一部分主要学习互联网营销理论知识，即通过"知"了解"行"；第二部分起到承上启下的作用，第五章既是第一章至第四章互联网营销理论知识的综合应用，又为后续内容打下策划基础；第三部分按知识的应用逻辑——互联网营销工作任务逻辑来组织内容，在实践中深化对理论知识的认识，即通过"行"了解"知"（本书框架如图0.1所示）。全书以理论指导实践，在实践中深化对理论的认识，这样安排可以解决传统教学模式"知"与"行"脱节的问题。

本书由戴国良担任主编，陈灵燕、万卫、谭晓琪、王秀梅等老师参与编写，陈哲涵、李彩燕、卢淑女、孔展扬、郭志帆等同学协助搜集整理资料，全书最后由戴国良审核定稿。

本书的编写参考引用了大量文献资料，在此向原作者表达深深的谢意。互联网营销作为新兴学科和新兴职业，其理论与实践仍然在快速发展中，且编者水平有限和时间仓促，本书不足之处在所难免，恳请读者批评指正，欢迎将相关问题发送邮件至82353600@qq.com，以便今后修正。

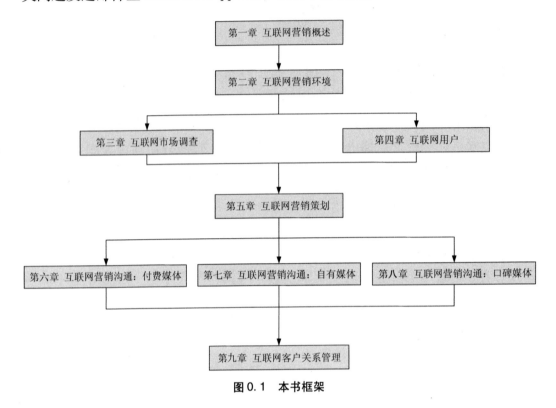

图 0.1　本书框架

本书能够出版，首先要感谢广州南方学院，本项目在2019年获得广州南方学院校级应用型课程立项，2020年获得广东省本科高校电子商务教学指导委员会教改项目立项。本书在编写过程中，得到了广州南方学院钟肖英、李达浩等同事的热心帮助和支持，在出版过程中中山大学出版社嵇春霞副总编辑予以了大力支持，在此一并深表感谢！

目　录

第一章　互联网营销概述 … 1
- 学习目标 … 1
- 知识导图 … 1
- 导入案例　B公司的互联网营销 … 2
- 第一节　互联网营销基础概念 … 3
  - 一、市场营销基础知识 … 3
  - 二、互联网营销 … 5
  - 三、互联网媒体 … 8
- 第二节　互联网营销系统概述 … 12
  - 一、互联网营销系统 … 12
  - 二、互联网营销组织 … 15
  - 三、互联网营销职业 … 16
- 第三节　互联网营销理论基础 … 21
  - 一、市场营销理论 … 22
  - 二、消费者行为理论 … 26
  - 三、计算广告理论 … 27
  - 四、社交媒体营销理论 … 27
  - 五、营销绩效评价理论 … 27
- 本章小结 … 28
- 复习思考题 … 28
- 互联网营销实训 … 29

第二章　互联网营销环境 … 30
- 学习目标 … 30
- 知识导图 … 30
- 导入案例　广告监管案例 … 31
- 第一节　互联网营销环境概述 … 31
  - 一、什么是互联网营销环境 … 31
  - 二、互联网营销环境的内容 … 32
- 第二节　互联网营销宏观环境 … 33

　　　　一、互联网营销宏观环境概述 ·················· 33
　　　　二、政治法律环境 ························ 34
　　　　三、经济环境 ·························· 38
　　　　四、社会文化环境 ························ 41
　　　　五、技术环境 ·························· 42
　　第三节　互联网营销微观环境 ······················ 48
　　　　一、互联网营销微观环境概述 ·················· 48
　　　　二、互联网用户 ························· 50
　　　　三、互联网中间媒体 ······················ 52
　　　　四、目标网站 ·························· 53
　　　　五、竞争者 ··························· 53
　　　　六、供应商 ··························· 54
　　第四节　互联网营销资源与能力 ····················· 55
　　　　一、企业资源与能力 ······················ 55
　　　　二、互联网营销资源与能力 ··················· 58
　　本章小结 ······························· 59
　　案例分析一 ······························ 60
　　案例分析二 ······························ 60
　　复习思考题 ······························ 60

第三章　互联网市场调查 ··························· 62
　　学习目标 ······························ 62
　　知识导图 ······························ 62
　　导入案例　S公司的互联网市场调查 ·················· 63
　　第一节　市场调查概述 ························· 63
　　　　一、什么是市场调查 ······················ 63
　　　　二、市场调查内容 ······················· 64
　　　　三、市场调查过程 ······················· 65
　　　　四、市场调查方法 ······················· 66
　　第二节　文案调查法 ·························· 67
　　　　一、文案调查法概述 ······················ 67
　　　　二、互联网文案调查 ······················ 69
　　第三节　访谈调查法 ·························· 71
　　　　一、访谈调查法概述 ······················ 71
　　　　二、互联网访谈法 ······················· 73

第四节　观察调查法 …………………………………………………………… 73
      一、观察调查法概述 ………………………………………………………… 73
      二、互联网观察方法 ………………………………………………………… 74
   第五节　问卷调查法 …………………………………………………………… 76
      一、问卷调查法概述 ………………………………………………………… 76
      二、问卷调查过程 …………………………………………………………… 76
   第六节　实验法 ………………………………………………………………… 85
      一、实验法概述 ……………………………………………………………… 85
      二、互联网实验法 …………………………………………………………… 86
   第七节　市场调查报告 ………………………………………………………… 87
      一、市场调查报告结构 ……………………………………………………… 87
      二、市场调查报告格式 ……………………………………………………… 88
   本章小结 ………………………………………………………………………… 91
   复习思考题 ……………………………………………………………………… 91
   互联网市场调查实训 …………………………………………………………… 92

第四章　互联网用户 ………………………………………………………………… 93
   学习目标 ………………………………………………………………………… 93
   知识导图 ………………………………………………………………………… 93
   导入案例　拼多多的拼团折扣 ………………………………………………… 94
   第一节　互联网用户概述 ……………………………………………………… 94
      一、什么是互联网用户 ……………………………………………………… 94
      二、互联网用户研究内容 …………………………………………………… 94
   第二节　互联网用户使用行为 ………………………………………………… 95
      一、用户采纳行为 …………………………………………………………… 95
      二、持续使用行为 …………………………………………………………… 101
      三、内容生产行为 …………………………………………………………… 102
      四、内容消费行为 …………………………………………………………… 102
   第三节　互联网用户消费行为 ………………………………………………… 104
      一、消费行为概述 …………………………………………………………… 104
      二、消费行为影响因素理论 ………………………………………………… 106
      三、作为个体的消费者 ……………………………………………………… 107
      四、作为决策者的消费者 …………………………………………………… 109
      五、作为社会成员的消费者 ………………………………………………… 111
   第四节　营销沟通与互联网用户行为 ………………………………………… 113

一、营销沟通与用户行为概述……………………………………………………113
　　　二、营销沟通媒介选择……………………………………………………………113
　　　三、营销沟通模型…………………………………………………………………115
　　　四、营销沟通与决策过程…………………………………………………………117
　　　五、全媒体整合营销沟通…………………………………………………………118
　本章小结………………………………………………………………………………118
　案例分析　小米手机的互联网营销…………………………………………………119
　复习思考题……………………………………………………………………………120

第五章　互联网营销策划……………………………………………………………121
　学习目标………………………………………………………………………………121
　知识导图………………………………………………………………………………121
　导入案例　红色罐装王老吉品牌策划………………………………………………121
　第一节　互联网营销策划概述………………………………………………………122
　　　一、什么是互联网营销策划………………………………………………………122
　　　二、互联网营销策划程序…………………………………………………………124
　第二节　互联网营销策划内容………………………………………………………126
　　　一、形势分析………………………………………………………………………126
　　　二、互联网营销目标………………………………………………………………128
　　　三、互联网目标市场营销策略……………………………………………………131
　　　四、互联网营销组合策略…………………………………………………………134
　　　五、互联网媒体营销策略…………………………………………………………141
　　　六、互联网客户关系管理策略……………………………………………………141
　　　七、制定实施计划…………………………………………………………………141
　　　八、营销控制………………………………………………………………………142
　第三节　互联网营销策划书…………………………………………………………145
　本章小结………………………………………………………………………………146
　复习思考题……………………………………………………………………………147
　互联网营销策划实训…………………………………………………………………147

第六章　互联网营销沟通：付费媒体………………………………………………148
　学习目标………………………………………………………………………………148
　知识导图………………………………………………………………………………148
　导入案例　淘宝网的网络广告………………………………………………………149
　第一节　广告概述……………………………………………………………………149

一、什么是广告 ·· 149
　　二、广告的作用 ·· 150
　　三、广告发展历史 ··· 150
　　四、广告分类 ·· 150
　　五、广告行业 ·· 151
第二节　互联网广告 ·· 155
　　一、互联网广告概述 ··· 155
　　二、互联网广告模式 ··· 156
　　三、广告效果指标与计费方式 ·· 158
　　四、互联网广告策划程序 ·· 160
　　五、互联网广告资源与平台 ··· 161
第三节　广告创意与设计 ·· 163
　　一、广告创意 ·· 163
　　二、广告设计 ·· 164
第四节　互联网广告监督 ·· 164
　　一、互联网广告监管机制 ·· 164
　　二、《广告法》重点条文解读 ··· 165
本章小结 ··· 167
复习思考题 ··· 168

第七章　互联网营销沟通：自有媒体 ··· 169
学习目标 ··· 169
知识导图 ··· 169
导入案例　网站搜索引擎优化 ··· 170
第一节　自有媒体营销概述 ··· 170
第二节　网站营销 ··· 171
　　一、网站营销概述 ··· 171
　　二、网站设计 ·· 172
　　三、网站推广 ·· 176
　　四、网站营销关键绩效指标 ··· 180
第三节　App 营销 ··· 181
　　一、App 营销概述 ··· 181
　　二、App 营销推广 ··· 182
　　三、App 营销关键绩效指标 ··· 182
第四节　短视频营销 ·· 183

一、短视频营销概述 183
　　二、短视频营销管理 184
　　三、短视频营销关键绩效指标 184
第五节　网络直播营销 185
　　一、网络直播营销概述 185
　　二、网络直播营销管理 185
　　三、网络直播营销关键绩效指标 190
本章小结 190
复习思考题 191

第八章　互联网营销沟通：口碑媒体 192
学习目标 192
知识导图 192
导入案例　谷歌深谙口碑媒体营销 192
第一节　互联网口碑媒体营销 193
　　一、互联网口碑概述 193
　　二、互联网口碑媒体营销策略 197
　　三、互联网口碑营销关键绩效指标 200
第二节　互联网品牌 200
　　一、品牌理论 200
　　二、互联网品牌策划 203
　　三、互联网品牌关键绩效指标 204
第三节　互联网公关 205
　　一、互联网公关概述 205
　　二、互联网公关媒体渠道 206
　　三、互联网公关关键绩效指标 211
本章小结 211
案例分析一 211
案例分析二 212
复习思考题 212

第九章　互联网客户关系管理 214
学习目标 214
知识导图 214
导入案例　迪克连锁超市的客户关系管理 215

第一节 客户关系管理概述	216
一、什么是客户关系管理	216
二、客户关系管理的作用	216
三、客户关系管理发展历史	217
四、客户关系管理理论	218
第二节 互联网客户关系管理	219
一、互联网客户关系管理过程	219
二、建立客户关系	220
三、客户分析	220
四、客户关系管理策略	224
五、客户关系管理关键绩效指标	225
第三节 互联网客户关系管理工具	226
一、许可电子邮件	226
二、品牌网络社区	228
三、社会化媒体客户关系管理	229
四、e-CRM 系统	232
本章小结	234
案例分析	234
复习思考题	235

参考文献 236

第一章 互联网营销概述

【学习目标】

1. 掌握互联网对营销的意义、互联网营销定义、互联网营销职能、互联网媒体变迁和互联网媒体分类等知识。
2. 了解互联网营销系统、互联网营销组织和互联网营销职业。
3. 了解市场营销理论、消费者行为理论、计算广告理论、社交媒体营销理论和营销绩效评价理论。

【知识导图】（图1.1）

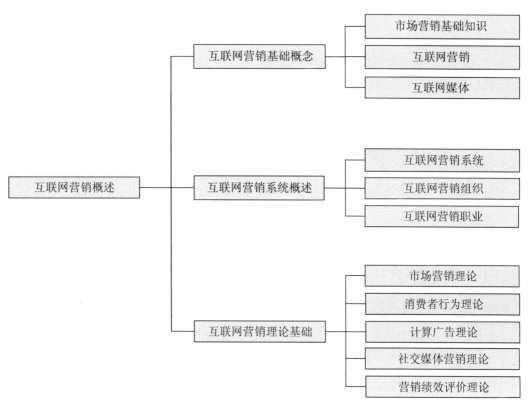

图1.1 本章知识导图

【导入案例】

B 公司的互联网营销

B 公司创办于 2007 年，主营产品为男装、女装、童装、鞋等品类，其商业模式为 B2C 电子商务。凭借出色的互联网营销，B 公司成立第一年的销售额即达到 5 亿元。B 公司的互联网营销手段主要包括以下 7 种：

（1）官方网站。B 公司建设了一个官方网站，网站能够在线展示品牌和销售商品。

（2）搜索引擎优化。对公司网站的 title、keywords、content 等 html 标签设置关键词，包括"快时尚""男装""女装"等十几个关键词，多个关键词优化到了自然搜索结果的第一屏。当消费者使用搜索引擎搜索时，能通过搜索引擎快捷找到并进入 B 公司官方网站。

（3）搜索引擎广告。B 公司在百度等搜索引擎投放了竞价排名，多个关键词搜索排名第一位，多个关键词排在第一屏。搜索引擎广告为 B 公司网站带来了很多的流量。

（4）网络广告营销。在迅雷、新浪、雅虎、腾讯、凤凰网等主要网络门户网站投放广告，广告媒体形式有文字、图片、Flash 和视频等，统一制作和管理。这些网络广告吸引网民点击跳转到 B 公司的官方网站，为打造品牌起到举足轻重的作用。

（5）网络广告联盟。B 公司在多家网络广告联盟上投放了按销售付费（cost per sales，CPS）广告，将代码嵌入个人网站即可按销售成交提成广告费。这一手段吸引了许多个人站长在网站上投放 B 公司广告。

（6）博客话题营销。B 公司以产品为话题，提供免费礼品，征集博客用户写体验文章，进行体验营销。

（7）许可电子邮件营销。给老客户发送经许可的电子邮件，主要是一些促销信息，让老客户回访网站。发送邮件的时机选择在用户签收订单后 11～12 天。

除此之外，B 公司还运用传统营销手段开展营销活动，包括电视报纸等传统媒体广告、公共关系营销、意见领袖营销、商务合作营销等。

（资料来源：http：//www.51hlht.com/show6i18210p1.html，编者改编）

第一节 互联网营销基础概念

一、市场营销基础知识

（一）市场营销相关概念

需要是市场营销的基石，是人们与生俱来的基本需要。需要层次理论将需要分为五个层次。

欲望是人类需要的形式，受文化和个人特征的影响。当存在具体的商品来满足需要的时候，需要就转变成为欲望，欲望往往是受特定的社会所制约的。

需求是指有支付能力购买具体的商品来得到满足的欲望。

产品是指能够通过交换满足消费者某一需求和欲望的任何有形物品和无形服务。

市场是买卖双方进行商品交换的场所，是某种产品的实际购买者和潜在购买者的集合。这些购买者具有共同的需要和欲望，能够通过特定方式产生交换和满足自身的需求。

美国营销学家菲利普·科特勒（Philip Kotler）教授对市场营销的定义为：市场营销是个人和集体通过创造产品和价值，并同别人自由交换产品和价值，以获得其所需之物的一种社会和管理过程。科特勒还给市场营销下了一个"尽可能简洁的定义"，那就是"有利可图地满足需求"。

英国特许营销机构对市场营销的定义为：市场营销是一个管理过程，其职能在于恰当地识别、预测和满足顾客的需求。

市场营销学的研究对象是市场营销活动及其规律，即研究企业如何识别、分析、评价、选择和利用市场机会，从满足目标市场顾客需求出发，有计划地组织企业的研究、开发、生产和销售等活动，通过交换，将产品从生产者手中转到消费者手中，同时实现企业收入、利润等目标。

（二）市场营销观念的变迁

市场营销观念是一个具有鲜明时代特征的概念，先后经历了生产观念、产品观念、推销观念、市场营销观念和社会市场营销观念的演化过程（图1.2）。

1. 生产观念

生产观念盛行于19世纪末20世纪初。当时美国市场是卖方市场，市场需求旺盛，而供应相对不足。生产观念的核心思想认为消费者偏爱价格低廉的产品，应该把经营重心放在生产效率上。生产观念的典型代表是福特汽车公司。福特认为，不管顾客的需要是什么，我们生产的汽车就是黑色的。生产观念是一种重生产、轻营销的指导思想，其典型表现就是"我们生产什么，就卖什么"。因为供不应求，所以不用操心销售的问题。

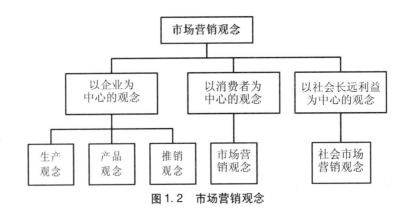

图 1.2　市场营销观念

2. 产品观念

产品观念产生的背景是消费者欢迎高质量的产品，因此，企业应致力于产品品质提高。企业管理的中心是致力于生产优质产品，并不断精益求精，日益完善。张瑞敏砸冰箱的故事就是产品观念的典型案例。1985年，一位用户反映所购买的海尔冰箱有质量问题，当时青岛电冰箱总厂厂长张瑞敏把库房里的400多台冰箱检查了一遍，发现有76台冰箱不合格。对于这些不合格的产品，有人提出可以将其作为福利，以较为便宜的价格销售给企业员工，因为这些冰箱不合格的原因大多数是不会对使用造成影响的外观划伤问题。但是张瑞敏直接否决了这一提议，并做出了将这些不合格产品全部砸掉的决定。他将全体员工召集到一起，谁生产的不合格冰箱就由谁亲自当众砸毁，而他本人挥起了第一锤。从此，产品质量观念深深烙进了海尔全体员工心中。

3. 推销观念

推销观念产生于资本主义经济由卖方市场向买方市场过渡的阶段。推销观念认为，消费者通常有一种购买惰性或抗衡心理，若听其自然，消费者就不会自觉地购买大量某企业的产品。因此，企业管理的中心任务是积极推销和大力促销，以诱导消费者购买其产品。其具体表现是"我卖什么，就设法让人们买什么"。在推销观念的指导下，企业相信产品是"卖出去的"，而不是"被买去的"。他们致力于产品的推广和广告活动，以求说服甚至强制消费者购买。他们招聘了大批推销人员，做大量广告，对消费者进行无孔不入的促销信息"轰炸"。

4. 市场营销观念

20世纪50年代开始形成市场营销观念。市场营销观念认为，实现企业诸目标的关键在于正确确定目标市场的需要和欲望，一切以消费者为中心，并且比竞争对手更有效、更有利地传送目标市场所期望得到满足的东西。市场营销观念的产生，是市场营销哲学的质的飞跃和革命，它不仅改变了传统的旧观念的逻辑思维方式，而且在经营策略和方法上也有很大突破。它要求企业营销管理贯彻"顾客至上"的原则，从而实现企业目标。因此，企业在决定其生产经营时，必须进行市场调研，根据市场需求及企业本身条件选择目标市场，组织生产经营，最大限度地提高顾客满意程度。执行市场营销观念的企业称为市场导向企业。

5. 社会市场营销观念

从20世纪70年代起，随着全球环境破坏、资源短缺、人口激增等问题日益严重，要求企业顾及消费者整体利益与长远利益的呼声越来越高。此时西方市场营销学界提出，企业生产经营不仅要考虑消费者的需要，而且要考虑消费者和整个社会的长远利益，这类观念统称为社会市场营销观念。社会市场营销观念的基本核心是：以实现消费者满意以及消费者和社会公众的长期福利作为企业的根本目的与责任。

二、互联网营销

自从1991年第一个网站开通以来，企业的营销活动被互联网所改变。接下来我们探讨一下互联网的特点、互联网的本质以及互联网对营销的意义。

（一）互联网的特点

互联网起源于美国阿帕网项目（ARPA net）。阿帕网于1969年正式启用，当时仅连接了四台计算机，这是互联网的前身。互联网发展迅速，今天的互联网已经成为开发和使用全球信息资源的信息海洋，基于互联网的服务和应用覆盖了社会生产和生活的方方面面。互联网世界统计数据显示，2021年全球互联网用户超过46.8亿人。中国于1994年全功能接入互联网。中国互联网络信息中心（CNNIC）第49次《中国互联网络发展状况统计报告》（以下简称CNNIC第49次报告）显示，截至2021年12月，我国网民规模达到10.32亿人。

在人类发明的众多的通信工具中，互联网能够脱颖而出，主要归功于互联网独有的结构特点和信息交流特点。

1. 互联网的结构特点

互联网采用客户机/服务器模式（Client/Server，C/S），凡是使用TCP/IP协议，并能与互联网上任意服务器进行通信的终端（个人计算机、平板电脑、智能手机等），均可看成互联网的一部分，使互联网成为一个开放的系统。互联网的这种结构特点使个人电脑、笔记本电脑、平板电脑和智能手机等各种终端设备都能通过有线或者无线等方式灵活、方便地接入互联网。

2. 互联网的信息交流特点

从信息交流角度来看，互联网具有开放性、实时性、交互性、无中介性、信息存储和处理成本低等特点。

（1）开放性。互联网是全球性的通信网络，因此它不存在地理范围上的界线，突破了信息交流的空间限制。

（2）实时性。人们通过互联网进行信息交流活动，能够以极高的速度进行，几乎是实时的，突破了信息交流的时间限制。

（3）交互性。互联网通信属于双向通信，使人们的信息交流有极强的交互性。

（4）无中介性。互联网没有中间管理层次，呈现出的是一种非中心的、离散式的结构，有利于信息的自由流动。

(5) 信息的存储和处理成本低。互联网信息的存储和处理成本因为 IT 界的摩尔定律而不断快速下降，这有利于信息的生产、存储和流通。

(二) 互联网的本质及其对营销的意义

人们常常说"上网"，给人感觉互联网是个场所，其实互联网的本质是媒体。

媒体（media）一词来源于拉丁语 medius，意为两者之间。媒体是传播信息的媒介，有两层含义：一是承载信息的物体，二是指传递、储存、处理、呈现信息的实体。互联网是人类用来传递信息与获取信息的工具、载体、中介物或技术手段。

1998 年 5 月，联合国新闻委员会年会上正式提出了"第四媒体"的概念，认为互联网继报纸、广播、电视之后，加入了大众传播行业。互联网被称为第四媒体，是从其出现在大众传播业中的顺序来说的。事实上，今天的互联网，其用户规模、传播范围和对人类社会的影响等已经远远超过报纸、广播和电视等传统媒体。

从营销角度，互联网媒体与电视、报纸杂志、广播电台、户外媒体等传统媒体相比，在覆盖受众、时效性、定向性、媒体丰富度、互动性、效果监测等方面具有显著优势（表 1.1）。①互联网覆盖受众面广，时效性高，互联网在空间上的无限性、在时间上的自由性，使之在传播条件上突破了许多客观因素的限制，有助于市场营销者开拓新市场。②互联网基于大数据和人工智能等定向技术，可以实施一对一营销、个性化营销沟通，让营销沟通更精准、更有针对性、更有效率。③互联网媒体形式丰富，媒体形式包括视频、动画、声音、图片、文字等，富媒体有助于与顾客沟通。④互联网的交互性很强，传统媒体主要是推式媒体，互联网媒体的交互性使得信息双向传递方便，既可以推式出站营销，也可以拉式入站营销。⑤利用互联网进行市场调查和获取数据、信息非常方便，有助于更好地发现、识别、预测和满足顾客需求。

表 1.1 互联网与传统媒体的比较

媒体类型	覆盖受众	时效性	定向性	媒体丰富度	互动性	效果监测
报纸杂志	覆盖受众有限	不及时	无法定向	图片、文字	单向	无
电视	覆盖受众广	较及时	无法定向	视频、图片、声音、文字	单向	无
广播	覆盖受众有限，主要为有车族、老年人	不及时	无法定向	声音	单向	无
户外媒体	覆盖受众有限	不及时	无法定向	图片、文字	单向	无
互联网	覆盖受众广	及时	可定向	视频、图片、声音、文字	双向	有

(三) 互联网营销的定义

互联网的本质是媒体，可以依托互联网开展品牌传播、销售和服务等营销活动。因此，本书将互联网营销定义为：互联网营销是以互联网为媒体的市场营销活动，通过互联网发现、识别和满足顾客需求。

在实践中，个人或组织通过网站、App、社交媒体、短视频、直播、网络社区、电子邮件等来获取新顾客、向顾客提供服务、在线传递价值。

（四）互联网营销的职能

互联网营销职能属于市场营销职能的组成部分。互联网营销职能主要包括互联网市场调查职能、互联网目标市场营销策略职能、互联网营销组合策略职能、互联网媒体营销职能、互联网客户关系管理职能等。各个职能的主要工作任务如下：

（1）互联网市场调查职能。其主要任务为调查了解互联网市场宏观和微观环境信息。

（2）互联网目标市场营销策略职能。其主要任务为明确为部分网络顾客服务的理念（市场细分、选择目标市场），在目标顾客心中创造差异化价值主张（市场定位）。

（3）互联网营销组合策略职能。互联网营销组合策略职能分为互联网产品策略、互联网价格策略、互联网渠道策略、互联网促销策略和互联网服务营销策略。主要任务包括：

·互联网产品策略。根据互联网市场需求和竞争情况，组织或协调研究、开发、设计、生产出具有竞争力的产品、品牌和服务。

·互联网价格策略。根据不同的市场定位，制定合理的网络价格体系，并根据市场变化调整网络价格。

·互联网渠道策略。营销渠道就是商品和服务从生产者向消费者转移过程的具体通道或路径，互联网渠道的主要任务是帮助商品所有权的转移。

·互联网促销策略。在互联网目标市场上通过网络广告、网络公共关系、网络营业推广等手段大面积地激发目标客户的需求，为网络销售提供销售线索。

·互联网服务营销策略。互联网环境下的服务营销，包括人员、过程与有形展示。

（4）互联网媒体营销职能。互联网媒体的具体形式有网站、App、社交媒体网站、短视频网站、网络直播间、网络社区和电子邮件等。互联网媒体营销职能的主要任务为运用互联网媒体开展销售、服务和品牌拓展等营销活动。其中，销售的主要任务为通过互联网与网络用户沟通，获得销售线索，签订网络销售订单，通过网络结算销售货款；服务的主要任务为通过互联网提供产品配送、安装、维修、退货、换货、常见问题回答等在线服务；品牌拓展的主要任务为提升品牌的知名度、认可度。

（5）互联网客户关系管理职能。通过互联网对客户关系进行管理，主要任务为对网络客户价值进行分析和分类管理，通过互联网实施一对一营销策略、销售策略和服务策略，实现网络用户的保留和增长。

互联网营销职能是市场营销职能的组成部分，互联网营销策略应服从市场营销策略，互联网营销的工作任务来自市场营销任务。

市场营销工作任务里面，有些工作任务可以在互联网上进行，有些工作任务可以在线下进行，有些工作任务既能在线上进行，也能在线下进行。开展互联网营销，不是说要抛弃电视、报纸、杂志、电台和户外媒体等传统媒体，也不是抛弃线下分销渠道。当前的市场营销或互联网营销,都是综合运用传统媒体和互联网媒体、线下渠道与线上渠道相结合的多渠道整合营销。开展市场营销的时候,需要系统思考哪些营销工作任务放到互联网上进行,哪些营销工作任务可以在线下开展,线上营销活动与线下营销活动如何协调才最有效率、最有效果。

三、互联网媒体

(一)互联网媒体变迁

中国互联网的发展可分为四个阶段,有学者称之为四次互联网浪潮。互联网作为媒体应用在营销领域,在互联网的四个发展阶段,其主流形式有所不同。

1. 第一次互联网浪潮:门户网站时代

第一次互联网浪潮时间为1994—2000年。互联网商业模式以四大门户——网易、搜狐、腾讯和新浪为代表,1997年6月网易创立,1998年搜狐创立,1998年11月腾讯创立,1998年12月新浪创立。这个阶段网民获取信息、互联网分发内容的主要模式是门户网站,可以称为门户网站时代。

2. 第二次互联网浪潮:搜索引擎时代

第二次互联网浪潮时间为2000—2008年。2000年1月1日百度公司创立,搜索引擎开始成为网民获取信息的主要渠道。这个阶段网民获取信息、互联网分发内容的主要模式从门户网站变成搜索引擎。门户网站依然存在,但搜索引擎成为网民获取信息的主要模式,所以这个阶段可以称为搜索引擎时代。

3. 第三次互联网浪潮:社交媒体时代

第三次互联网浪潮时间为2009—2012年。随着国内第三代移动通信(3G)的发展,移动互联网用户迅速增长。2012年,手机网民规模首次超过个人电脑,微博、微信等移动端社交网站兴起。这个阶段网民获取信息的主要方式从搜索引擎转移到手机端的各种App,信息分发模式从搜索引擎变为订阅模式,所以这个阶段称为社交媒体时代。

4. 第四次互联网浪潮:算法推荐内容时代

第四次互联网浪潮时间为2012年至现在。2012年3月,今日头条上线,今日头条首创的算法推荐内容模式开始流行。这个阶段的特点是算法推荐模式成为网络内容分发的主流模式,所以这个阶段可以称为算法推荐内容时代。

四次互联网浪潮对应了四次网民获取信息方式的变迁,也对应了互联网主流营销媒体形式的变迁(表1.2)。

表1.2 互联网营销媒体形式的变迁

时　代	代表企业（美国）	代表企业（中国）	营销主流媒体形式
门户网站时代	Yahoo!	新浪、搜狐、网易、腾讯网	付费媒体：门户网站广告； 自有媒体：企业网站； 口碑媒体：BBS、论坛等网络社区
搜索引擎时代	Google	百度	付费媒体：搜索引擎广告； 自有媒体：企业网站和搜索引擎优化； 口碑媒体：网站外链、收藏等
社交媒体时代	YouTube、Facebook	微信、微博等	付费媒体：微信、微博等社交媒体广告； 自有媒体：微信公众号、微博等社交媒体； 口碑媒体：微信公众号和微博等社交媒体的分享、收藏、点赞等
算法推荐内容时代	YouTube、Facebook	今日头条、抖音、快手等	付费媒体：短视频等算法推荐内容平台广告； 自有媒体：短视频营销、网络直播营销等； 口碑媒体：短视频网站和直播网站内容的评论、点赞、转发等

（二）互联网媒体分类

1. 按营销者对媒体的控制力分

互联网媒体形式多种多样，最基本的形式是网站，除此之外，还有App、社交媒体网站（包括微信、微博、短视频网站、直播网站等）和电子邮件等。根据市场营销者对媒体控制力的不同，这些互联网媒体可以分为三种类型，分别是付费媒体、自有媒体和赢得媒体（表1.3）。

表1.3 互联网营销媒体分类

媒体类型	定　义	媒体具体形式	主要作用
付费媒体	营销者付费使用的媒体	门户网站广告 搜索引擎广告 网站联盟广告 社交媒体广告 网络社区广告 电子邮件广告	品牌传播 为自有媒体引流 获取销售线索

续表 1.3

媒体类型	定义	媒体具体形式	主要作用
自有媒体	营销者可以控制内容的媒体渠道	企业网站 企业 App 社交媒体网站（品牌在社交媒体网站架设的网站，如公众号微博、短视频网站、直播间等） 许可电子邮件	用户转化 在线销售 在线售后服务 用户保留
赢得媒体（口碑媒体）	媒体报道和互联网口碑	各类网络媒体与传统媒体的报道，社交媒体的评论、点赞、分享、转发、喜欢等	品牌传播 为自有媒体引流

所谓付费媒体，是营销者需要付费才能使用的媒体渠道，营销者可以对内容加以控制，但营销者要遵守媒体平台有关内容和技术方面的要求。付费媒体营销也称为广告，传统的印刷品邮件广告、户外广告、电视广告、报纸广告、电台广告等都属于付费媒体营销。线上的付费媒体营销形式有门户网站广告、App 广告、搜索引擎广告、视频贴片广告、短视频广告、网络直播广告、电子邮件广告、网络社区广告等。本书将在第六章详细介绍付费媒体营销。

自有媒体是营销者对内容、内容形式、内容发布等有较强控制力的媒体渠道，如企业投资建设的品牌网站、App、品牌网络社区等，或者品牌在社交媒体平台架设的网站，如品牌微信公众号、品牌微博、品牌短视频网站、品牌网络直播间等。一般情况下，自有媒体也是目标网站。本书将在第七章详细介绍自有媒体营销。

赢得媒体，也称为口碑媒体、免费媒体。本书中赢得媒体、口碑媒体、免费媒体三个概念是同一个意思，主要指各类网络媒体与传统媒体的报道和网络用户的评论、点赞、分享、转发、喜欢等口碑。营销者可以通过互联网公关活动与网络媒体出版商、传统媒体（如电视、报纸、户外媒体等）、意见领袖（博主、各类网红等）、网民和政府等社会各界良好沟通以赢得报道和口碑传播。网络媒体出版商是指有网络内容采编出版权的网络信息服务提供商，如腾讯新闻、凤凰网等。本书将在第八章详细介绍互联网口碑媒体营销。

在门户网站时代，互联网营销的付费媒体主要为门户网站广告，自有媒体主要为企业网站，口碑媒体主要为 BBS、论坛等网络社区；在搜索引擎时代，互联网营销的付费媒体主要为搜索引擎广告，自有媒体为企业网站+搜索引擎优化，口碑媒体主要为网站外链、收藏等；在社交媒体时代，互联网营销的付费媒体主要为社交媒体广告，自有媒体主要为在社交媒体平台上开设的微信公众号、微博、短视频平台网站、直播网站等，口碑媒体为微信公众号和微博等社交媒体的分享、收藏、点赞等；在算法推荐内容时代，互联网营销的付费媒体主要是各类算法推荐广告等，自有媒体为企业的短视频营销和网络直播营销，口碑媒体主要为短视频和直播的评论、点赞、转发等。以上互联网媒体形式是共同存在的，只是网民使用率有所不同。搜索和订阅是网民主动获取信息模式,算法推荐则是网民被动消费信息模式。

互联网营销者应最优化运用三类媒体以取得最佳营销效果,一般使用付费媒体曝光引流以获得新用户,使用自有媒体来实现用户转化和服务现有用户,通过赢得媒体来促进品牌传播和为自有媒体引流,通过客户关系管理来实现顾客保留和顾客份额增长。

2. 按媒体的营销作用分

按营销的作用分为,互联网媒体可以分为中间媒体和目标网站,互联网用户通过中间媒体来访问目标网站。图1.3展示了互联网用户上网旅程,互联网用户上网冲浪、运用各种互联网中间媒体浏览新闻、休闲娱乐、游戏、购物和观看视频等,部分用户可能受到广告、互联网公关等营销活动影响而进入目标网站。

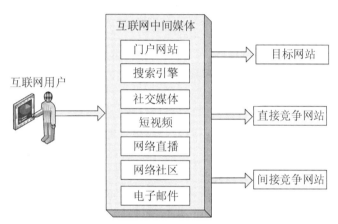

图1.3 互联网中间媒体与目标网站

目标网站是营销者希望用户访问、使用的网站。目标网站可以是营销者自己建设的网站、App、网络社区等,也可以在中间媒体平台上架设,如微信公众号、微博、短视频网站等。

表1.4给我们展示了为实现营销功能可供选择的互联网媒体形式,如市场调查职能可以采用企业网站、App、社交媒体(微信公众号、微博、短视频、直播等)、品牌网络社区和电子邮件等。

表1.4 营销功能与互联网媒体形式

营销功能	可供选择的互联网媒体形式
市场调查	企业网站、App、社交媒体(国内:微信公众号、微博、抖音、快手等;国外:Facebook、YouTube等)、品牌网络社区、电子邮件等
品牌传播	企业网站、App、社交媒体(国内:微信公众号、微博、抖音、快手等;国外:Facebook、YouTube等)、电子邮件等
直接销售	企业网站、App、电商平台网站(京东、淘宝、天猫、拼多多等)、短视频网站、直播网站等

续表1.4

营销功能	可供选择的互联网媒体形式
分销	企业网站、App、电商平台网站（国内：京东、淘宝、天猫、拼多多等；国外：Amazon、Ebay等）、短视频平台网站、直播平台网站、分销网站、个人分销等
服务	企业网站、App、微信服务号等
客户关系管理	企业网站、App、微信服务号、品牌网络社区、电子邮件、QQ群、微信群等

按营销功能分，目标网站可以分为品牌宣传型网站、交易型网站和服务型网站。品牌宣传型网站也称为营销型网站，以品牌宣传、公关为主，主要作用是提升品牌展示、商品展示、获得销售线索。交易型网站也称为电子商务网站，有购物车功能，能够完成订单、支付等功能。服务型网站是以提供在线客户服务、客户关系管理为主的网站。

第二节 互联网营销系统概述

一、互联网营销系统

互联网营销职能属于企业市场营销的组成部分，但要做好互联网营销，仅仅靠市场营销部门是远远不够的，因为互联网营销是一项系统工程。

互联网营销系统可以分为五个层面，分别是营销核心思想、传统市场营销策略、互联网媒体营销策略、互联网营销支持和互联网营销管理（图1.4）。

（一）营销核心思想

市场营销的核心思想为：发现需求或创造需求，并有利可图地满足需求。

（二）传统市场营销策略

传统市场营销策略包括三个内容，分别为目标市场营销策略、营销组合策略和客户关系管理策略。互联网是营销的一个媒体渠道，因此，传统市场营销策略层的主要工作任务包括互联网目标市场营销策略、互联网营销组合策略和互联网客户关系管理策略。

（1）互联网目标市场营销策略包括互联网市场调查、互联网市场细分、互联网目标市场选择和互联网市场定位等内容。

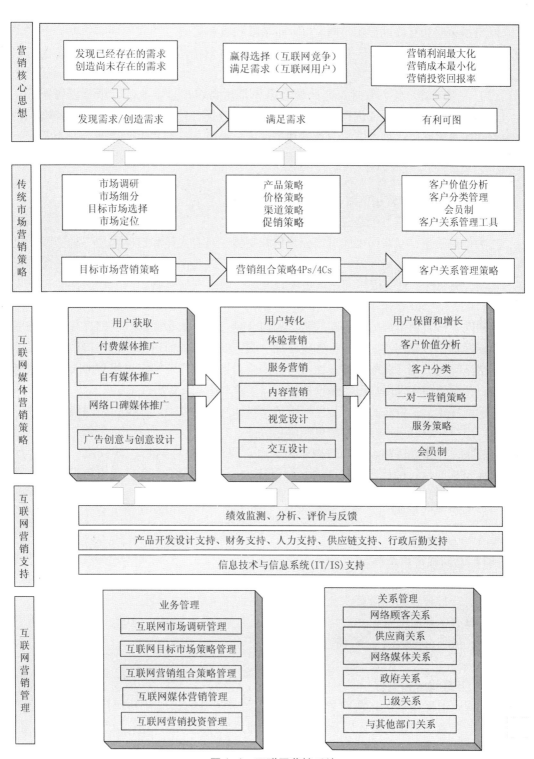

图1.4 互联网营销系统

（2）互联网营销组合策略指 4Ps/4Cs。4Ps 即互联网产品策略、互联网价格策略、互联网渠道策略和互联网促销策略，4Cs 即互联网顾客策略、互联网成本策略、互联网便利策略和互联网沟通策略。4Ps 是从企业角度考察营销活动，4Cs 是从顾客角度考察营销活动。

（3）互联网客户关系管理策略的核心思想是认为客户是企业的一项重要资产，在客户生命周期内对客户价值进行分析、对客户进行分类，据此制定一对一营销策略、销售策略和服务策略，以提高客户满意度和忠诚度，最终提升客户生命周期内对企业财务绩效和公司价值的贡献。

（三）互联网媒体营销策略

互联网是传播渠道，也是分销渠道和服务工具。

作为传播渠道，互联网媒体可以分为付费媒体、自有媒体和口碑媒体三种类型，也可以分为中间媒体和目标网站。互联网媒体的基本形式是网站，基于网站的各种媒体形态非常多，有 App、社交媒体网站、短视频网站、网络直播网站、网络社区网站和电子邮件等。

互联网媒体营销策略的核心问题是：如何合理运用形式多样的互联网媒体，在哪里架设目标网站，目标网站如何进行体验设计、服务设计，如何通过广告、口碑、内容等为目标网站曝光引流、获取用户，如何通过体验营销、内容营销实现用户的转化，如何通过客户关系管理实现用户保留和增长。

互联网媒体营销策略的关键是目标网站。目标网站的核心运作流程是围绕用户进行的，即：用户获取→用户转化→用户保留和增长。

一般来说，通过付费媒体和口碑媒体为自有媒体（目标网站）获取用户，通过自有媒体（目标网站）的体验营销（含视觉设计、交互设计等）、内容营销和服务营销等来实现用户转化，通过一对一营销策略、服务策略、会员制等客户关系策略实现用户保留和增长。

（四）互联网营销支持

互联网营销活动需要很多职能部门的支持，这些支持包括产品开发设计、供应链、财务、人力、行政后勤、信息技术与信息系统等。

如果是营销导向型组织，则互联网营销部门应处于核心地位，其他部门提供各种支持和服务，做到全员营销、全过程营销。

（五）互联网营销管理

互联网营销管理是在互联网营销核心思想指导下，为达成互联网营销目标，对目标、任务、资源、互联网媒体以及各种内部外部关系等进行的计划、组织、领导、控制等管理活动。

互联网营销管理具体分为业务管理和关系管理。

业务管理包括互联网市场调查管理、互联网目标市场策略管理、互联网营销组合策略管理、互联网媒体营销管理、互联网营销投资管理等。其中，互联网媒体营销管理又可以细分为网站营销管理、App营销管理、社交媒体营销管理、短视频营销管理、网络直播营销管理、口碑媒体营销管理、网络社区营销管理、互联网公关管理、许可电子邮件营销管理和互联网客户关系管理等。

关系管理主要包括内部关系和外部关系管理，内部关系有上级关系、与其他部门关系，外部关系有政府关系、媒体关系、供应商关系、顾客关系等。

二、互联网营销组织

互联网营销组织是营销系统运行的组织保障，互联网营销组织设计的结果是形成组织结构。

组织结构的模式可用组织图和职位说明书来表示。①组织图，也称组织树，用图形表示组织的整体结构、职权关系及主要职能。组织图一般描述权力结构、沟通关系、管理范围及分工情况、角色结构和组织资源流向等。②职位说明书，是说明组织内部的某一特定职位的责任、义务、权利及其工作关系的书面文件，包括职位名称及素质能力要求、工作内容和工作关系等。

互联网营销组织的组织结构包括简单结构、职能型结构、矩阵型结构等类型。

1. 简单结构

很多公司起步时都是简单型结构（图1.5），一个职责往往只有一名员工承担，甚至一名员工需要承担多个职责。这种组织形式的优势是用工成本低，劣势是由于一人承担多种职能带来专业性不足。

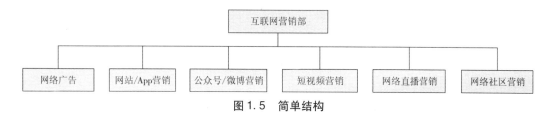

图1.5 简单结构

2. 职能型结构

当业务量和人员数量达到一定规模后，专业分工细化，可以采取职能部门化组织（图1.6）。这种组织结构的优势是：各岗位人员专业性强，可以充分发挥个人能动性和专长；工作专门化促使整体效率较高，工作质量也比较能保证。其劣势是：工作细分导致员工对其他领域知之不多或一无所知；工作责任边界明显，工作流程僵硬。

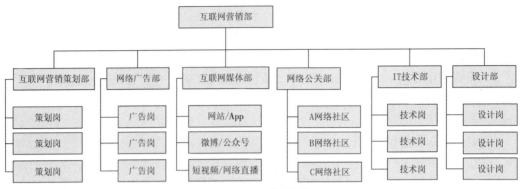

图 1.6 职能型结构

3. 矩阵型结构

矩阵型结构主要见于规模较大的企业，不同职能分别组成职能团队，同时这些职能团队的人员又分属于不同的项目组，项目团队成员需要分别向职能部门领导和项目领导汇报（图 1.7）。

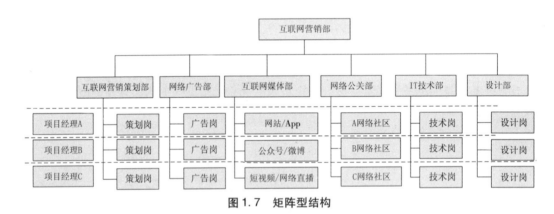

图 1.7 矩阵型结构

三、互联网营销职业

（一）互联网营销师

2020 年 7 月 6 日，人力资源和社会保障部联合国家市场监督管理总局、国家统计局发布 9 个新职业，其中包括互联网营销师。2021 年，人力资源和社会保障部、中央网信办、国家广播电视总局共同发布了互联网营销师国家职业技能标准。互联网营销师正式纳入《中华人民共和国职业分类大典》，广大互联网营销从业者将迎来健康规范发展的新时期。

互联网营销师是指在数字化信息平台上，运用网络的交互性与传播公信力，对企业产品进行多平台营销推广的人员。互联网营销师的工作任务为：

· 研究数字化平台的用户定位和运营方式；

- 接受企业委托，对企业资质和产品质量等信息进行审核；
- 选定相关产品，设计策划营销方案，制定佣金结算方式；
- 搭建数字化营销场景，通过直播或短视频等形式对产品进行多平台营销推广；
- 提升自身传播影响力，提高用户群体活跃度，提高产品从关注到购买的转化率；
- 签订销售订单，结算销售货款；
- 负责协调产品的售后服务；
- 采集分析销售数据，对企业或产品提出优化性建议。

所谓数字化信息平台，就是前面所说的互联网媒体，其形式多样，涉及的职位繁多，可以概括为互联网营销策划、网络广告、网站营销、App 营销、短视频营销、网络直播营销、互联网口碑营销、网络社区营销、互联网公关和互联网客户关系管理等。

（二）互联网营销岗位

为完成互联网营销任务，需要设置相关岗位。互联网营销类岗位一般分为专业技术岗和营销管理岗两大类。

专业技术岗一般有互联网市场调查、互联网营销策划、付费媒体营销、自有媒体营销、口碑媒体营销、互联网客户关系管理、技术和设计等岗位。其中，付费媒体营销主要是网络广告，自有媒体营销可以细分为网站营销、App 营销、社交媒体营销、短视频营销、网络直播营销等，口碑媒体营销可以细分为网络公共社区营销、互联网公关营销等，互联网客户关系管理具体分为许可电子邮件营销、品牌网络社区营销等。

营销管理岗一般有基层管理、中层管理和高层管理三个层次。

在岗位设置方面影响因素很多，其中企业规模对岗位设置影响较大。在营销目标方面，中小型企业的互联网营销侧重于促进销售，大型品牌企业的互联网营销侧重于品牌传播。在互联网媒体选择方面，由于中小型企业的营销预算有限，更趋向于使用网站营销、短视频营销、网络直播营销、网络公共社区营销等成本较低的网络媒体；大型企业预算多，选择比较多样，既可以选择网络广告和互联网公关营销，也可以选择网站营销、短视频营销、网络直播营销和网络公共社区营销等。

在岗位设置与用人方面，中小型企业一人要兼多个岗位职能；大型企业的岗位设置和用人方面与中小企业恰恰相反，讲究专业化分工。

一般而言，企业会提供两条晋升通道，分别是专业技术晋升通道和管理晋升通道。专业技术晋升通道一般为"专员→技术骨干→专家→高级专家"，管理晋升通道一般为"专员→基层管理→中层管理→高层管理"（图 1.8）。每个企业的岗位晋升通道的名称设置、资格条件、待遇等都不同。

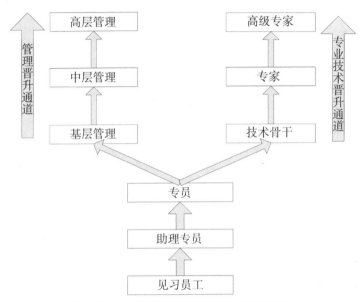

图1.8 专业技术晋升通道和管理晋升通道

1. 专业技术岗的岗位职责

这里主要介绍互联网市场调查、互联网营销策划、付费媒体营销（互联网广告）、自有媒体营销（网站营销、App营销、社交媒体营销、短视频营销、网络直播营销）、口碑媒体营销（互联网口碑、网络社区、互联网公关等）、互联网客户关系管理等岗位知识（表1.5），对于新产品开发、品牌管理、定价、分销渠道管理等营销岗位不做介绍。

表1.5 互联网营销类专业技术岗位职责

岗位	岗 位 职 责
互联网市场调查	根据业务需求，对相关行业进行深入研究，包括搜集整理资料数据、进行市场调查、分析行业趋势及竞品情况等； 撰写调查报告，为业务决策提供依据； 独立完成数据分析，探究数据背后深层次的原因，提炼出对互联网营销业务系统且有价值的洞察，并对结论进行可视化图表制作
互联网营销策划	负责制定目标市场策略、营销组合策略； 负责广告策划、网站营销策划、App营销策划、短视频营销策划、网络直播营销策划、口碑媒体营销策划、网络社区营销策划、互联网公关筹划等
付费媒体营销	负责各类网络广告的策划、投放、优化
自有媒体营销	负责品牌网站营销、App营销、短视频营销、网络直播营销
口碑媒体营销	负责互联网口碑营销、网络公共社区营销、互联网公关营销等

续表 1.5

岗位	岗位职责
互联网客户关系管理	负责客户价值分析、分类，并制定一对一营销策略、销售策略、服务策略；负责运用客户关系管理工具（许可电子邮件、品牌网络社区、社会化媒体、e-CRM 系统等）对客户关系进行维系与发展，以实现顾客终身价值最大化

互联网市场调查的主要工作内容是市场调查与研究，这部分内容在本书第二章至第四章详细介绍。

互联网营销策划的主要工作内容是根据互联网市场机会与威胁、互联网营销目标和互联网营销资源，制定互联网目标市场策略、互联网营销组合策略、互联网媒体营销策略和互联网客户关系管理策略等。这部分内容将在本书第五章详细介绍。

付费媒体营销的主要工作内容是在互联网广告平台上从事广告策划、投放、优化等工作。这部分内容将在本书第六章详细介绍。

自有媒体营销的主要工作内容为负责各类自有媒体营销，如网站营销、App 营销、短视频营销和网络直播营销等。这部分内容将在本书第七章详细介绍。

口碑媒体营销的主要工作内容为通过互联网口碑媒体、互联网品牌和互联网公关等进行营销。这部分内容将在本书第八章详细介绍。

互联网客户关系管理的主要工作内容是对客户价值进行分析、分类，制定相应的营销策略、销售策略和服务策略，并运用许可电子邮件、品牌网络社区、社会化媒体、e-CRM 等工具实施客户关系策略，以实现顾客终身价值最大化。这部分内容将在本书第九章详细介绍。

2. 技术与设计等支持岗的岗位职责与岗位要求

根据具体项目情况，互联网营销还需要一些技术、设计等支持，技术与设计职能可放在互联网营销管理团队里面，也可独立设置部门或放在其他部门。技术与设计岗位职责与岗位要求如表 1.6 所示。

表 1.6 技术与设计岗位职责与岗位要求

岗位	岗位职责	岗位要求
技术岗	负责网站开发、运维等工作；负责网站程序开发及完善；负责公司服务器的管理维护；负责信息安全；为业务部门提供技术支持	熟练掌握 HTML/XHTML、CSS、Javascript、AJAX、JSON 等 Web 网页技术；熟练掌握 PHP 等主流 Web 程序设计语言，能很好地处理程序及数据；熟悉数据库管理，有 Web 数据库项目开发的经验；有 Web 项目开发经验，能独立完成网站开发工作

续表1.6

岗位	岗位职责	岗位要求
设计岗	负责公司网站美工设计及运营过程中需要美工支持的各方面工作，对网站客户体验的视觉体验负责； 负责公司网站平台设计和前台制作及改版等工作； 负责网站图片、焦点图、版面编排等设计工作； 负责公司其他需要美工表现的工作	具有网站设计制作工作经验； 具有优秀的审美能力、独特的创意、良好的美术功底、较强的网页创意设计和视觉表现能力； 熟练使用 Photoshop、CDR、AI、DreamWeaver 等设计软件； 了解 HTML、Javascript、CSS 等网页设计语言规范； 精通网页版面设计与网页制作，能独立完成整个网站项目的设计

3. 互联网营销管理岗位设置、岗位职责与岗位要求

互联网营销管理具体可以分为业务管理和关系管理，业务管理包括市场调查、目标市场策略、营销组合策略、互联网媒体营销、互联网营销资源等，关系管理主要包括内部关系和管理外部关系管理，内部关系有上级关系、部门关系，外部关系有政府关系、媒体关系、供应商关系、顾客关系等。

互联网营销管理岗位设置一般有基层管理（主管）、中层管理（经理）、高层管理（总监）（图1.9）。

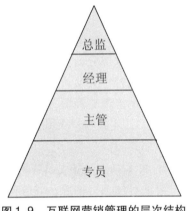

图1.9 互联网营销管理的层次结构

不同层次的管理者，岗位职责不同，岗位要求也不同。总的来说，管理者都需要概念技能、技术技能和人际技能，其中基层管理者需要较多的技术技能，高层管理者需要较多的概念技能（图1.10）。

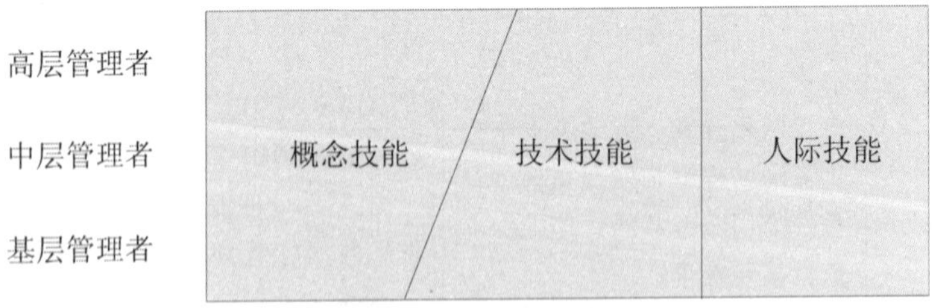

图1.10 互联网营销管理者的要求

互联网营销管理岗位职责与岗位要求见表1.7。主管属于基层管理岗，需要具备一定的管理能力、沟通协调能力，能够带领小规模的团队，对自己的团队目标负责。经理属于中层管理岗，需要比较高的管理能力、决策能力、沟通能力，能够带领中等规模团队,能够上下左右沟通协调,对自己负责的部门目标负责。总监属于高层管理层,需要较高的管理能力、经营能力、战略规划能力、选人用人能力。总监对外关注外部环境机会的把握与外部资源的获取利用,对内关注长期战略规划和选人用人。

表1.7 互联网营销管理岗位职责与岗位要求

岗位	岗位职责	岗位要求
基层管理	负责互联网媒体营销的落地执行; 协助部门经理建设互联网营销的流程体系; 协助部门经理进行员工招聘、考核、管理,以及部门规划、总结工作	具备互联网营销、项目管理等理论知识和一定的实践经验; 具备互联网营销数据分析能力和经验; 对具体互联网媒体营销具备一定的认知和执行能力
中层管理	负责互联网营销战略方向规划、商业全流程的规划和监督控制,对部门绩效目标达成总负责; 负责互联网媒体营销的策划指导和监督执行; 负责互联网媒体营销策略制定、执行指导和监督管理; 负责本部门的筹划建立,员工招聘、考核、管理,部门规划、总结	具备互联网营销、营销策划等理论知识和丰富的实践经验; 具备互联网营销项目策划运营能力,熟悉网络文化和特性,对各种互联网营销手段有实操经验; 对互联网营销全流程都具备策划、运营、控制、执行能力; 具备丰富的管理经验、优秀的团队管理能力
高层管理	制定或参与制定公司营销目标、营销战略、营销组合策略和营销计划,并监督实施; 建立健全营销体系、整合营销资源、拓展营销网络,巩固、开拓目标市场; 制定管理制度、互联网媒体营销流程; 负责互联网媒体营销团队的建设和人员管理,负责人才梯队的建设、管理及培养	担任互联网营销管理相关职位5年以上,有丰富的团队管理及运作经验; 良好的策划及执行能力,较强的团队协作运营管理能力; 具备丰富的互联网营销媒体整合传播经验,有较强的网络感知能力,敏锐地把握市场动态、市场方向的能力; 熟悉互联网IT技术,深入了解互联网,尤其是互联网营销媒体特点及资源,有效运用相关资源,做到互联网营销与公司资源的匹配与协调; 有较强的线上线下拓展能力

第三节 互联网营销理论基础

本教材涉及的营销理论主要包括市场营销理论、消费者行为理论、计算广告理论、社交媒体营销理论和营销绩效评价理论等(表1.8)。

表1.8 各章节理论基础

本书章节	涉及理论	理论应用
第一章 互联网营销概述	市场营销理论	互联网营销系统
第二章 互联网营销环境	市场营销理论	营销策略与营销环境的关系
第三章 互联网市场调查	市场营销理论	获取市场信息
第四章 互联网用户	互联网用户行为理论	用户使用行为 用户消费行为
第五章 互联网营销策划	市场营销理论 营销绩效评价理论	目标市场策略 营销组合策略 品牌理论 客户关系管理策略
第六章 互联网营销沟通：付费媒体	计算广告理论 营销绩效评价理论	程序化广告 广告创意与设计 广告绩效评价
第七章 互联网营销沟通：自有媒体	服务营销理论 体验营销理论 社交媒体营销理论 营销绩效评价理论	网站用户体验设计 网站服务设计 网站服务质量评价 社交媒体营销
第八章 互联网营销沟通：口碑媒体	品牌理论 社交媒体营销理论 关系营销理论 营销绩效评价理论	互联网口碑媒体营销 互联网品牌 互联网公关
第九章 互联网客户关系管理	关系营销理论 营销绩效评价理论	互联网客户关系管理 电子邮件营销 品牌网络社区营销 绩效评价

一、市场营销理论

市场营销学是研究市场供应者与市场需求者之间关系的学科，营销理论从观念理念到逻辑和系统方法，都随着市场环境的变化不断演进。

（一）4Ps营销理论

20世纪初是美国工业化大生产、生产力大发展的年代，卖方市场转向买方市场。

因此，作为研究卖方手段的市场营销学发展非常兴旺，营销手段也多种多样，且十分复杂。1960 年，美国市场营销专家杰罗姆·麦卡锡（Jerome McCarthy）教授在人们营销实践的基础上，提出了著名的 4P 营销策略组合理论，即产品（product）、价格（price）、渠道（place）、促销（promotion），由于这四个词的英文字头都是 P，再加上策略（strategy），所以简称为 4Ps。4Ps 是企业可以控制的营销手段（策略），通过 4Ps 的最优化组合，以达到营销效果最大化的目标。4Ps 奠定了营销组合策略在市场营销理论中的重要地位，它为企业实现营销目标提供了最佳综合性营销活动，也称整体市场营销。

（1）产品策略。产品策略是企业在其产品营销战略确定后，所采取的一系列有关产品本身的具体营销策略，主要包括商标、品牌、包装、产品定位、产品组合、产品生命周期等方面的具体实施策略。企业的产品策略是其市场营销组合策略中的重要组成部分，是企业为了在激烈的市场竞争中获得优势，在生产、销售产品时所运用的一系列措施和手段，包括产品定位、产品组合策略、产品差异化策略、新产品开发策略、品牌策略以及产品的生命周期运用策略。

（2）价格策略。价格策略是根据购买者各自不同的支付能力和效用情况，结合产品进行定价，从而实现最大利润的定价办法。在营销组合策略中，价格是唯一能产生收入的因素，其他因素表现为成本。

（3）渠道策略。渠道是指某种产品或劳务从生产者向消费者移动时取得这种货物和劳务的所有权或帮助转移其所有权的所有企业和个人。它主要包括商人中间商、代理中间商，以及处于渠道起点和终点的生产者与消费者。在商品经济条件下，产品必须通过交换，发生价值形式的运动，使产品从一个所有者转移到另一个所有者直至消费者手中，这称为商流。同时，伴随着商流，还有产品实体的空间移动，这称为物流。商流与物流相结合，使产品从生产者到达消费者手中，便是分销渠道。

（4）促销策略。促销策略是指企业通过人员推销、广告、公共关系和营业推广（销售促进）等促销方式，向消费者或用户传递产品信息，引起他们的注意和兴趣，激发他们的购买欲望和购买行为，以达到扩大销售的目的。企业将合适的产品在适当地点、以适当的价格出售的信息传递到目标市场，一般通过两种方式：一是人员推销，即推销员和顾客面对面地进行推销；另一种是非人员推销，即通过大众传播媒体在同一时间向大量顾客传递信息，主要包括广告、公共关系和营业推广等多种方式。这两种促销信息传递方式各有利弊，起着相互补充的作用。此外，目录、通告、赠品、店标、陈列、示范、展销等也都属于促销策略范围。一个好的促销策略往往能起到多方面作用，如：提供信息情况，及时引导采购，激发购买欲望，扩大产品需求，突出产品特点，建立产品形象。

简而言之，4Ps 是从企业立场设计可控因素（产品、价格、渠道、促销）以促进营销活动效果，而适应不可控环境因素（政治、经济、法律、社会文化等）。

（二）4Cs 营销理论

1990 年美国市场学家罗伯特·劳特伯恩（Robert Lauteborn）教授提出了 4Cs 营销

理论，即顾客（customer）、成本（cost）、便利（convenience）和沟通（communication）。4Cs 理论认为，针对产品策略，应更关注顾客需要和顾客满意；针对价格策略，应更关注顾客成本；针对渠道策略，应更关注顾客便利；针对促销策略，应更关注与顾客的沟通。

4Cs 理论的思想基础是以顾客为中心，企业的营销活动应围绕顾客需要和顾客满意来开展，降低顾客的成本、提升顾客便利、与顾客良好沟通，是满足顾客需要、提升顾客满意度的主要措施。4Ps 理论与 4Cs 理论的比较如表 1.9 所示。

表 1.9　4Ps 理论与 4Cs 理论比较

理论	4Ps		4Cs	
阐释	产品	关注产品、品牌、服务	顾客	关注顾客需求、顾客满意
	价格	关注产品与服务价格	成本	关注顾客的成本
	渠道	关注销售渠道	便利	关注顾客的便利
	促销	关注广告、人员推销、营业推广和公共关系等刺激手段	沟通	关注与顾客的沟通

（三）服务营销 7Ps

1. 服务营销

1981 年，美国服务营销学家布姆斯（B. Booms）和比特纳（M. Bitner）在传统市场营销理论 4Ps 的基础上增加三个"服务性的 P"，提出了服务营销理论。7Ps 包括产品、价格、渠道、促销、人员、服务过程、有形展示等七个要素。新增的三个的 P 为人员（people）、过程（process）和有形展示（physical evidence）。人员指参与服务的员工和顾客，过程指服务流程，有形展示指服务环境。

在互联网环境下，企业通过网站等互联网媒体与顾客沟通、为顾客提供在线服务，同样涉及人员、过程和有形展示三个要素。人员包括网站技术人员、销售人员、服务人员等，也包括机器人，如常见问题回答 FAQ、智能客服等；过程指基于网站的在线服务流程，如通过网站来实现的购物流程、退货流程、换货流程等；有形展示主要指网站的界面设计。

2. 服务设计

服务设计是指为了提高服务质量和服务提供者与客户之间的交互，对服务的人员、基础设施、信息沟通和材料组成部分进行规划和组织的活动。服务设计的定义强调服务设计既要从使用者层面考虑可用性、易用性、愉悦性等问题，还要从服务提供者的角度来考虑以上问题。

服务设计则是对系统的设计，对应的要素包括：利益相关者（stakeholders）、接触点（touch points）、服务（offering）、流程（process）。

基于服务设计的特性，服务设计或者说服务设计思维有五个被广泛认可的原则：以用户为中心、协同创新、有序性、有形化、整体性。

服务设计双钻模型流程为：发现（discover）→定义（define）→开发（develop）→传递（deliver）。从发现和定义开始，首先确保做正确的事，其次是需要经过概念开发与传递的反复迭代过程。

3. 服务质量

SERVQUAL 为英文"service quality"（服务质量）的缩写。SERVQUAL 理论是依据全面质量管理理论（total quality management，TQM）在服务行业中提出的一种新的服务质量评价体系，其理论核心是服务质量差距模型，即：服务质量取决于用户所感知的服务水平与用户所期望的服务水平之间的差别程度（因此又称为"期望 – 感知"模型）。用户的期望是开展优质服务的先决条件，提供优质服务的关键就是要超过用户的期望值。其模型为：

SERVQUAL 分数 = 实际感受分数 – 期望分数。

SERVQUAL 将服务质量分为五个层面：有形设施、可靠性、响应性、保障性、情感投入，每一层面又被细分为若干个问题，通过调查问卷的方式，让用户对每个问题的期望值、实际感受值及最低可接受值进行评分，并由其确立相关的 22 个具体因素来说明它，然后通过问卷调查、顾客打分和综合计算得出服务质量的分数。

（四）6Ps 营销理论

20 世纪 80 年代以来，世界经济走向滞缓发展，市场竞争日益激烈，贸易保护主义和政府干预流行，政治和社会因素对市场营销的影响和制约越来越大。营销组合策略 4Ps 不仅要受到企业本身资源及目标的影响，更受企业外部不可控因素的影响和制约。一般市场营销理论只看到外部环境对市场营销活动的影响和制约，而忽视了企业经营活动也可以影响外部环境。1986 年，科特勒提出了大市场营销策略，在原 4Ps 的基础上增加两个 P，即政治权力（power）和公共关系（public relations），简称 6Ps。

政治权力，是指向行业协会、立法人员、政府官僚等提出主张，获得其他利益相关者的关注，为进入目标市场和经营创造有利条件。

公共关系，是指运用议题设定、议题管理等大众沟通技术，影响公众对企业、品牌、产品、网站或服务的看法，为企业或品牌树立良好形象。

科特勒认为，企业能够而且应当主动影响自己所在的营销环境，而不应被动地适应环境。在国际国内市场竞争都日趋激烈，各种形式的政府干预和贸易保护主义再度兴起的新形势下，要运用政治力量和公共关系，打破国际或国内市场上的贸易壁垒，为企业的市场营销开辟道路。同时他还发明了一个新词"大市场营销"，来表示这种新的营销视角和战略思想。科特勒给大市场营销下的定义为：为了成功地进入特定市场，在策略上必须协调地运用政治和公共关系等手段，以取得外国或地方有关方面的合作和支持。

简而言之，6Ps 是从企业立场出发，既重视直接顾客策略（4Ps），也关注针对利益相关者的策略（政治权力、公共关系）。

(五) 11Ps 营销理论

6Ps 整体是战术层面,属于营销职能部门的工作,没有关注中长期、大范围的战略营销活动。1986 年,科特勒还提出了 11Ps 营销理论,并将产品、定价、渠道、促销称为"战术 4Ps",将探查、分割、优先、定位称为"战略 4Ps"。11Ps 分别是:

(1) 产品(product):产品的效用、质量、外观、式样、品牌、包装、规格、服务、保证。

(2) 价格(price):价目表所列价格、折扣、折让、支付方式、支付期限、信用条件。

(3) 渠道(place):商品流通的途径、环节、场所、仓储、运输。

(4) 促销(promotion):营业推广、人员推销、广告等。

(5) 政治权力(power):政府政策、税收、地方保护主义等。

(6) 公共关系(public relations):利用新闻宣传媒体的力量,树立对企业有利的形象,消除或减少对企业不利的形象。

(7) 探查(probe):通过市场调查,系统收集、记录、整理与分析有关市场、顾客、对手等方面的情报信息。

(8) 分割(partition):市场细分,根据顾客需求差异,运用系统方法,把整体市场划分为若干个群体,群内相似,群外异质。

(9) 优先(priorition):选择目标市场,根据资源与能力,选择优先进入的市场/优先满足的顾客群。

(10) 定位(position):市场定位,根据自身市场竞争地位,结合消费者需求特点,确定本企业和产品在市场独特的位置。

(11) 员工(people):外部顾客和内部员工。外部营销满足顾客需求,使消费满意;内部营销满足员工需求,使工作满意。

11Ps 理论认为,应先使用战略营销工具(探查、划分、优先和定位)做战略营销策划,再使用战术工具(产品、定价、渠道和促销)做战术营销策划,才能取得最好的营销效果。

二、消费者行为理论

消费者是指互联网产品和服务的使用者,也是互联网内容的消费者。互联网消费者行为受很多因素影响,一般认为,营销环境因素、营销策略因素和互联网媒体营销因素共同影响互联网消费者心理与行为。其中,营销环境因素属于不可控因素,营销策略因素和互联网营销媒体营销因素是可控因素。

互联网消费者行为非常复杂,从动机上可以分为获取信息、服务、购物、娱乐等。本书将互联网消费者行为分为使用行为和消费行为:使用行为指互联网消费者对互联网产品的采纳行为、持续使用行为、内容生产行为、内容消费行为等,消费行为是指互联网消费者购物消费行为。

三、计算广告理论

计算广告学是研究如何利用计算的方法求解广告活动中各类问题的一门学科，它涉及大规模搜索和文本分析、信息获取、统计模型、机器学习、分类、优化等。计算广告学是一门广告营销科学，以追求广告投放的综合收益最大化为目标，重点解决用户与广告匹配的相关性和广告的竞价模型等问题。

计算广告学所面临的最主要挑战是在特定语境下，在特定用户和相应的广告之间找到最佳匹配。语境可以是用户在搜索引擎中输入的查询词，也可以是用户正在读的网页，还可以是用户正在看的电影，等等。而用户相关的信息可能非常多也可能非常少。潜在广告的数量可能达到几十亿。因此，取决于对最佳匹配的定义，面临的挑战可能导致在复杂约束条件下的大规模优化和搜索问题。

四、社交媒体营销理论

社交媒体（social media）也称为社会化媒体，指允许人们撰写、分享、评价、讨论、相互沟通的网站和技术。中国的社交媒体主要有微信、微博、抖音、快手、博客、论坛社区、问答社区等。

社交媒体营销就是企业借助社交媒体，去倾听用户的声音，宣传自己的产品，从而形成营销、销售、公共关系和客户关系服务、维护及开拓的一种方式。

社交媒体营销以信任为基础的传播机制以及用户的主动参与性，比广告更能影响网民的决策。

五、营销绩效评价理论

营销绩效评价是探索营销活动对企业绩效的影响，以了解营销活动对企业造成何种影响及这些影响的大小，最终目的是要探索营销活动对企业财务绩效和公司价值的影响。

营销绩效评价主要包括三个方面，分别是对营销价值链的研究、对营销度量的研究和对营销度量指标之间关系的研究。

（1）营销价值链研究，主要探讨营销活动怎样影响顾客行为，顾客行为怎样影响营销绩效，营销绩效怎样影响财务绩效和公司价值。

（2）营销度量研究，主要探讨营销绩效指标体系的构建。从营销价值链的视角来看，营销绩效指标可以分为输入类指标、中介类指标和输出类指标。输入类指标是营销活动的度量指标，中介类指标是介于输入和输出之间的中间指标，输出类指标是营销效果指标。输入类指标包括广告、网站营销、社交媒体营销、互联网口碑营销、网络社区营销、互联网公关营销、许可电子邮件等资金、人员等的投入。中介类指标为营销活动造成的市场结果，如品牌认知率、顾客满意、顾客忠诚以及市场占有率等。输出类指标是营销活动产生的最终效果，如投资回报率（ROI）、资产收益率、股东价值等。

（3）对营销度量指标之间关系的研究。确定了营销度量指标之后，接下来是研究度量指标之间的关系，包括各度量指标之间的影响关系或因果关系等，主要有两大方向：一是总指标之间的关系，二是具体指标之间的关系。

【本章小结】

互联网的本质是沟通和信息资源共享的媒体。媒体有两层含义：一是指承载信息的物体，二是指储存、呈现、处理、传递信息的实体。

互联网的本质是媒体，市场营销者可以通过传统媒体（电视、报纸、杂志、电台、户外媒体等）开展营销活动，也可以通过互联网媒体开展市场营销活动。互联网营销定义为：互联网营销是以互联网为媒体的市场营销活动，通过互联网媒体发现、识别和满足顾客需求。

在实践中，市场营销者可以运用的互联网媒体的具体形式有网站、App、社交媒体网站、短视频网站、网络直播网站、网络社区和电子邮件等，互联网营销主要通过目标网站的服务设计、内容设计、视觉设计、交互活动等满足顾客需求。

互联网媒体形式多种多样。根据市场营销者对媒体控制力的不同，这些互联网媒体可以分为三种类型，分别是付费媒体、自有媒体和赢得媒体。按营销的作用，互联网媒体可以分为中间媒体和目标网站，互联网用户通过中间媒体来访问目标网站。

互联网营销系统可以分为五个层面，分别是营销核心思想、传统市场营销策略、互联网媒体营销策略、互联网营销支持和互联网营销管理过程。

互联网营销理论基础主要涉及市场营销理论、消费者行为理论、计算广告理论、社交媒体营销理论和营销绩效评价理论。

复习思考题

1. 简述互联网对市场营销的意义。
2. 互联网作为媒体，跟电视、报纸、杂志、电台、户外等传统媒体相比，有哪些特点与优势？
3. 简述互联网营销的定义。
4. 简述互联网营销媒体的变迁。
5. 简述互联网营销的主要任务。
6. 简述付费媒体、自有媒体、赢得媒体的概念。
7. 简述营销组合4Ps的内容。
8. 简述营销组合4Cs的内容。
9. 营销组合4Ps与营销组合4Cs有何区别？
10. 简述营销组合6Ps的内容。
11. 简述营销组合11Ps的内容。

12. 简述服务营销7Ps的内容。

互联网营销实训

实训名称： 互联网营销职业规划。
实训目标： 了解自己，了解互联网营销职业，给学习赋予意义。
实训内容：

假如你将来从事互联网营销相关工作，请做一个职业发展规划。职业发展规划包括但不限于以下内容：你的个性、特长、兴趣、资源；评估你的个性、特长、兴趣、资源与互联网营销职业期望的匹配度，自己的强项与不足；根据自己的强项与不足，制定为期3～5年的强项增强计划或弥补不足的学习计划。

评价标准：

1. 了解自己的个性、特长、兴趣和资源。（20分）
2. 了解互联网营销职业的职责、要求、发展前景等。（20分）
3. 评估自己和互联网营销职业的匹配度，了解自己的强项与不足。（20分）
4. 能够制定强项增强计划或弥补不足的学习计划。（20分）
5. 职业规划有较高的可行性。（20分）

第二章 互联网营销环境

【学习目标】

1. 掌握互联网营销环境的内容、营销环境与营销活动的关系等知识。
2. 掌握宏观环境的分析框架,互联网营销的监管依据、监管主体和监管机制等内容。
3. 了解互联网营销的经济环境和社会环境,了解技术力量演进对互联网营销的影响。
4. 掌握微观环境的五种力量的具体内容。
5. 了解评估互联网营销资源与能力的 7S 方法。

【知识导图】(图 2.1)

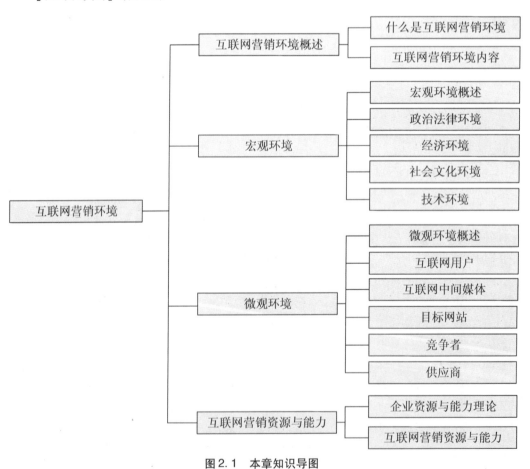

图 2.1 本章知识导图

第二章 互联网营销环境

【导入案例】

> **广告监管案例**
>
> 2018年,广东某地市场监督管理局接到消费者举报,称该市某服装公司在天猫旗舰店销售的商品网页宣传上使用了贬低其他生产经营者商品或者服务的内容。
>
> 经查明,当事人在天猫旗舰店销售的商品宣传上通过图片和文字将自营商品和竞品进行了对比,突出自营商品的质量、性能,贬低了竞品的质量、性能。由于其无法提供能够证实该对比真实性的材料,违反了《中华人民共和国广告法》第十三条的规定,构成利用广告贬低其他生产经营者的商品或者服务的违法行为。
>
> 依据《中华人民共和国广告法》第五十九条第四款规定,市场监督管理局责令当事人停止违法行为,并予以行政处罚。
>
> (资料来源:http://strb.dahuawang.com/content/201811/09/c41631.htm,编者改编)

第一节 互联网营销环境概述

一、什么是互联网营销环境

互联网营销环境是指对企业的生存和发展产生影响的各种外部条件,泛指一切影响互联网营销决策、实施和绩效的外部环境的总和。互联网营销环境的意义主要体现在以下方面:

(1)环境给互联网营销带来机会。环境是互联网营销的机会源泉。为此,企业应加强对环境的监测、分析,当环境机会出现的时候及时捕捉和把握,以求得企业的发展。

(2)环境给互联网营销带来威胁。环境中会出现不利于企业互联网营销活动的因素,如果企业不采取相应的规避风险的措施,这些因素会导致互联网营销的失败。为保证互联网营销活动的正常运行,企业应对环境进行监测、分析,及时预见环境威胁,规避或降低环境带来的威胁。

(3)环境是互联网营销活动的资源基础。互联网营销活动所需的各种资源,如资金、信息、人才等都是由环境来提供的。企业生产经营的产品或服务需要哪些资源、需要多少资源、从哪里获取资源,必须监测营销环境,以获取最优的营销资源,满足企业经营的需要。

(4)环境是制定互联网营销战略的依据。互联网营销活动受制于客观环境因素,必须与所处的营销环境相适应。但企业在环境面前绝不是无能为力、束手无策的。企业可以发挥主观能动性,根据营销环境制定有效的营销策略,并取得相应的绩效,即环境 – 策略 – 绩效(environment strategy performance,ESP)模型(图2.2)。

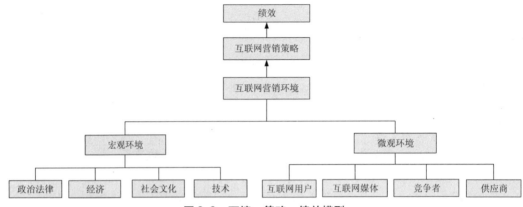

图2.2　环境-策略-绩效模型

市场营销者要不断监测环境的变化,发现环境给企业带来的机会或威胁,同时调动组织资源与能力,去捕捉机会或规避威胁,以实现组织目标。

二、互联网营销环境的内容

互联网营销环境主要包括宏观环境与微观环境两部分(图2.3)。

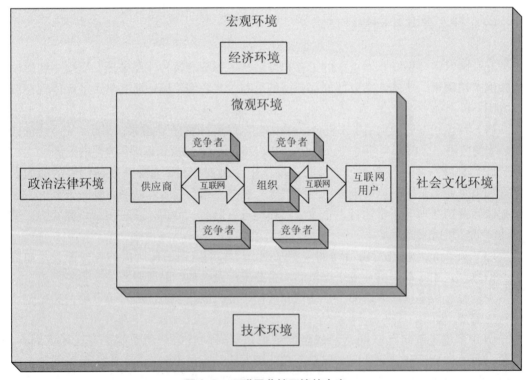

图2.3　互联网营销环境的内容

互联网营销宏观环境是指对企业互联网营销活动影响较为间接的各种因素的总称，主要包括政治法律环境、经济环境、社会文化环境、技术环境等。宏观环境是指企业无法直接控制的因素，是主要通过影响微观环境来影响企业营销能力和效率的一系列巨大的社会力量。由于宏观环境对互联网营销活动起着间接的影响，所以又称间接营销环境。

市场营销者需要持续监测外部环境，同时，还要持续监测内部企业资源与能力，尤其是互联网营销资源与能力。

互联网营销微观环境是指与互联网营销活动联系密切、作用直接的各种因素的总称。微观环境主要包括互联网用户、互联网媒体、竞争者和供应商等市场主体。微观环境对企业的营销活动有着直接的影响，所以又称直接营销环境。

本书在第二章主要介绍互联网营销环境，在第三章介绍互联网营销调研，在第四章介绍互联网营销环境中的互联网用户。

第二节　互联网营销宏观环境

一、互联网营销宏观环境概述

宏观环境的变化对企业产生的影响可以从两个方面进行分析：一是宏观环境的变化对企业的市场营销活动产生有利的影响，这对企业是一种环境机会；二是宏观环境的变化对企业的市场营销活动产生不利的影响，这对企业是一种环境威胁。不同行业、不同企业在不同时期，宏观环境具有不同的机会吸引力和威胁程度，需要通过环境监测和分析来评估机会吸引力与威胁程度，进而提出相应的对策。

常用 PEST 模型监测、分析宏观环境。其中，P（politics）指政治法律环境，包括政治环境和法律环境；E（economy）指经济环境；S（society）指社会文化环境；T（technology）指技术环境。

互联网营销人员要关注宏观环境的重点内容如表 2.1 所示。

表 2.1　互联网营销人员要关注宏观环境的重点内容

宏观环境	关注内容
政治法律环境	互联网治理（广告、不正当竞争、数据保护和隐私、知识产权）等
经济环境	消费收入、消费支出、货币政策、财政政策、产业政策等
社会文化环境	网络信任、网络文化、网络社区等
技术环境	互联网基础设施、Web 技术、商务智能技术、虚拟现实技术等

二、政治法律环境

政治法律环境包括政治环境和法律环境,政治环境引导着企业营销活动的方向,法律环境则为企业规定经营活动的行为准则。政治环境与法律环境相互联系,共同对企业的市场营销活动产生影响和发挥作用。

互联网不是法外之地。近年来国家强化了对互联网的综合治理,包括对互联网新闻、广告、网络安全、隐私保护、品牌和商标保护、知识产权等的治理。互联网治理对互联网营销活动影响很大。

(一)互联网治理

1. 互联网治理机制

根据不同的层次进行划分,互联网治理包括基础设施层面、技术标准层面、内容应用层面和社会议题层面。

我国已经初步形成系统的互联网治理机制体制,主要包括监管依据、监管主体、监管手段和监管对象(图2.4)。

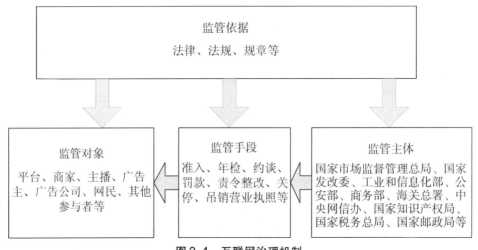

图2.4 互联网治理机制

对互联网营销的监管手段可以分为事前监管、事中监管和事后监管,具体监管手段主要包括准入、年检、约谈、罚款、责令整改、关停、吊销营业执照等。

自1994年我国接入互联网以来,互联网治理的主体、治理依据、治理模式在不断发展变化。当前互联网治理涉及国家市场监督管理总局、国家发改委、工业和信息化部、公安部、商务部、海关总署、中央网信办、国家知识产权局、国家税务总局和国家邮政局等多个部委(局)。

2. 互联网治理依据

互联网治理涉及的法律法规很多,本书搜集整理了与互联网营销密切相关的部分法律法规。

（1）网络广告相关法律法规。主要包括《中华人民共和国广告法》《互联网广告管理暂行办法》《广告管理条例》。此外，还有针对特定行业广告监管的法律法规，包括《兽药广告审查发布标准》《药品、医疗器械、保健食品、特殊医学用途配方食品广告审查管理暂行办法》《农药广告审查发布标准》《房地产广告发布规定》《医疗广告管理办法》等。

（2）网站营销、App 营销、内容营销等相关法律法规。包括《互联网域名管理办法》《互联网信息服务管理办法》《互联网信息服务算法推荐管理规定》《互联网新闻信息服务管理规定》。

（3）社交媒体营销等相关法律法规。包括《互联网用户公众账号信息服务管理规定》《网络短视频平台管理规范》《互联网直播服务管理规定》《网络直播营销管理办法（试行）》《微博客信息服务管理规定》《互联网群组信息服务管理规定》《互联网跟帖评论服务管理规定》《互联网论坛社区服务管理规定》《中国互联网协会反垃圾邮件规范》。

（4）互联网文化相关法律法规。包括《互联网文化管理暂行规定》《网络表演经营活动管理办法》。

（5）网络安全、数据安全等法律法规。包括《中华人民共和国网络安全法》《中华人民共和国数据安全法》《中华人民共和国个人信息保护法》《中华人民共和国电子签名法》《App 违法违规收集使用个人信息行为认定方法》。

（6）电子商务、不正当竞争等相关法律法规。包括《中华人民共和国电子商务法》《网络交易监督管理办法》《中华人民共和国消费者权益保护法》《中华人民共和国反不正当竞争法》《中华人民共和国反垄断法》。

（7）商标、知识产权等相关法律法规。包括《中华人民共和国商标法》《中华人民共和国著作权法》。

（二）互联网不正当竞争治理

在电商平台上，用户评价往往是消费者选择商品的重要参考因素。也正因如此，一些不良卖家为吸引消费者的注意力、获取更多交易机会，寻找"刷手"进行虚假交易，以不正当方式提高商品销量、用户好评度和店铺信誉。

1. 案例一

某公司根据 11 家大众点评平台入驻商家打造所谓"网红店"的需求，招募大量大众点评平台"大 V"到店付费用餐。"大 V"在用餐后，编造好评"作业"发布并予以高分点评。当事人对"大 V"的"作业"审核后，将餐费予以返还。当事人通过此类方式在大众点评平台内提高了相关商家的星级并大量增加优质评价，通过内容和流量双重造假，帮助商家欺骗、误导相关公众。

【处理】该行为违反了《中华人民共和国反不正当竞争法》（以下简称《反不正当竞争法》）第八条第二款的规定，依据第二十条第一款对当事人责令停止违法行为，处罚款 20 万元。

（资料来源：https：//www.samr.gov.cn/xw/zj/202107/t20210722_332973.html，编者改编）

【评析】 刷单炒信行为属于不正当竞争。《反不正当竞争法》第八条规定:"经营者不得对其商品的性能、功能、质量、销售状况、用户评价、曾获荣誉等作虚假或者引人误解的商业宣传,欺骗、误导消费者。经营者不得通过组织虚假交易等方式,帮助其他经营者进行虚假或者引人误解的商业宣传。"第二十条规定:"经营者违反本法第八条规定对其商品作虚假或者引人误解的商业宣传,或者通过组织虚假交易等方式帮助其他经营者进行虚假或者引人误解的商业宣传的,由监督检查部门责令停止违法行为,处二十万元以上一百万元以下的罚款;情节严重的,处一百万元以上二百万元以下的罚款,可以吊销营业执照。"经营者违反本法第八条规定,属于发布虚假广告的,依据《中华人民共和国广告法》(以下简称《广告法》)的规定处罚。

2. 案例二

某公司开发并运营购物平台,在平台的应用软件中设置了"积分捡漏"模块,宣称可以以 0.1 折至 3 折不等的价格购买手机等商品,每天有数千人捡漏成功,吸引用户充值以获取积分来参与"积分捡漏"活动。该公司宣传每天成功发放福利 4000~6000 份,但实际每天成功发放福利在 15 份以内,与宣传的数量存在极大的差距。同时,该公司对平台上部分没有用户评论的商品,虚增用户的昵称、头像及评论内容。因此,该公司虚构了活动发放福利的数量,同时冒充消费者进行评价,欺骗、误导相关公众。

【处理】 该行为违反了《反不正当竞争法》第八条第一款的规定,依据第二十条第一款责令当事人停止违法行为,处罚款 20 万元。

(资料来源:https://www.samr.gov.cn/xw/zj/202107/t20210722_332973.html,编者改编)

(三) 数据保护与隐私

1. 个人信息安全问题

网络个人信息是指与特定自然人相关、能够单独或通过与其他信息结合识别该特定自然人的数据。它一般包括姓名、职业、职务、年龄、血型、婚姻状况、宗教信仰、学历、专业资格、工作经历、家庭住址、电话号码、身份证号码、信用卡号码、指纹、病史、电子邮件、网上登录账号和密码等,覆盖了自然人的心理、生理、智力以及个体、社会、经济、文化、家庭等各个方面。

网民的个人信息对营销人员了解顾客需求、制定营销策略非常有用;但是,收集网民信息与网民隐私保护在法律和道德两个方面都是矛盾的。营销人员收集的网民信息越多,越有利于营销者开展个性化营销、定向营销,提高用户体验;但是,收集网民信息越多,在法律和道德方面侵犯隐私权,甚至可能因为个人信息泄露而造成各种侵权甚至犯罪。国家层面通过互联网综合治理来平衡用户体验和隐私保护的矛盾。

2. 个人信息安全相关法律法规

《中华人民共和国网络安全法》是为保障网络安全,维护网络空间主权和国家安全、社会公共利益,保护公民、法人和其他组织的合法权益,促进经济社会信息化健康发展而制定的法律。

《中华人民共和国个人信息保护法》针对收集个人信息、大数据杀熟、人脸识别等行为作出了明确规定,同时也完善了个人信息保护投诉、举报工作机制等。

《中华人民共和国数据安全法》明确表示任何组织、个人收集数据，应当采取合法、正当的方式，不得窃取或者以其他非法方式获取数据，而且鼓励和支持数据在各行业、各领域的创新应用。

3. 个人信息泄露途径与防范措施

互联网营销从业人员要在法律许可的情况下开展活动，在确保顾客的隐私和安全、在顾客知情同意的情况下才能收集顾客个人信息，以提升营销个性化和用户体验。普通的互联网用户则要关心个人信息的泄露途径、可能威胁，以及如何避免个人信息泄露。

目前，个人信息的泄露主要有以下途径：①利用互联网搜索引擎搜索个人信息，汇集成册，并按照一定的价格出售给需要购买的人。②旅馆、保险公司、租赁公司、银行、通信（如电信、移动、联通）、房地产、邮政等需要身份证件实名登记的部门、场所，个别人员利用登记的便利条件，泄露客户个人信息。③个别违规打字店、复印店利用复印、打字之便，将个人信息资料存档留底，装订成册，对外出售。④借各种问卷调查之名，窃取个人信息。警方介绍，不法分子宣称只要在调查问卷表上填写详细联系方式、收入情况、信用卡情况等内容，以及进行简单的勾挑式回答问题，就能获得不等档次的奖品，以此诱使群众填写个人信息。⑤在抽奖券的正副页上填写姓名、家庭住址、联系方式等，造成个人信息泄露。⑥在购买电子产品、车辆等物品时，在一些非正规的商家填写非正规的售后服务单。⑦超市、商场通过向群众邮寄免费资料、申办会员卡时掌握到群众个人信息，造成个人信息泄露。

针对个人信息的犯罪已经形成了一条灰色的产业链。在这个链条中，有专门从事个人信息收集的泄密源团体，他们之中包括一些有合法权限的内部用户主动通过QQ、互联网、邮件、移动存储等各类渠道获取信息，还包括一些黑客通过攻击行为获得企业或个人的数据库信息。有专门向泄密源团体购买数据的个人信息中间商团体，他们根据各种非法需求向泄密源购买数据，向有需求者推销数据，买卖、共享和传播各种数据库。还有专门向中间商团体购买个人信息，并实施各种犯罪的使用人团体。他们是实际利用个人信息侵害个人利益的群体。

据不完全统计，这些人在获得个人信息后，会利用个人信息从事五类违法犯罪活动：①电信诈骗、网络诈骗等新型、非接触式犯罪。②直接实施抢劫、敲诈勒索等严重暴力犯罪活动。③实施非法商业竞争。不法分子以信息咨询、商务咨询为掩护，利用非法获取的公民个人信息，收买客户，打压竞争对手。④调查婚姻。不法分子利用购买的公民个人信息，介入婚姻纠纷、财产继承、债务纠纷等民事诉讼，对群众正常生活造成极大困扰。⑤滋扰民众。不法分子获得公民个人信息后，通过网络人肉搜索、信息曝光等行为滋扰民众生活。

防范个人信息泄露可以从以下方面入手：①在安全级别较高的物理或逻辑区域内处理个人敏感信息；②敏感个人信息需加密保存；③不使用U盘存储和交互个人敏感信息；④尽量不要在可访问互联网的设备上保存或处理个人敏感信息；⑤只将个人信息转移给合法的接收者；⑥个人敏感信息需带出公司时要防止被盗、丢失；⑦电子邮件发送时要加密，并注意不要错发；⑧寄送邮包时选择可信赖的邮寄公司，并要求回执；⑨避免传真错误发送；⑩废弃纸质资料时要用碎纸机；⑪废弃的光盘、U盘、电脑等要消磁或彻底破坏。

（四）网络知识产权

知识产权表面上可被理解为"对知识的财产权"，其前提是知识具备成为法律上的财产的条件。然而，知识的本质是一种信息，具备无体性与自由流动性。作为信息的知识一旦被传播，提供这一信息的人就无法对信息进行排他性的控制。那么由这一信息所表达的智力成果就不可能成为法律意义上信息创造者的财产。而知识产权法律制度通过赋予智力成果的创造者以排他性使用权和转让权的方式，创造出了一种前所未有的财产权形式。

2021年1月1日实施的《中华人民共和国民法典》第一百二十三条规定：民事主体依法享有知识产权。知识产权是权利人依法就下列客体享有的专有的权利：①作品；②发明、实用新型、外观设计；③商标；④地理标志；⑤商业秘密；⑥集成电路布图设计；⑦植物新品种；⑧法律规定的其他客体。

互联网营销中，最容易侵犯或被侵犯的是互联网品牌和商标、作品等权利。

1. 互联网品牌和商标保护

互联网品牌就是企业在国家市场监督管理总局注册的商标在互联网上的应用场景延伸。《中华人民共和国商标法》规定，经国家知识产权局商标局核准注册的商标，包括商品商标、服务商标和集体商标、证明商标，商标注册人享有商标专用权，并且在线上和线下都是受法律保护的。

互联网品牌由以下内容组成：①网站名称、logo；②网站域名；③移动网站域名；④企业搜索引擎表现，如网页级别（page rank，PR）值；⑤网络上关于公司的软文、舆情和评价等；⑥官方自媒体平台（包括企业的官方微博、官方微信公众号、官方网络直播平台、官方短视频平台等）在网络中的表现及与网友互动的情况。

对互联网品牌的保护，主要工作是围绕互联网品牌的构成内容进行：①域名注册；②商标注册；③提升网站 PR 值；④管理网络舆情，在官方网站、官方公众号、官方微博等媒体与网民良好互动，对品牌网络论坛、直播间等的在线评论进行管理。

2. 网络著作权

网络著作权也称网络版权。从作者方面看，它是指作者对其依法创作的作品享有的专有权；从使用方面看，它是指抄录、复制以及其他使用作品的权利。在信息化、网络化、数字化的背景环境下，大量新的著作权问题随之产生。如，有的网站非法转载他人作品，甚至对其他网站的内容进行全网抓取；还有，网络上的文字、音乐、影视、图形、软件等各类作品的侵权行为易发多发。

三、经济环境

（一）一般经济环境

经济环境是影响企业营销活动的国际和国内经济因素，这些经济因素影响消费者收入和支出。营销人员要关注各类经济指标，如经济增长率、外贸、投资、就业、货币政策、财政政策等。其中，消费者收入、消费支出、储蓄和信贷对互联网营销有直接影响。

1. 消费者收入

收入因素是构成市场的重要因素，因为市场规模的大小归根结底取决于消费者的购买力大小，而消费者的购买力大小取决于他们收入的多少。企业必须从市场营销的角度来研究消费者收入，通常从以下四个方面进行分析。

（1）国民生产总值。国民生产总值是衡量一个国家经济实力与购买力的重要指标。国民生产总值增长越快，对商品的需求和购买力就越大；反之，就越小。

（2）人均国民收入。人均国民收入是用国民收入总量除以总人口的比值。这个指标大体反映了一个国家人民生活水平的高低，也在一定程度上决定商品需求的构成。一般来说，人均收入增长，对商品的需求和购买力就大；反之就小。

（3）个人可支配收入。个人可支配收入指在个人收入中扣除消费者个人缴纳的各种税款和交给政府的非商业性开支后剩余的可用于消费或储蓄的那部分个人收入，它构成实际购买力。个人可支配收入是影响消费者购买生活必需品的决定性因素。

（4）个人可任意支配收入。个人可任意支配收入指在个人可支配收入中减去消费者用于购买生活必需品的费用支出（如房租、水电、食物、衣着等项开支）后剩余的部分。这部分收入是消费需求变化中最活跃的因素，也是企业开展营销活动时所要考虑的主要对象。这部分收入一般用于购买高档耐用消费品、娱乐、教育、旅游等。

（5）家庭收入。家庭收入的高低会影响很多产品的市场需求。一般来讲，家庭收入高，对消费品需求大，购买力也大；反之，需求小，购买力也小。

2. 消费者支出

随着消费者收入的变化，消费者支出会发生相应变化，继而使一个国家或地区的消费结构也会发生变化。

德国统计学家恩斯特·恩格尔（Ernst Engel）于1857年发现了消费者收入变化与支出模式，即消费结构变化之间的规律性。这种消费结构的变化通常用恩格尔系数（食品支出金额/家庭消费支出总金额）来表示。恩格尔系数越小，食品支出所占比重越小，表明生活富裕，生活质量高；恩格尔系数越大，食品支出所占比重越高，表明生活贫困，生活质量低。

恩格尔系数是衡量一个国家、地区、城市、家庭生活水平高低的重要参数。企业从恩格尔系数可以了解目前市场的消费水平，也可以推知今后消费变化的趋势及对企业营销活动的影响。

3. 消费者储蓄

消费者的储蓄行为直接制约着市场消费量购买的大小。当收入一定时，如果储蓄增多，现实购买量就减少；反之，如果储蓄减少，现实购买量就增加。

居民储蓄倾向受到利率、物价等因素的影响。人们储蓄的目的是不同的，有的是为了养老，有的是为未来的购买而积累，当然储蓄的最终目的主要也是消费。企业应关注居民储蓄的增减变化，了解居民储蓄的不同动机，制定相应的营销策略，以获取更多的商机。

4. 消费者信贷

消费者信贷也称信用消费，指消费者凭信用先取得商品的使用权，然后按期归还贷款，完成商品购买的一种方式。信用消费允许人们购买超过自己现实购买力的商品，创造了更多的消费需求。

（二）网络经济环境

网络经济是一种建立在计算机网络基础之上，以现代信息技术为核心的新的经济形态。

网络经济最典型的特征是梅特卡夫法则和马太效应。梅特卡夫法则的核心理论是：网络的价值等于网络节点数的平方，这说明网络产生和带来的效益将随着网络用户的增加而呈指数形式增长。马太效应是指在网络经济中，由于人们的心理反应和行为惯性，在一定条件下，优势或劣势一旦出现并达到一定程度，就会导致不断加剧而自行强化，出现"强者更强、弱者更弱"的局面。

网络经济理论在互联网营销的应用，主要表现为互联网平台的用户越多，互联网平台的价值就越高，同时马太效应明显，通常是细分领域第一名占据了大部分市场份额。因此，在互联网领域，可以通过补贴等营销手段快速占领市场。

（三）注意力经济环境

注意力经济（economy of attention）也称为时间价值经济学。最早正式提出"注意力经济"这一概念的迈克尔·戈德海伯（Michael H. Goldhaber）1997年发表了一篇题为《注意力购买者》的文章。他在这篇文章中指出，当今社会是一个信息极大丰富甚至泛滥的社会，互联网的出现加快了这一进程，信息非但不是稀缺资源，相反是过剩的。而相对于过剩的信息，只有一种资源是稀缺的，那就是人们的注意力，这种观点被形象地描述为"注意力经济"。

所谓注意力，从心理学上看，就是指人们关注一个主题、一个事件、一种行为和多种信息的持久程度。在当今信息过剩的社会，吸引人们的注意力往往会形成一种商业价值，获得经济利益，因此在经济上，注意力往往又会成为一种经济资源。进一步说，注意力经济是指最大限度地吸引用户或消费者的注意力，通过培养潜在的消费群体，以期获得最大的未来商业利益的经济模式。在这种经济状态中，最重要的资源既不是传统意义上的货币资本，也不是信息本身，而是大众的注意力。只有大众对某种产品注意了，他们才可能购买这种产品。而要吸引大众的注意力，重要的手段之一就是视觉上的争夺，也正由此，注意力经济也称为"眼球经济"。

网民使用互联网的时间是有限的，相对于几乎无限的网络内容，网民的注意力是稀缺的。注意力经济在互联网营销的应用，主要是吸引网民的注意力，如搜索结果页面注意力分布、视觉设计、内容结构设计等都需要考虑如何吸引注意力。

（四）数字经济环境

作为经济学概念的数字经济，是人类通过大数据（数字化的知识与信息）的识别、选择、过滤、存储、使用，引导、实现资源的快速优化配置与再生，实现经济高质量发展的经济形态。

数字经济是一个内涵比较宽泛的概念，凡是直接或间接利用数据来引导资源发挥作用、推动生产力发展的经济形态都可以纳入其范畴。数字经济在技术层面包括大数据、云计算、物联网、区块链、人工智能、5G通信等新兴技术，在应用层面非常多，如通过大数据实现一对一营销、广告展现千人千面。

四、社会文化环境

（一）什么是社会文化环境

社会文化环境包括企业所处的社会结构、社会风俗和习惯、信仰和价值观念、行为规范、生活方式、文化传统、人口规模与地理分布等。社会文化环境是影响企业营销诸多变量中最复杂、最深刻、最重要的变量。社会文化是某一特定人类社会在其长期发展历史过程中形成的，它主要由特定的价值观念、行为方式、伦理道德规范、审美观念、宗教信仰及风俗习惯等内容构成。它影响和制约着人们的消费观念、需求欲望及特点、购买行为和生活方式，对企业营销行为产生直接影响。

任何企业都处于一定的社会文化环境中，企业营销活动必然受到所在社会文化环境的影响和制约。为此，企业应了解和分析社会文化环境，针对不同的社会文化环境制定不同的营销策略，组织不同的营销活动。

（二）社会文化环境的内容

社会文化环境的内容一般包括以下方面。

1. 教育状况

受教育程度的高低影响到消费者对商品功能、款式、包装和服务要求的差异性。通常文化教育水平高的国家或地区的消费者要求商品包装典雅华贵，对附加功能也有一定的要求。因此，企业营销开展的市场开发、产品定价和促销等活动都要考虑到消费者受教育程度的高低，以采取不同的策略。

2. 宗教信仰

宗教是构成社会文化的重要因素，对人们的消费需求和购买行为的影响很大。不同的宗教有自己独特的对节日礼仪、商品使用的要求和禁忌。某些宗教组织甚至对教徒购买决策有决定性的影响。为此，企业可以把影响大的宗教组织作为自己的重要公共关系对象，在营销活动中也要注意到不同的宗教信仰，以避免由于矛盾和冲突给企业营销活动带来损失。

3. 价值观念

价值观念是指人们对社会生活中各种事物的态度和看法。不同文化背景下，人们的价值观念往往有着很大的差异，消费者对商品的色彩、标识、式样以及促销方式都有自己褒贬不同的意见和态度。企业必须根据消费者不同的价值观念设计产品，提供服务。

4. 消费习俗

消费习俗是指人们在长期经济与社会活动中所形成的一种消费方式与习惯。不同的消费习俗具有不同的商品要求。研究消费习俗，不但有利于组织好消费品的生产与销售，而且有利于正确、主动地引导健康的消费。了解目标市场消费者的禁忌、习惯、避讳等是企业进行市场营销的重要前提。

五、技术环境

互联网营销是以互联网为媒介、以信息技术为手段的营销活动。因此，信息技术对互联网营销的影响非常大，营销人员要了解信息技术及其对营销的影响。互联网营销技术环境的内容主要包括互联网基础设施、Web 技术、商务智能技术和虚拟现实技术（图 2.5）。

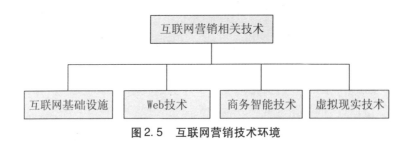

图 2.5　互联网营销技术环境

（一）互联网基础设施

互联网基础设施是互联网营销的基础，包括网络用户数、IP 地址、网站、App、网络带宽、通信技术等。

互联网采用客户机/服务器（client-server，C/S）结构。服务器负责数据的管理，客户机负责完成表现及与用户交互等任务。客户机或浏览器接受用户的请求，并通过互联网向服务器提出请求，对数据库进行操作。服务器接受客户机的请求，将数据通过互联网传递给客户机，客户机浏览器将数据以一定的表现形式呈现给用户。服务器还要提供完善的安全保护及对数据完整性的处理等操作，并允许多个客户机同时访问服务器。这就对服务器的硬件处理数据能力提出了很高的要求。互联网的工作原理如图 2.6 所示。

图 2.6　互联网的工作原理

1. 互联网基础设施概况

今天的互联网已经成为开发和使用全球信息资源的信息海洋，基于互联网的服务和应用覆盖了社会生产和生活的方方面面。互联网世界统计数据显示，2021年全球互联网用户超过46.8亿人。

中国于1994年全功能接入互联网。CNNIC第49次报告显示，2021年我国网民规模达到10.32亿。截至2021年12月，我国IPv4地址数量为39249万个，IPv6地址数量为62025块/32，IPv6活跃用户数达6.08亿。我国域名总数为3593万个，其中，".cn"域名数量为2041万个，占我国域名总数的56.8%；".com"域名数量为1065万个，占我国域名总数的29.6%；".中国"域名数量为21万个，占我国域名总数的0.6%；新通用顶级域名（New gTLD）数量为362万个，占我国域名总数的10.1%。全国互联网宽带接入端口数量达10.18亿个，其中，光纤接入（FTTH/O^5）端口达到9.6亿个，占比94.3%，全国光缆线路总长度达到5488万公里。

报告显示，我国网站数量为418万个，较2020年12月下降5.5%；我国国内市场上监测到的App数量为252万款。移动应用规模居前四位的App分类占比达61.2%，其中，游戏类App数量继续领先，达70.9万款，占全部App比重为28.2%。日常工具类、电子商务类和社交通信类App数量分别达37.0万、24.8万和21.1万款，分列移动应用规模第二至四位。

2. 通信技术

通信技术对互联网营销的影响，主要在互联网接入方式和互联网速度两方面。互联网接入方式从有线到无线，互联网速度从窄带到宽带，移动通信从1G、2G、3G、4G到5G演进，技术演进过程中不断产生新的商业模式，技术的变迁与演进也深刻影响着互联网营销。通信技术的内容很多，这里重点介绍移动通信技术演进过程对互联网营销的影响。

（1）1G时代。1G（first generation）指第一代移动通信技术。1G是以模拟技术为基础的蜂窝无线电话系统，只能传输模拟的语音信号，用户感受到的通信方式是打语音电话。因此，电话营销是主要营销模式，媒体形式主要是模拟的语音。

（2）2G时代。2G依然以数字语音传输技术为核心，但短信业务发展很快。在2G时代，短信营销是主要营销模式，媒体形式主要是文字。

（3）3G时代。3G能够同时传送声音及数据信息，速率一般在几百kbps以上。3G是移动互联网的开端，用手机上网成为主流模式。移动端的浏览器、网站和微信、微博等成为主流互联网媒体。利用这些媒体营销是主要营销模式。由于网速限制，媒体形式主要是图片和文字。

（4）4G时代。4G集3G与WLAN于一体，并且能够快速传输数据及高质量音频、视频、图像等。4G能够以100 Mbps以上的速度下载，比家用宽带ADSL（4 M）快25倍，并能满足几乎所有用户对于无线服务的要求。4G时代，由于带宽的提升，产生了短视频、直播等商业模式，短视频和直播也成为主流营销模式。

（5）5G时代。5G的性能目标是高数据速率、减少延迟、节省能源、降低成本、提高系统容量和大规模设备连接，5G 的速度超过 1 Gb/s。到了 5G 时代，预计 VR/AR 成为主流营销技术。

3. 网络安全技术

网络安全是指互联网系统的硬件、软件及其系统中的数据受到保护，不因偶然的或者恶意的原因而遭受到破坏、更改、泄露，系统连续可靠正常地运行，互联网服务不中断。

当前存在的网络安全问题主要包括网络诈骗、网络钓鱼、病毒威胁等。CNNIC 第 49 次报告显示，截至 2021 年 12 月，62.0% 的网民表示过去半年在上网过程中未遭遇过网络安全问题。遭遇个人信息泄露的网民比例最高，为 22.1%；遭遇网络诈骗的网民比例为 16.6%；遭遇设备中病毒或木马的网民比例为 9.1%；遭遇账号或密码被盗的网民比例为 6.6%。通过对遭遇网络诈骗网民的进一步调查发现，虚拟中奖信息诈骗仍是网民最常遭遇的网络诈骗类型，占比为 40.7%；遭遇网络购物诈骗的比例为 35.3%；遭遇网络兼职诈骗的比例为 28.6%；遭遇冒充好友诈骗的比例为 25.0%；遭遇钓鱼网站诈骗的比例为 23.8%。2021 年，工业和信息化部网络安全威胁和漏洞信息共享平台收集整理信息系统安全漏洞 143319 个，其中，高危漏洞 40498 个，中危漏洞 86217 个；接报木马受控、网页篡改、网页仿冒、数据泄露等网络安全事件 88799 件，较上年同期下降 60.9%。

网络交易安全服务都是通过安全技术来实现的，主要包括加密技术、认证技术和电子商务安全协议等。

（二）Web 技术

1. 什么是 Web

Web（World Wide Web）即全球广域网，也称为万维网，它是一种基于超文本和 HTTP 的、全球性的、动态交互的、跨平台的分布式信息系统。

网站（Web site）是指在因特网上使用标准通用标记语言（HTML）等工具制作的用于展示特定内容相关网页的集合。网站也是在互联网上拥有域名或地址并提供一定网络服务的主机，是存储文件的空间，以服务器为载体。简单地说，网站是一种沟通工具。人们可通过浏览器等进行访问、查找文件，也可通过远程文件传输（FTP）方式上传、下载网站文件。即人们可以通过网站来发布自己想要公开的资讯，也可以利用网站来提供或获取相关的网络服务。

域名、空间服务器与程序是网站的基本组成部分，随着科技的不断进步，网站的组成也日趋复杂。多数网站由域名、空间服务器、DNS 域名解析、网站程序、数据库等组成。

网站一般遵循 MVC（model-view-controller）架构，因此 Web 开发一般分为前端开发和后端开发，前端开发主要负责 view 部分，后端开发主要负责 model 和 controller 部分。Web 技术对互联网营销的影响也主要体现在前端和后端两个方面。

2. Web 前端技术

前端技术对互联网营销的影响主要在网站的用户界面（user interface，UI）和用户交互方面。用户界面和用户交互影响用户体验，用户体验影响用户的转化和留存。

网站设计要以用户为中心，即以用户为中心的设计（user centered design，UCD）。UCD 以用户体验为设计决策的中心，强调用户优先的设计模式。UCD 可以提升用户体验，提高用户停留时间和流量转化率。

网站前端是创建前端界面呈现给用户的过程，通过 HTML、CSS 及 JavaScript 以及衍生出来的各种技术、框架、解决方案，来实现互联网产品的用户界面交互。Web 前端技术从网页制作演变而来。在互联网的演化进程中，网页制作是 Web 1.0 时代的产物，早期网站的主要内容都是静态的，以图片和文字为主，用户使用网站的行为也以浏览为主。随着互联网技术的发展和 HTML 5、CSS3 的应用，网页更加美观，交互效果显著，功能更加强大。

（1）超文本标记语言（hypertext marked language，HTML）。用 HTML 编写的超文本文档称为 HTML 文档。使用 HTML 语言，将所需要表达的信息按某种规则写成 HTML 文件，浏览器将这些 HTML 文件解释成可以识别的信息，即现在所见到的网页。

HTML 包括一系列标签，通过这些标签，可以将互联网上的文档格式统一，使分散的 Internet 资源连接为一个逻辑整体。所以，超文本是一种组织信息的方式，它通过超级链接方法将文本中的文字、图表与其他信息媒体相关联。这些相互关联的信息媒体可能在同一文本中，也可能是其他文件，或是地理位置相距遥远的某台计算机上的文件。这种组织信息方式将分布在不同位置的信息资源用随机方式进行连接，为人们查找、检索信息提供方便。

HTML 历史上有如下版本：

HTML 1.0：1993 年 6 月，作为互联网工程工作小组（IETF）工作草案发布。

HTML 2.0：1995 年 11 月，作为 RFC 1866 发布，2000 年 6 月被宣布已经过时。

HTML 3.2：1997 年 1 月 14 日发布，W3C 推荐标准。

HTML 4.0：1997 年 12 月 18 日发布，W3C 推荐标准。

HTML 5：被公认为下一代 Web 语言，极大地提升了 Web 在富媒体、富内容和富应用等方面的能力。

（2）层叠样式表（cascading style sheets，CSS）。CSS 是一种用来表现 HTML 或 XML（标准通用标记语言的一个子集）等文件样式的计算机语言。CSS 不仅可以静态地修饰网页，还可以配合各种脚本语言动态地对网页各元素进行格式化。CSS 是一种定义样式结构（如字体、颜色、位置等）的语言，被用于描述网页上的信息格式化和显示的方式。CSS 样式可以直接存储于 HTML 网页或者单独的样式单文件中。无论哪一种方式，样式单包含将样式应用到指定类型的元素的规则。外部使用时，样式单规则被放置在一个带有文件扩展名_css 的外部样式单文档中。

（3）JavaScript。JavaScript 是一种属于互联网的脚本语言，已经被广泛用于 Web 应用开发，常用来为网页添加各式各样的动态功能，为用户提供更流畅美观的浏览效果。

通常 JavaScript 脚本是通过嵌入在 HTML 中来实现自身的功能的。JavaScript 是一种解释型的脚本语言，在程序的运行过程中逐行进行解释。

（4）前端框架。Angular.js、React.js、Vue.js 是目前三大主流的前端框架，都有很好的性能。Angular 是一个基于 TypeScript.js 的 JavaScript 框架，它由 Google 开发和维护。React.js 由 Facebook 开发和维护。Vue.js 是发展迅速的 JavaScript 框架之一，它于 2014 年 2 月首次发布。

3. Web 后端技术

网站后端包括服务器、编程语言、数据库、负载均衡等。营销人员关注网站后端技术对互联网营销的可能影响，而这一影响主要在网站性能方面。

网站性能直观的说法就是网站的响应速度。网站性能影响着用户访问网站的整个流程：首先，用户在浏览器端发出请求；其次，在网络上对请求数据、响应数据进行传输；最后，在网站服务器端对请求数据进行处理（执行程序、访问数据库、文件等），并将结果返回。网站的响应时间是判断一个网站是否是好网站的重要因素之一。网页的响应时间越短，用户访问起来感觉会更为流畅，体验也更好。

Google 发现，显示 10 条搜索结果需 0.4 秒，显示 30 条搜索结果需 0.9 秒，结果后者使 Google 总的流量和收入减少了 20%。DoubleClick by Google 发现，如果网页加载时间超过 3 秒，53% 的移动网站访问活动将遭到抛弃；与加载时间约为 4 倍（19 秒）的网站相比，加载时间在 5 秒以内的网站会话加长 70%，跳出率下降 35%，广告可见率上升 25%。Amazon 发现，首页打开时间每增加 100 毫秒，网站销售量会减少 1%。BBC 发现其网站的加载时间每增加 1 秒，便会多失去 10% 的用户。

网站的性能受很多因素影响，前端、服务器和云环境、网络、带宽等都会影响网站性能。对营销人员而言，需要知道网站性能关乎用户去留和用户体验，网站性能是提升用户转换率的重要因素。因此，营销人员要重视网站性能，能够协调技术人员提升网站性能。

（三）商务智能技术

商务智能是人工智能在商务领域的应用，也是运用人工智能解决商务问题。人工智能（artificial intelligence，AI）是研究、开发用于模拟、延伸和扩展人的智能的理论、方法、技术及应用系统的一门新的技术科学。近年来人工智能应用发展迅速，主要是因为人工智能三要素——数据、算力和算法均有了突破。大数据技术解决了海量、高维、异构的数据管理问题，云计算为人工智能解决了算力问题，卷积神经网络等机器学习算法解决了算法问题。

目前，人工智能在营销上的应用主要在程序化广告、内容推荐算法、智能客服等领域。

程序化广告是指广告主通过数字平台，从受众匹配的角度由程序自动化完成展示类广告的采买和投放，并实时反馈投放效果的一种广告投放方式。

内容推荐算法是通过一些数学算法，推测出用户可能喜欢的内容。内容推荐算法已经应用到了各个领域的网站中，包括图书、音乐、视频、新闻、电影、地图等。而电子商务的应用近年来逐渐普及，推荐系统不仅给这些互联网商家带来了巨大的附加利益，同时也提高了用户满意度，增加了用户黏性。基于人口统计学推荐是指根据人口统计学信息如年龄、性别、偏好、地域、收入等来推荐内容。基于内容推荐是基于标的物相关信息、用户相关信息及用户对标的物的操作行为来构建推荐算法模型，为用户提供推荐服务。这里的标的物相关信息可以是对标的物用文字描述的信息、标签、用户评论、人工标注的信息等，用户对标的物的操作行为可以是评论、收藏、点赞、观看、浏览、点击、加购物车、购买等。基于内容的推荐算法一般只依赖于用户自身的行为为用户提供推荐，不涉及其他用户的行为。基于协同过滤的推荐算法，充分利用集体智慧，即在大量的人群的行为和数据中收集答案，以帮助营销人员对整个人群得到统计意义上的结论。

智能客服是在大规模知识处理基础上发展起来的一项面向行业的应用，它是大规模知识处理技术、自然语言理解技术、知识管理技术、自动问答系统、推理技术等的综合应用，为企业与海量用户之间的沟通建立了一种基于自然语言的快捷有效的技术手段。

小资料：人工智能

高德纳咨询公司（Gartner）预测，今后10年AI技术将为大众所用，无处不在，即所谓的民主化。AI的民主化进程得益于下列技术：AI平台即服务（PaaS）、强人工智能、自动驾驶（4级和5级）、自动移动机器人、对话式AI平台、深度神经互联网、飞行自动驾驶汽车、智能机器人和虚拟助手。

2019年8月29日的WAIC世界人工智能大会开幕式上，中国科技部公布了国家新一代人工智能开放创新平台名单，依图、明略科技、华为、中国平安、海康威视、京东、旷视科技、360、好未来、小米10家公司入选。10家公司在不同领域各有定位，将引领实体经济应用人工智能技术：①依托依图建设视觉计算人工智能开放创新平台；②依托明略科技建设营销智能人工智能开放创新平台；③依托华为建设基础软硬件人工智能开放创新平台；④依托中国平安建设普惠金融人工智能开放创新平台；⑤依托海康威视建设视频感知人工智能开放创新平台；⑥依托京东建设智能供应链人工智能开放创新平台；⑦依托旷视科技建设图像感知人工智能开放创新平台；⑧依托360建设安全大脑人工智能开放创新平台；⑨依托好未来建设智慧教育人工智能开放创新平台；⑩依托小米建设智能家居人工智能开放创新平台。

（资料来源：https：//www.sohu.com/a/343814068_120206497，编者整理）

（四）虚拟现实技术

虚拟现实技术（virtual reality，VR）是20世纪发展起来的一项全新的实用技术。虚拟现实技术包括计算机、电子信息、仿真技术，其基本实现方式是计算机模拟虚拟环境，从而给人以环境沉浸感。

VR与营销相结合，可以增加用户沉浸感，提升用户体验。2017年耐克与周冬雨合作的VR广告《心再野一点》，以全景视角呈现了周冬雨从零开始并成长为金马影后的心路历程。通过 VR 技术，耐克把广告的感染力放到了最大。在这段 VR 广告中，观众可以亲历周冬雨的追梦历程，以 360°无死角的方式见证她的成长，无比贴近地观看她的每一个动作、每一个表情，仿佛自己始终相伴她左右，还能感受她的喜怒哀乐。

（五）评估营销技术投资价值

信息技术依然在不断发展演化中。对营销人员而言，他们面临的一个挑战是如何评估哪种技术能够用于互联网营销，以及营销技术投资的回报如何。

高德纳咨询公司 1995 年提出了技术成熟度曲线，用于预测各种新科技的成熟演变速度。技术成熟度曲线又称技术循环曲线、光环曲线或者技术炒作周期，是方便企业和 CIO（首席信息官）评估新技术成熟度和演进周期、制定新技术战略，进而确定对本公司而言可能具有重大影响和战略意义的新型业务机会的重要工具。

高德纳咨询公司根据各种新技术的成熟演变速度及达到成熟所需的时间，将新技术发展分成以下五个阶段：

· 技术诞生的促动期。在此阶段，随着媒体大肆地、非理性地报道，产品的知名度迅速升温，然而随着这项技术的缺点、问题、限制出现，失败的案例大于成功的案例。

· 过高期望的峰值。早期公众的过分关注演绎出了一系列成功的故事，当然同时也有众多失败的例子。但对于失败，大部分公司无动于衷。

· 泡沫化的低谷期。在历经前面阶段所存活的技术，经过多方试验，对此技术的适用范围及限制有了客观了解，成功并能存活的经营模式逐渐成长。

· 稳步爬升的光明期。在此阶段，新技术应用持续进步，重新在市面上受到主要媒体与业界高度的注意。

· 实质生产的高峰期。在此阶段，新技术产生的利益与潜力被市场实际接受，实质支持此经营模式的工具、方法论经过数代的演进，进入了非常成熟的阶段。

第三节 互联网营销微观环境

一、互联网营销微观环境概述

（一）微观环境与互联网营销

微观营销环境是指与企业紧密相连、直接影响企业营销能力和效率的各种力量和因素的总和。图 2.7 展示了互联网网民上网旅程，互联网用户上网，通过各种互联网中间媒体浏览新闻、休闲娱乐、购物等，部分网民可能受到广告、公关等营销活动影响而进入目标网站或竞争网站。

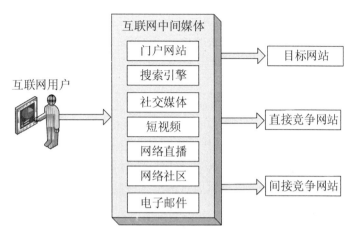

图 2.7　互联网网民上网旅程

（二）微观环境的五种力量

迈克尔·波特（Michael Porter）于 20 世纪 80 年代初提出五力竞争分析模型（图 2.8），用于竞争战略的分析，可以有效地分析组织的竞争环境。行业的五种力量分别是顾客的议价能力、供应商的议价能力、潜在竞争者进入能力、替代品替代能力、行业直接竞争者的竞争能力。

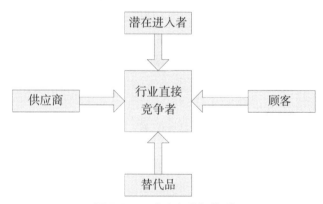

图 2.8　五力竞争分析模型

小资料：迈克尔·波特

迈克尔·波特（Michael E. Porter），哈佛商学院教授，商业管理界公认的"竞争战略之父"。其著作中最有影响的有《品牌间选择、战略及双边市场力量》（1976 年）、《竞争战略》（1980 年）、《竞争优势》（1985 年）、《国家竞争力》（1990 年）等。

（资料来源：MBA 智库，编者改编）

根据五力竞争模型，市场竞争五种竞争力量分别是：

（1）顾客的议价能力。当在线购买者拥有更多的选择时，他们的议价能力增强；顾客知识和信息越多，价格越透明，他们的议价能力增强。

(2) 供应商的议价能力。供方力量的强弱主要取决于他们提供给买主的是什么投入要素,当供方所提供的投入要素其价值构成了买主产品总成本的较大比例、对买主产品生产过程非常重要,或者严重影响买主产品的质量时,供方对于买主的潜在讨价还价力量就大大增强。

(3) 潜在竞争者进入的能力。竞争性进入威胁的严重程度取决于两方面的因素,这就是进入新领域的障碍大小与预期现有企业对于进入者的反应情况。

(4) 替代品的替代能力。替代品替代能力越强,企业的议价能力越弱。替代品价格越低、质量越好、用户转换成本越低,其所能产生的竞争压力就强;而这种来自替代品生产者的竞争压力的强度,可以具体通过考察替代品销售增长率、替代品厂家生产能力与盈利扩张情况来加以描述。

(5) 行业直接竞争者的竞争能力。企业之间的竞争常常表现在价格、广告、产品介绍、售后服务等方面,其竞争强度与许多因素有关。

(三) 互联网营销微观环境关注内容

从互联网市场博弈角度来看,互联网用户、互联网中间媒体、目标网站、竞争者、供应商等都属于互联网市场竞争者。互联网营销人员要关注微观环境的重点内容见表2.2。

表2.2 互联网营销人员要关注微观环境的重点内容

微观环境	关注内容
互联网用户	互联网人口统计特征、访问互联网的渠道、互联网使用行为和消费行为、访问目标网站的潜在用户数、目标用户期望、用户需求水平等
互联网中间媒体	互联网中间媒体商业模式、用户画像、服务条款、目标用户的可触性、可达性等
目标网站	目标网站类型、营销定位、设计
竞争者	竞争者市场定位、设计与营销、与中间媒体的关系、营销资源与能力等
供应商	服务质量、合作关系等

二、互联网用户

要调查了解互联网用户总体特征,以及目标网站的潜在用户数、目标用户期望、用户需求水平等,了解互联网用户在中间媒体、目标网站的使用行为,以便制定营销策略。

(一) 互联网用户总体特点

互联网用户就是使用互联网的网民。网民通过网站、App 等访问互联网以获取信息与服务，因此，互联网用户是网站、App 等互联网产品的用户。

据 CNNIC 第 49 次报告显示，截至 2021 年 12 月，我国网民规模为 10.32 亿，手机网民规模为 10.29 亿，网民使用手机上网的比例为 99.7%，使用台式电脑、笔记本电脑、电视和平板电脑上网的比例分别为 35.0%、33.0%、28.1% 和 27.4%。我国 30~39 岁网民占比为 19.9%，在所有年龄段群体中占比最高；40~49 岁、20~29 岁网民占比分别为 18.4% 和 17.3%，在所有年龄段群体中占比位列二、三位。网民的人均每周上网时长为 28.5 个小时。

报告显示，我国农村网民规模为 2.84 亿，占网民整体的 27.6%；城镇网民规模为 7.48 亿，占网民整体的 72.4%。我国城镇地区互联网普及率为 81.3%，农村地区互联网普及率为 57.6%。我国非网民规模为 3.82 亿，其中，因为不懂电脑/网络而不上网的非网民占比为 48.4%；因为不懂拼音等文化程度限制而不上网的非网民占比为 25.7%；因为没有电脑等上网设备而不上网的非网民占比为 17.5%；因为年龄太大/太小而不上网的非网民占比为 15.5%；因为不需要/不感兴趣、没时间上网而不上网的非网民占比分别为 10.0%、7.2%。

（二）目标网站用户需求

目标网站用户需求就是互联网用户群体中可能访问目标网站的潜在用户数量。目标网站用户需求分析是制定目标市场营销策略、营销组合策略和互联网媒体营销策略、客户关系管理策略的依据。

营销人员要研究其互联网用户的人口统计特征、心理特征、网络行为特征、用户期望、需求水平等，重点了解访问目标网站的互联网用户的潜在数量和现实数量，及其被转换的可能性大小等。

互联网营销主要围绕互联网用户的上网旅程展开，从潜在目标用户到用户获取和转化这个过程中，数量逐渐减少，像个漏斗状，所以称为营销漏斗模型（图 2.9）。

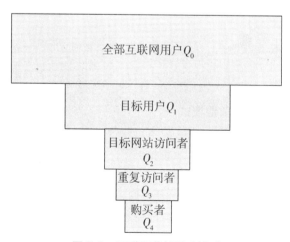

图 2.9　互联网营销漏斗模型

这个漏斗模型也用于评估互联网媒体营销绩效，常用到以下相关指标：认知率（Q_1/Q_0）、吸引率（Q_2/Q_1）、活跃率（Q_3/Q_2）、转化率（Q_4/Q_3）。

（三）互联网用户行为

互联网用户行为可以分为个体行为和群体互动行为，个体行为又分为使用行为和消费行为。所谓使用行为，是互联网用户在中间媒体和目标网站上的使用行为，具体包括用户采纳行为、持续使用行为、内容生产行为和内容消费行为等；所谓消费行为，则特指互联网用户在目标网站上购买产品或服务的行为。

互联网用户使用行为和消费行为将在第四章"互联网用户"里详细介绍。

三、互联网中间媒体

用户通过互联网中间媒体到达目标网站，互联网营销人员要关注互联网中间媒体的商业模式、用户画像、服务条款、目标用户的可触性、可达性等。

（一）常用的互联网中间媒体

互联网中间媒体的具体形式有门户网站、搜索引擎、社交媒体平台、短视频平台、网络直播平台、网络社区等。

常用的门户网站有网易、腾讯网、新浪网、搜狐、凤凰网、人民网、新华网、中华网、和讯网、中国经济网、央视网、光明网等。

搜索引擎分为通用搜索引擎和垂直搜索引擎，常用的通用搜索引擎有百度搜索、谷歌搜索、搜狗搜索、必应搜索、360搜索、中国搜索等。垂直搜索引擎是针对某一个行业或某个平台的专业搜索引擎，如天猫搜索、京东搜索等。

常用的社交媒体平台有微信、QQ、新浪微博、网易博客、搜狐博客、博客中国等。

常用的短视频平台有抖音、快手、微视、B站等。

常用的网络直播平台有斗鱼直播、虎牙直播、抖音直播、快手直播、微信直播等。

常用的网络社区有天涯论坛、百度贴吧、知乎、凯迪社区、豆瓣、虎扑社区、西祠胡同等。

（二）互联网中间媒体的商业模式

企业与企业之间、企业的部门之间乃至企业与顾客之间、企业与渠道之间都存在各种各样的交易关系和连接方式，称之为商业模式。

哈佛大学教授马克·约翰逊（Mark Johnson）、克莱顿·克里斯坦森（Clayton Christensen）和SAP公司的CEO孔翰宁撰写的《商业模式创新白皮书》把商业模式要素概括为客户价值主张、企业资源、生产过程和盈利方式。①客户价值主张，指在一个既定价格上企业向其客户或消费者提供服务或产品时所需要完成的任务；②企业资源和生产过程，指支持客户价值主张和盈利模式的具体经营模式；③盈利方式，指企业用以为股东实现经济价值的过程。

不同互联网中间媒体的客户价值主张是不同的，如腾讯公司的价值主张是通过互联网服务提升人类生活品质。

互联网中间媒体的企业资源和生产过程多是平台模式。所谓平台，是指双边交易市场，指交易双方对交易平台存在相互依赖的需求，而交易平台向双方或其中一方收费的交易市场。双边市场是指两组参与者需要通过平台进行交易，并且其中一组参与者加入平台的收益取决于加入该平台的另一组参与者的数量。以大家熟悉的电子商务平台为例，消费者数量的增加会加大应用该购物平台的供货商对该平台的依赖程度，从而带来销售份额的增长，进而导致更多的供货商选择该平台进行交易。在一定程度上，越来越多的供应商加入，又增加了消费者的选择性，从而进一步吸引更多用户使用该平台进行交易。因此，一旦一家互联网企业率先进入一个领域，或者由于技术或营销优势占据这一领域较大市场份额时，由于交叉网络外部效应和锚定效应的存在，这家企业就会越来越大，出现强者愈强的局面。

互联网中间媒体的盈利方式多是广告、电商和增值服务。

四、目标网站

目标网站是互联网营销人员希望互联网用户访问的网站。目标网站有多种形式，可以是品牌企业自己建设的独立网站或 App，也可以是品牌企业的微信公众号、微博，或者企业的天猫店、京东店、亚马逊店等。

互联网营销一般通过广告、公关等营销活动吸引用户访问目标网站，再通过目标网站的内容营销和服务营销实现用户转化。

因此，互联网营销人员要关注目标网站的服务设计、内容设计、用户体验和可用性等内容。

五、竞争者

（一）如何识别竞争者

在互联网营销竞争中，企业需要分析互联网竞争者的优势与劣势，做到知己知彼。

可以从供给和需求两个角度来识别互联网营销竞争者。从需求角度，即从用户需要的角度去观察、思考有哪些竞争对手；从供给角度，即从与本企业所提供的互联网媒体的相似性和替代性去观察、思考有哪些竞争对手。

（二）互联网竞争者分析与标杆管理

1. 互联网竞争者分析

对竞争者的分析是赢得选择的关键，营销人员要跟踪、监测竞争对手的竞争策略，并做出反应。对竞争者的调查分析，主要包括竞争者的目标市场策略、营销组合策略、竞争网站服务设计、营销策略等。

2. 互联网标杆管理

竞争者分析除了为竞争策略提供依据，还要从中学习竞争对手的优点，尤其是行业的标杆更是学习的对象。

标杆管理方法较好地体现了现代知识管理中追求竞争优势的本质特性。如今，标杆管理已经在市场营销、成本管理、人力资源管理、新产品开发、教育部门管理等方面得到广泛的应用。

标杆管理就是寻找一个具体的先进榜样，解剖其各个先进指标，研究其成功要素，向其对标学习，发现并解决企业自身的问题，最终赶上和超越榜样的一个持续渐进的学习、变革和创新的过程。

互联网营销中，也需要寻找所在行业的标杆网站，学习标杆网站的服务设计策略、营销策略等。

六、供应商

供应商，是为企业互联网营销活动提供产品或服务的组织或个人。互联网营销供应商主要有互联网媒体资源供应商、互联网广告公司、网站营销供应商、App营销供应商、社交媒体营销供应商、互联网公关公司、电子邮件营销供应商和客户关系管理供应商等。

（一）互联网媒体资源供应商

互联网媒体资源供应商有腾讯、百度、阿里巴巴、字节跳动、网易、搜狐、FaceBook、YouTube、Google 等互联网广告资源供应商，还有意见领袖、网红、MCN（Muti-Channel Network）等有网络媒体资源的组织或个人。

（二）互联网广告公司

互联网广告公司作为营销中介，主要从事互联网市场调查研究、营销策划、广告设计、广告制作、媒体采购、广告效果监测等任务。互联网广告公司主要有好耶、华扬联众、奥美世纪、蓝色光标等。

（三）网站营销供应商

网站营销供应商是提供网站开发、网站设计、搜索引擎优化和营销效果监测等服务的公司，如 shopify、有赞、微盟、凡科、店匠、阿里云、腾讯云、华为云、worldpress、DedeCMS、PHPCMS、Alexa、站长之家、CNZZ（友盟）、51.LA 统计等。

（四）App 营销供应商

App 营销供应商是提供 App 开发、设计、App 推广和营销效果监测等服务的供应商，如蝉大师、App annie、ASO114、ASO100、应用雷达、易观千帆、CNZZ 移动统计工具、百度移动统计工具、酷传、友盟+等。

（五）社交媒体营销供应商

社交媒体营销供应商种类很多，包括：①社交媒体运营商，如微信、微博、小红书、B 站、抖音、快手、直播间、Facebook、YouTube 等；②提供社交媒体策划、设计、运营等服务的供应商，如微信公众号、新浪微博等营销策划与运营的供应商，如新榜、西瓜数据、微小宝、易赞据、西瓜数据、罗网数据、TooBigData、火眼看等；③提供短视频营销策划、制作、推广的组织或个人；④网络直播营销供应商，主要指提供网络直播策划、实施的组织或个人。

（六）互联网公关公司

互联网公关公司是专业从事互联网公关传播活动的企业机构，它利用互联网表达手段营造企业形象。

（七）电子邮件营销供应商

电子邮件营销供应商主要提供电子邮件营销（EDM）服务，主要有网易邮箱、腾讯邮箱、红帽云邮、SendCloud、Focussend、rushmail、webpower、Epsilon 等。

（八）客户关系管理供应商

客户关系管理工具可以用微信群、QQ 群等，也可以用专业的 CRM 软件，如 salesforce 等。

第四节　互联网营销资源与能力

一、企业资源与能力

（一）企业资源概述

1. 什么是企业资源

在不同的社会经济阶段，对企业资源的理解不尽相同。一些学者认为，企业资源是指企业在向社会提供产品或服务的过程中所拥有、控制或可以利用的，能够帮助实现企业经营目标的各种生产要素的集合。也有观点把企业资源界定为广义和狭义两类：狭义的界定是把资源和能力分开；广义的界定则把能力也纳入资源的范畴，这里的能力是指资源组合的能力。狭义的企业资源可定义为：指企业可以全部或者部分利用的，能为顾客创造价值的一切要素的集合。需要注意的是，除了企业所拥有的各种资源要素外，企业资源还包括那些不归企业所有，却可以被企业利用的合作组织的资源和公共资源，我们称之为边缘性资源。企业对它们不拥有产权，但可以通过契约、付费或者公共关系活动获得对它们的暂时的或者部分的使用权。企业所能够利用的这类资源的多少，取决于企业的需要和能力。

2. 企业资源的分类

企业资源可以分为外部资源和内部资源。企业的内部资源可分为人力资源、财物资源、信息资源、技术资源、管理资源、可控市场资源、内部环境资源，企业的外部资源可分为行业资源、产业资源、市场资源、外部环境资源。

3. 资源依赖理论

资源依赖理论是指一个组织最重要的存活目标，就是要想办法减低对外部关键资源供应组织的依赖程度，并且寻求能够稳定掌握这些供应组织的关键资源的方法。它强调组织体的生存需要从周围环境中获得资源，需要与周围环境相互依存、相互作用，才能达到目的。

资源依赖理论是研究组织变迁活动的一个重要理论，萌芽于20世纪40年代，在70年代以后被广泛应用到组织关系的研究，目前与新制度主义理论被并列为组织研究中两个重要的流派。其主要代表著作是杰弗里·普费弗（Jeffrey Pfeffer）与杰拉德·萨兰奇克（Gerald Salancik）1978年出版的《组织的外部控制》。

资源依赖理论提出了四个重要假设：①组织最关心的是生存；②为了生存，组织需要资源，而组织自己通常不能生产这些资源；③组织必须与它所依赖的环境中的因素互动，这些因素通常包含其他组织；④组织生存建立在一个控制它与其他组织关系的能力基础之上。

资源依赖理论的核心假设是组织需要通过获取环境中的资源来维持生存，没有组织是自给的，它们都要与环境进行交换。普费弗提出，应当把组织视为政治行动者，而不仅仅是完成任务的工作组织。

资源依赖理论强调组织权力，把组织视为一个政治行动者，认为组织的策略无不与组织试图获取资源、控制其他组织的权力行为有关。资源依赖理论也考虑组织内部因素。普费弗等也分析了组织内部的权力问题，认为能够提供资源的组织成员显然比其他成员更加重要。

资源依赖理论认为，各企业之间的资源具有极大的差异性，而且不能完全自由流动，很多资源无法在市场上通过定价进行交易。例如组织才能，以惯例为衡量尺度，可能比机器、设备等有形资源在市场上带来更长期的竞争优势；但是，它却不可能从市场上购买。与此同时，相对于企业不断提升的发展目标来讲，任何企业都不可能完全拥有所需要的一切资源，在资源与目标之间总存在着某种战略差距。因此，为了获得这些资源，企业就会同它所处的环境内的控制着这些资源的其他组织化的实体之间进行互动，从而导致组织对资源的依赖性。因为这种依赖性，组织会试图支配其环境，并计划对偶发事件的反应，努力追求亲密的关系，以及避免对市场的依赖和对技术化的机会的依赖。

资源依赖理论有两个主要观点：一是组织间的资源依赖产生了其他组织对特定组织的外部控制，并影响了组织内部的权力安排；维持组织的运行需要多种不同的资源，而这些资源不可能都由组织自己提供。二是外部限制和内部的权力构造构成了组织行为的条件，并产生了组织为了摆脱外部依赖，维持组织自治度的行为。资源依赖理论认为，组织更应该被视为一种联结。组织是具备大量权力和能量的社会能动者，其中心问题是谁将控制这些能量以及实现什么样的目的。

(二) 企业能力

1. 什么是企业能力

企业能力指企业在日常经营管理活动中满足企业生存、成长和发展的系统方法和综合过程的表现水平。

从企业经营的宏观角度来看,企业能力包括企业发展战略规划能力、品牌运作及企业定位能力、资源获取能力、资源整合能力、价值链管理能力、关键核心竞争优势和能力等;从企业内部管理微观角度来看,它包括企业组织运作能力、指挥控制能力、战略分解与执行能力、综合管理能力等;从企业职能角度来看,它包括企业产品开发与设计能力、市场与客户服务能力、产品与服务提供能力、生产与品质保障能力、供应与物流管理能力、人力资源开发与利用能力、成本管控能力、品牌策划与运作能力、后勤保障支撑能力等基础能力。

2. 企业能力的构成

企业能力主要由研发能力、生产管理能力、营销能力、财务能力和组织管理能力等组成。

(1) 研发能力。企业的研发能力主要从研发计划、研发组织、研发过程和研发效果等方面进行衡量。

(2) 生产管理能力。生产管理能力主要涉及五个方面,即生产过程、生产能力、库存管理、人力管理和质量管理。

(3) 营销能力。企业的营销能力可以分解为以下三种能力:产品竞争能力、销售活动能力和市场决策能力。

(4) 财务能力。企业的财务能力主要涉及两方面:一是筹集资金的能力,二是使用和管理所筹资金的能力。

(5) 组织管理能力。组织管理能力主要可以从以下方面进行衡量:①职能管理体系的任务分工;②岗位责任;③集权和分权的情况;④组织结构;⑤管理层次和管理范围的匹配。

(三) 企业核心竞争力理论

1990年,美国著名管理学者加里·哈默尔(Gary Hamel)和普拉哈拉德(C. K. Prahalad)提出了核心竞争力(core competence)模型,这是一个著名的企业战略模型,其战略流程的出发点是企业的核心力量。他们认为,随着世界的发展变化,竞争加剧,产品生命周期缩短,以及全球经济一体化加强,企业的成功不再归功于短暂的或偶然的产品开发或灵机一动的市场战略,而是企业核心竞争力的外在表现。按照他们给出的定义,核心竞争力是能使公司为客户带来特殊利益的一种独有技能或技术。

企业核心竞争力是建立在企业核心资源基础上的企业技术、产品、管理、文化等综合优势在市场上的反映,是企业在经营过程中形成的不易被竞争对手仿效并能带来超额利润的独特能力。在激烈的竞争中,企业只有具有核心竞争力,才能获得持久的竞争优势,保持长盛不衰。

传统战略模型总是将顾客、竞争对手、供应商等置于战略设计流程的出发点上。核心竞争力理论恰好相反,认为企业的竞争优势取决于企业能否以低成本并以超过对手的速度构建核心竞争力。核心竞争力能够造就意想不到的产品,竞争优势的真正源泉是企业围绕其竞争力整合、巩固工艺技术和生产技能的能力。核心竞争力是具体的、固有的、整合的或应用型的知识、技能和态度的各种不同组合。

企业核心竞争力的识别标准有四个:①价值性。核心竞争力首先能很好地实现顾客所看重的价值,如能显著地降低成本、提高产品质量、提高服务效率、增加顾客的效用,从而给企业带来竞争优势。②稀缺性。核心竞争力必须是稀缺的,只有少数的企业拥有它。③不可替代性。竞争对手无法通过其他能力来替代核心竞争力,它在为顾客创造价值的过程中具有不可替代的作用。④难以模仿性。核心竞争力还必须是企业所特有的,并且是竞争对手难以模仿的,也就是说它不像材料、机器设备那样能在市场上购买到,而是难以转移或复制的。这种难以模仿的能力能为企业带来超过平均水平的利润。

二、互联网营销资源与能力

20世纪七八十年代,美国人饱受经济不景气、失业困扰,努力寻找着适合于本国企业发展振兴的竞争武器。托马斯·彼得斯(Thomas Peters)和罗伯特·沃特曼(Robert Waterman)这两位长期服务于美国麦肯锡管理顾问公司的学者,访问了美国历史悠久、最优秀的62家大公司,又以获利能力和成长的速度为准则,挑出了43家模范公司,其中包括IBM、德州仪器、惠普、麦当劳、柯达、杜邦等各行业中的翘楚。他们对这些企业进行了深入调查,并与商学院的教授进行讨论,以麦肯锡管理顾问公司研究中心设计的企业组织七要素(简称7S模型)为研究的框架,总结了这些成功企业的一些共同特点,写出了《追求卓越——美国企业成功的秘诀》一书,使众多的美国企业重新找回了失落的信心。

7S模型指出了企业在发展过程中必须全面地考虑各方面的情况,包括战略(strategy)、结构(structure)、制度(systems)、风格(style)、员工(staff)、技能(skills)、共同价值观(shared values)。其中前三项属硬性管理,后四项属软性管理,它们相互作用、相互关联,而共同价值观是其核心。

可以用7S模型来评估企业的互联网营销资源与能力(表2.3)。

表2.3 用7S模型评估互联网营销资源与能力

7S模型中的要素	关键要素
战略	互联网营销预算、互联网营销在企业中的重要性、互联网营销技术对企业战略的影响
结构	组织结构对互联网营销战略的支持、有高层管理者牵头的跨部门团队、各职能部门对互联网营销的支持力度

续表2.3

7S 模型中的要素	关键要素
制度	有强力制度保障互联网营销战略的制定与实施、有相关制度和流程
风格	领导风格、工作作风、组织文化
员工	高层管理者对互联网营销的理解、有相关人力资源、新员工的招聘、员工的发展与培训等
技能	员工是否有互联网广告、搜索引擎优化、App 开发、短视频、直播等相关技能
共同价值观	共同的价值、理念

【本章小结】

任何一个企业都是在一定的环境中运作的，因此必须监控、理解环境的变化，并对环境做出恰当的反应，才能赢得竞争。本章介绍了互联网营销环境的内容，互联网营销环境是指对企业的生存和发展产生影响的各种外部条件，泛指一切影响企业市场营销决策和实施的外部环境的总和。

互联网营销环境包括宏观环境、微观环境。

互联网营销宏观环境包括政治法律环境、经济环境、社会文化环境和技术环境。政治法律环境介绍了互联网市场监管机制体制，介绍了与互联网营销相关的法律法规，要求互联网营销从业人员掌握《广告法》《反不正当竞争》等法律法规。经济环境方面，介绍了传统经济环境、注意力经济、网络经济和数字经济。在信息过剩的网络社会，吸引人们的注意力往往会形成一种商业价值，获得经济利益。因此在经济上，注意力往往又会成为一种经济资源，这种由注意力所形成的经济模式就是注意力经济。社会文化环境包括企业所处的社会结构、社会风俗和习惯、信仰和价值观念、行为规范、生活方式、文化传统、人口规模与地理分布等。网络社会和网络文化对网民的行为有着重要影响。互联网营销是以信息技术为支持的，互联网营销技术主要包括互联网基础设施、Web 技术、商务智能技术和虚拟现实技术。

互联网营销微观环境是指与企业互联网营销活动联系较为密切、作用比较直接的各种因素。由于这些环境因素对企业的互联网营销活动有着直接的影响，所以又称直接营销环境。互联网营销要关注微观环境的内容包括：互联网人口统计特征、访问互联网的渠道、互联网使用行为和消费行为，访问目标网站的潜在用户数、目标用户期望、用户需求水平等；互联网中间媒体商业模式、用户画像、服务条款、目标用户的可触性、可达性等；目标网站的服务设计、内容设计、用户体验和可用性等；竞争者市场定位、营销策略、竞争网站的设计与营销、与中间媒体的关系、营销资源与能力等；供应商的服务质量、合作关系等。

互联网营销者可以用 7S 模型评估互联网营销资源与能力，7S 模型包括战略（strategy）、结构（structure）、制度（systems）、风格（style）、员工（staff）、技能（skills）、共同价值观（shared values）等七个方面。

案例分析一

2018年4月2日，某地工商局接群众举报反映称：当事人在其官方网站标注有"某地区最早从事汽车租赁业务，规模大，实力强"等内容，涉嫌发布违法广告。经查明，当事人并非"某地区最早从事汽车租赁业务"，仅该市范围内就有多家其他企业从事汽车租赁业务。

（资料来源：http：//strb.dahuawang.com/content/201811/09/c41631.htm，编者整理）

讨论思考题

请根据该事实分析当事人违背了《广告法》哪条规定。

案例分析二

某区市场监督局接群众举报称：其在某电商平台的网店购买柿子饼1包，该网页产品详情上标有"该产品可润肺化痰，健脾治痢，镇咳化痰等"宣传语，涉嫌违反《广告法》。经查明，当事人在某第三方电商平台的店铺销售柿子饼，并在其网页上发布了含有疾病治疗功能的广告用语的行为。

（资料来源：http：//strb.dahuawang.com/content/201811/09/c41631.htm，编者改编）

讨论思考题

请根据该事实分析当事人违背了《广告法》哪条规定。

复习思考题

1. 简述营销环境与营销的关系。
2. 简述宏观环境与微观环境的关系。
3. 简述互联网营销宏观环境的内容。
4. 简述互联网营销微观环境的内容。
5. 简述我国互联网市场监管的机制体制。
6. 简述通信技术对互联网营销有何影响。
7. 简述人工智能对互联网营销有何影响。
8. 简述迈克尔·波特五力竞争模型。
9. 研究互联网用户的人口统计特征、心理特征、互联网行为特征等对互联网营销有何意义？
10. 互联网中间媒体对互联网营销有何意义？
11. 互联网目标网站对互联网营销有何意义？

12. 互联网营销需要哪些供应商,供应商对互联网营销有何意义?
13. 如何识别互联网竞争者,请从需求和供应两个角度识别某个网站的竞争者?
14. 简述 7S 模型评估互联网营销资源与能力的方法。

第三章 互联网市场调查

【学习目标】

1. 掌握互联网市场调查的概念与意义、市场调查内容、市场调查过程与市场调查方法。

2. 掌握文案调查法、访谈调查法、观察调查法、问卷调查法和实验法等市场调查法。

3. 掌握如何撰写市场调查报告。

【知识导图】（图3.1）

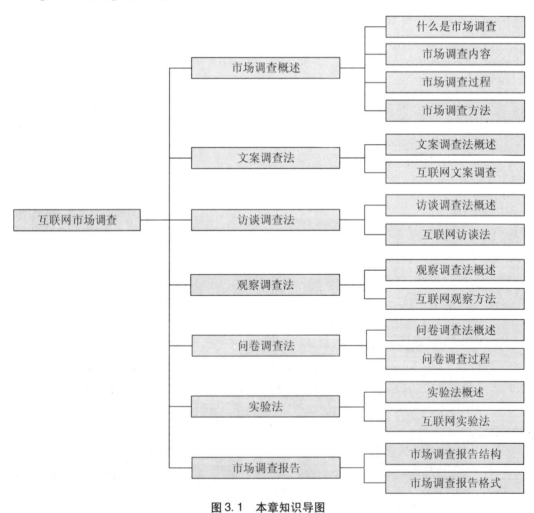

图 3.1 本章知识导图

【导入案例】

S公司的互联网市场调查

S公司是互联网解决方案提供商。S公司在公司门户网站上展开了一次调查，该调查主要向网站的访问者询问以下问题：

(1) 您多长时间访问一次S公司官方网站。

(2) 您是如何得知S公司官方网站的。(选项：搜索引擎，合作伙伴，在线广告，报纸，社交网站，其他)

(3) 今天访问S公司官方网站的主要目的是什么？(选项：了解产品或服务，购买产品或服务，查找合作伙伴，寻求客户支持，了解培训或活动，管理我的个人资料)

(4) 请您从以下方面分别评价S公司官方网站：设计和外观，内容的数量，内容的质量，信息的覆盖面，信息的条理性，导航的便利性，良好的访问者支持，内容的时效性等。

(5) 请您定性和定量描述在S公司官方网站的使用体验。

通过对网站访问者问卷内容的分析，S公司能把握用户对网站的接受程度、网站内容是否有待提高或者是需要整理。这些调查信息可以了解访问者的信息、网站流量来源、网站质量、用户体验，对改善网站设计、优化网站内容等具有积极的作用。

(资料来源：http://blog.sina.com.cn/s/blog_6824d6f10100iltw.html，编者改编)

第一节 市场调查概述

一、什么是市场调查

(一) 市场调查的概念

全球市场研究者协会对市场调查的定义为：为实现信息目的而进行研究的过程，包括将相应问题所需的信息具体化、设计信息收集的方法、管理并实施数据收集过程、分析研究结果、得出结论并确定其含义。

(二) 市场调查的作用

市场调查的作用，一是获得信息，二是获得知识。信息和知识都可以为营销决策提供支持。

互联网环境下获得数据非常容易,难的是如何从海量、高维、快速增长的数据中提取信息、发现知识。因此,互联网营销人员要持续地监测环境变化,并能根据业务需要采集数据、分析数据,从数据中发现信息与知识。

市场调查与营销决策的关系如图3.2所示。

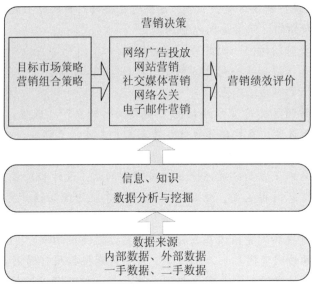

图3.2 市场调查与营销决策

二、市场调查内容

市场调查内容主要有环境调查、互联网用户调查、竞争调查、供应商调查、互联网中间媒体调查、目标网站调查和营销策略调查。

1. 环境调查

环境调查包括宏观环境调查和微观环境调查。宏观环境主要包括政治法律环境、经济环境、社会文化环境、科学环境和自然地理环境等,具体调查内容包括影响相关市场的国家政策变化、新技术与关键技术的出现与更新、人文环境的特点与变化、经济发展水平与特点,等等;微观环境调查内容主要包括主要厂商的销量、价格、市场份额变化及其广告、市场活动,主要渠道的代理品牌、出货量的发展与变化,以及其他市场变化,等等。

2. 互联网用户调查

互联网用户调查内容主要包括互联网用户人口统计特征、心理统计,消费者对产品功能、性能、价格、服务、渠道的需求,现有产品、服务与消费者核心需求之间的距离,营销活动与消费者之间的关联,消费者满意度,品牌认知度与美誉度,消费者采购环节和采购要素,互联网用户访问目标网站的潜在数量和现实数量,互联网用户被转换的可能性大小,等等。

3. 竞争调查

竞争调查内容主要包括竞争对手的市场表现、财务表现、客户表现，管理变革、研发创新、投资策略，营销活动及预期效果，及其网站的视觉设计、服务设计、内容设计、可用性设计等。

4. 供应商调查

供应商调查内容主要包括各类供应商的服务资源与能力、服务水平、服务态度、服务价格、付费方式、成功案例、合作方式、服务历史口碑等，以便从中选择最合适的合作对象。

5. 互联网中间媒体调查

中间媒体是互联网用户访问目标网站的中介；对营销人员而言，中间媒体是公域流量来源。

互联网中间媒体调查内容主要包括对互联网媒体的定位、目标用户群、内容生产模式、内容流通模式、上下游关系管理，与目标用户的契合度如何，是用来做品牌宣传还是做销售、服务等。

6. 目标网站调查

目标网站调查内容主要包括网站服务设计、内容设计、用户体验、可用性等。

7. 营销策略调查

营销策略调查内容主要包括品牌调查、产品调查、价格调查、渠道调查和促销调查等。①品牌调查主要了解自身品牌形象、品牌认知等，从而确定或重新确定品牌形象及价值；②产品调查主要了解市场上新产品开发的情况、设计的情况、消费者使用的情况、消费者的评价、产品生命周期阶段、产品的组合情况等；③价格调查主要了解消费者对价格的接受情况、对价格策略的反应等；④渠道调查主要了解渠道的结构、中间商的情况、消费者对中间商的满意情况等；⑤促销调查主要了解各种促销活动的效果，如广告实施的效果、人员推销的效果、营业推广的效果和对外宣传的市场反应等。

三、市场调查过程

市场调查的过程主要包括以下环节：明确调查目标，设计调查方案，制定调查工作计划，调查实施，调查资料整理和分析，撰写调查报告。

（一）明确调查目标

进行市场调查，首先要明确市场调查的目标。不同企业、同一企业在发展的不同阶段，市场调查目标有所不同。一般来说，当企业制定战略时，要调查宏观市场环境的发展变化趋势，尤其要调查所处行业未来的发展状况；当企业制定营销策略时，要调查市场需求状况、市场竞争状况和营销要素情况；当企业在经营中遇到问题时，要针对存在的问题和产生的原因进行市场调查。

（二）设计调查方案

市场调查方案一般包括以下内容：

（1）调查对象。互联网市场调查的对象主要有互联网用户、供应商、竞争对手、媒体等。

（2）调查内容。调查内容是收集资料的依据，是为实现调查目标服务的，可根据市场调查目标确定具体的调查内容。

（3）调查方法。常用的资料收集方法有文案调查法、观察调查法、访谈调查法、问卷调查法和实验调查法。

（4）抽样方法。调查样本要在调查对象中抽取。由于调查对象分布范围较广，应制定一个抽样方案，以保证抽取的样本能反映总体情况。样本的抽取数量可根据市场调查的准确程度的要求确定。市场调查结果准确度要求愈高，抽取样本数量应愈多，但调查费用也愈高。

（三）制定调查工作计划

（1）组织领导及人员配备。建立市场调查项目的组织领导机构，针对调查项目成立市场调查小组，负责项目的具体组织实施工作。

（2）工作进度。将市场调查项目整个进行过程安排一个时间表，确定各阶段的工作内容及所需时间。市场调查包括以下几个阶段：①调查设计阶段；②调查实施阶段；③统计分析阶段；④撰写调查报告阶段。

（3）费用预算。市场调查的费用预算主要涉及调查表设计费、印刷费、人员劳务费等。

（四）调查实施

市场调查的各项准备工作完成后，开始进行实地调查工作。

（五）调查资料整理和分析

调查结束后进入调查资料的整理和分析阶段。收集好已填写的调查表后，由调查人员对调查表进行逐份检查，剔除不合格的调查表，然后将合格的调查表统一编号，以便于调查数据的统计。

（六）撰写调查报告

撰写调查报告是市场调查的最后一项工作内容，市场调查工作的成果将体现在最后的调查报告中。调查报告将提交企业决策者，作为制定市场营销策略的依据。

四、市场调查方法

市场调查方法可以分为定性研究方法和定量研究方法两大类。

定性研究是研究者用来定义问题或处理问题的途径，具有探索性、诊断性和预测性等特点，它并不追求精确的结论，而只是了解问题之所在，摸清情况，得出感性认识。常用的定性研究方法有文案调查法、访谈调查法、观察调查法等。

定量研究是以数字化符号为基础去测量对象的特征，或求出某些因素间的量的变化规律。定量研究从量的方面分析研究事物，运用数学方法研究事物之间的相互联系和相互作用的方法。常用的定量研究方法有问卷调查法、实验调查法等。

任何事物都是质和量的统一体。在一个市场调查里面，一般用定性研究方法解决"为什么"的问题，用定量研究方法解决"是什么"的问题。

第二节　文案调查法

一、文案调查法概述

（一）什么是文案调查法

文案调查法又称间接调查法、资料分析法等，它是围绕某种目的对各种信息、情报进行收集、整理、分析研究的一种调查方法。文案调查应围绕调查主题，收集一切可以利用的资料。文案调查法一般首先寻找事物的总体概况资料，随着调查的深入，资料的详细程度会越来越高。

（二）内部资料收集

1. 内部资料来源

内部资料主要包括以下四种：

（1）业务资料。包括与调查对象活动有关的各种资料，如订货单、进货单、发货单、合同文本、发票、销售记录、业务员访问报告等。通过对这些资料的了解和分析，可以掌握本企业所生产和经营的商品的供应情况、分地区、分用户的需求变化情况。

（2）统计资料。主要包括各类统计报表，企业生产、销售、库存等各种数据资料，各类统计分析资料等。

（3）财务资料。是由企业财务部门提供的各种财务、会计核算和分析资料，包括生产成本、销售成本、各种商品价格及经营利润等。财务资料反映了企业活劳动和物化劳动的占用和消耗情况及所取得的经济效益。通过对这些资料的研究，可以确定企业的发展背景，考核企业经济效益。

（4）其他资料。如各种调查报告、经验总结、顾客意见和建议等。

2. 内部资料收集方法

信息化程度比较高的企业，企业的内部资料多由套装软件管理，如 ERP 系统、CRM 系统等。ERP 有生产资源计划、制造、财务、销售、采购、质量管理、实验室管理、业务流程管理、产品数据管理、存货、分销与运输管理、人力资源管理等功能。目前市场上主流的 ERP 软件有 SAP（思爱普）ERP、Oracle（甲骨文）ERP、用友 ERP、金蝶 ERP。CRM（customer relationship management，企业资源计划）是企业用来管理与客户关系的软件系统。目前市场上主流的 CRM 软件有 Salesforce、Dynamics CRM、SAP CRM 等。ERP、CRM 等系统数据基本上都是结构化数据，存放在 MySQL、SQL Server、Oracle 等数据库里面，可以采用 SQL（structured query language，结构化查询语言）抽取，并将数据放置在指定位置，如 Excel、数据库或数据仓库。

SQL 是一种数据库查询和程序设计语言，用于存取数据以及查询、更新和管理关系数据库系统。下面介绍一些常用的 SQL 语法：

选择：select * from table1 where 范围

插入：insert into table（field1，field2）values（value1，value2）

删除：delete from table where 范围

更新：update table1 set field = value1 where 范围

排序：select * from table1 order by field1，field2［desc］

总数：select count as total count from table

求和：select sum（field1）as sumvalue from table

平均：select avg（field1）as avgvalue from table

最大：select max（field1）as maxvalue from table

最小：select min（field1）as minvalue from table

（三）外部资料收集

对于外部资料，可从以下渠道收集：

（1）统计部门以及各级政府主管部门公布的有关资料。国家统计局和各地方统计局都定期发布统计公报等信息，并定期出版各类统计年鉴，内容包括人口数量、国民收入、居民购买力水平等，这些均是很有权威和价值的信息。此外，计委、财政、工商、税务、银行等各主管部门和职能部门，也都设有各种调查机构，定期或不定期地公布有关政策、法规、价格和市场供求等信息。

（2）各种经济信息中心、专业信息咨询机构、各行业协会和联合会提供的信息和有关行业情报。这些机构的信息系统资料齐全，信息灵敏度高。为了满足各类用户的需要，它们通常还提供资料的代购、咨询、检索和定向服务，是获取资料的重要来源。

（3）国内外有关的书籍、报纸、杂志所提供的文献资料，包括各种统计资料、广告资料、市场行情和各种预测资料等。

（4）有关生产和经营机构提供的商品目录、广告说明书、专利资料及商品价目表等。近年来全国各地的电台和电视台为适应形势发展的需要，都相继开设了各种专题节目，提供有关信息。

（5）各种国际组织、学会团体、外国使馆、商会提供的国际信息。

（6）国内外各种博览会、展销会、交易会、订货会等促销会议以及专业性、学术性经验交流会议上所发放的文件和材料。

（7）互联网资料。政治法律类资料可以通过中国人大网及政府各部门网站，如国家互联网信息办公室、国家市场监督管理总局、中国银行保险监督管理委员会、中国证券监督管理委员会、中国人民银行等网站查找。经济环境类资料可以关注国家统计局、中华全国商业信息中心、中国统计年鉴、中国统计信息网、21世纪经济报道、和讯财经、东方财富网、中国经济网、中国证券网、证券时报、新浪财经、凤凰财经、腾讯财经、阿里研究院等发布的相关数据。

二、互联网文案调查

(一) 互联网资料收集

互联网资料非常丰富,可以用搜索引擎查找资料,也可以用网络爬虫抓取网络资料。爬虫分为通用爬虫和专用爬虫。通用爬虫是搜索引擎的重要组成部分,主要目的是将互联网上的网页下载到本地,形成一个互联网内容的镜像备份。专用爬虫主要为某一类特定的人群提供服务,爬取的目标网页定位在与主题相关的网页中。

爬虫工具很多,主要有火车采集器、八爪鱼采集器、集搜客和后羿采集器等。

(1) 火车采集器。火车采集器是一款专业的互联网数据抓取、处理、分析、挖掘软件,可以灵活迅速地抓取网页上散乱分布的数据信息,并通过一系列的分析处理,准确挖掘出所需数据。

(2) 八爪鱼采集器。八爪鱼采集器模拟人浏览网页的行为,通过简单的网页点选,生成自动化的采集流程,从而将网页数据转化为结构化数据,存储于EXCEL或数据库等中,并提供云采集解决方案。八爪鱼采集器具有使用简单、功能强大等优点。

(3) 集搜客。集搜客是一套便捷易用的软件,将网页内容进行语义标注和结构化转换。集搜客能够集众人之力把语义标签摘取下来,每个语义标签代表大数据知识对象的一个维度,而知识对象可以是多个层面的,如消费者洞察、品牌地图等。

(4) 后羿采集器。后羿采集器是一款网页采集软件,功能强大,操作简单,不仅能够进行数据的自动化采集,而且在采集过程中还可以对数据进行清洗,在数据源头即可实现多种内容的过滤。通过使用后羿采集器,用户能够快速、准确地获取海量网页资料。

(二) 互联网资料分析

互联网资料分析常用文本挖掘法。文本挖掘从文本数据中获取有价值的信息和知识,是数据挖掘中的一种方法。文本挖掘涵盖多个学科、多种技术,包括数据挖掘技术、信息抽取、信息检索、机器学习、自然语言处理、计算语言学、统计数据分析、概率、图论等。文本挖掘工具有Python语言(jieba、WordCloud等第三方库)、SAS text miner、SPSS Text Mining、R语言等。

文本挖掘的操作步骤如下。

1. 获取文本

一般将现有文本数据录入或导入,或者通过网络爬虫等技术获取网络文本。

2. 文本预处理

(1) 文档整理。文本预处理主要指删除一些无关文档或文档的无关内容。例如，文档中存在一些格式资料（如 html、CSS、JS 代码），经过文本预处理后会得到比较干净的素材。当文档数量过多时，可以抽取一部分样本以提高文本挖掘效率。

(2) 文本的语言学处理。文本的语言学处理包括中文分词、词性标注和去除停用词。

中文分词。对于输入的一段中文进行中文分词，可以达到电脑自动识别语句含义的效果。中文分词技术属于自然语言处理技术范畴。对于一段中文字符，人可以通过自己的知识来明白哪些是词，哪些不是词。但如何让计算机也能理解？其处理过程就是分词算法。现有的分词算法可分为三大类：基于字符串匹配的分词方法、基于理解的分词方法和基于统计的分词方法。

词性标注。分词工具分出来的词，我们要了解它的词性，如"鲜花"是名词。词性标注也被称为语法标注，是随着语料库的建立而提出的。词性标注在本质上是分类问题，即将语料库中的单词按词性分类。一个词的词性由其在所属语言中的含义、形态和语法功能决定。以汉语为例，汉语的词类系统有 18 个子类，包括 7 类体词，4 类谓词，5 类虚词、代词和感叹词。词类不是闭合集，有些词有多种词性，如"包装"会归入不同的词类，因此词性标注与上下文有关。

去除停用词。有些词没有什么实际的意义，可以处理掉。当然，针对不同的应用，还有很多其他词性也是可以去掉的。

(3) 文本的数字化处理。我们希望获取到的词汇既能保留文本的信息，又能反映它们的相对重要性。如果对所有词语都保留，维度会特别高，矩阵将会变得特别稀疏，严重影响到挖掘结果。这就需要特征提取。特征提取的方式有以下 4 种：①用映射或变换的方法把原始特征变换为较少的新特征；②从原始特征中挑选出一些最具代表性的特征；③根据专家的知识挑选最有影响的特征；④用数学的方法进行选取，找出最具分类信息的特征，这是一种比较精确的方法，人为因素的干扰较少，尤其适合于文本自动分类挖掘系统的应用。

3. 分类聚类

经过上面的步骤之后，我们可以把文本集转化成一个矩阵，然后利用各种算法进行挖掘。

文本分类一般采用统计方法或机器学习来实现，可分为训练和分类两个阶段。

文本聚类是一种典型的无监督式机器学习方法，聚类方法的选择取决于数据类型。首先，文档聚类可以发现与某文档相似的一批文档，帮助知识工作者发现相关知识；其次，文档聚类可以将一类文档聚类成若干个类，提供一种组织文档集合的方法；最后，文档聚类还可以生成分类器以对文档进行分类。文本挖掘中的聚类可用于提供大规模文档内容总括，识别隐藏的文档间的相似度，以及减少浏览相关、相似信息的过程。

4. 结果呈现

文本挖掘结果的可视化呈现，能够让读者更容易理解。

第三节　访谈调查法

一、访谈调查法概述

（一）什么是访谈调查法
访谈调查法是访谈员根据调查的需要，以口头形式向被访者提出有关问题，通过被访者的答复来收集材料的调查方法。访谈调查法是通过访谈员和访谈对象双向沟通的形式了解相关信息，这种方法灵活多样，方便可行。

（二）访谈调查法分类
根据访谈员对访谈的控制程度，访谈可分为结构性访谈、非结构性访谈和半结构性访谈。结构性访谈由访谈员按事先设计好的访谈提纲依次向被访者提问，它可以把调查过程的随意性控制到最小限度，能比较完整地收集到研究所需要的资料。非结构性访谈事先不制定完整的调查问卷和详细的访谈提纲，也不规定标准的访谈程序，而是由访谈员按一个粗线条的访谈提纲或主题与被访者交谈。半结构性访谈介于结构性访谈和非结构性访谈之间，有访谈提纲，但给被访者留有较大的表达自己观点和意见的空间。半结构性访谈兼有结构性访谈和非结构性访谈的优点。

根据访谈对象数量，访谈可分为集体访谈和个别访谈。集体访谈也称为焦点访谈，它是指由一名访谈员召集一批调查对象就调查内容征求意见的调查方式。个别访谈也称为深度访谈，是指访谈员对一个被访者进行的单独访谈。

根据人员接触媒介，访谈可分为面对面访谈和网络访谈。面对面访谈是指访谈双方进行面对面的直接沟通来获取信息资料的访谈方式。在这种访谈中，访谈员可以看到被访者的表情、神态和动作，有助于了解更深层次的问题。网络访谈是通过互联网进行访谈。网络访谈可以减少人员来往的时间和费用，提高访谈效率。

（二）焦点访谈法
1. 什么焦点访谈法

焦点访谈法又称小组座谈法，是采用小型座谈会的形式，挑选一组消费者，由训练有素的主持人以一种无结构、自然的形式与之交谈，从而获得对有关问题的深入了解。

焦点访谈的作用主要体现在以下方面：一是深入探索知之不多的研究问题，焦点访谈适合于迅速了解顾客对某一产品、服务等的印象；二是了解新产品或广告中潜在的问题；三是收集研究主题的一般背景信息，形成研究假设；四是为分析大规模、定量调查提供补充，焦点访谈可在定量调查之后进一步收集资料，帮助更全面地解释定量研究结果。

焦点访谈法在产品概念、产品测试、产品包装测试、广告概念、顾客满意度、用户购买行为等市场研究中得到广泛应用。

2. 焦点访谈步骤

要组织完成一项焦点访谈，需要做好以下几项工作。

（1）焦点访谈会前准备工作。

·明确访谈目的与主题。

·场地准备。应准备一个会议室，包括投影、圆桌、录音录像等设施设备。

·征选参与者。一个焦点小组一般包括 8 名参与者。参与者一般都要经过甄别，先由研究人员定下标准，然后甄选符合条件的候选人。吸引参与者参加座谈方面应注意：报酬越高越能吸引人参与，越枯燥的调研项目报酬越要高；要向目标人选描述座谈会如何有趣、有意义，强调目标人选的参与对研究十分重要。

·确定主持人。拥有合格的受访者和一个优秀的主持人是焦点访谈法成功的关键因素。

·编制讨论指南。讨论指南是一份关于小组会中所要涉及的话题概要，以保证按一定顺序逐一讨论所有突出的话题。

（2）焦点访谈会议实施。主持人要善于把握座谈的主题，要做好与会者之间的协调工作，同时要做好座谈记录。

（3）焦点访谈会后工作。座谈后要及时整理、分析座谈记录，回顾和研究座谈情况，做必要的补充调查。一般要求主持人、参与座谈的工作人员、观察者（营销专家、调研人员）每人都递交一份分析报告，然后集中到调研人员手中，由调研人员撰写正式报告。

3. 焦点访谈会议过程

座谈是主持人与参与者的沟通，不是参与者之间的互相沟通，因此，主持人是焦点访谈成功的关键因素。

主持人在座谈中的工作职责包括：说明座谈的沟通规则；告知调研的目的；与参与者建立友好的关系；激励参与者围绕主题热烈讨论；总结参与者的意见。

主持人在座谈开始时，首先应亲切热情地欢迎大家、感谢大家，并向大家解释座谈的目的、主题、意义等。

然后，真实坦诚地介绍自己，介绍座谈规则。座谈规则一般应该包括：你怎么认为就怎么说，只要你说出真心话；你的意见代表着其他很多像你一样的消费者的意见，所以很重要；等等。

（三）深度访谈法

1. 什么是深度访谈法

深度访谈法又名深层访谈法。深层访谈法是一种无结构的、直接的、个人的访问，在访问过程中，一个掌握高级技巧的调查员深入地访谈一个受访者，以揭示其对某一问题的潜在动机、信念、态度和感情。

深层访谈法适合于了解复杂、抽象的问题。这类问题往往不是三言两语可以说清楚的，只有通过自由交谈，对所关心的主题深入探讨，才能从中概括出所要了解的信息。

2. 深度访谈步骤

（1）明确访谈目标。确定访谈目标，确定一个访谈所要解决的问题，明确访谈的意义。

（2）选择访谈对象。根据研究主题确定合适的访谈人选，确保访谈对象与问题有足够的相关性。

（3）设计访谈提纲。深度访谈一般采用半结构化访谈比较好，根据访谈主题设计访谈提纲，同时在与受访者的交流过程中完善访谈问题。

（4）整理访谈内容。提倡用两种方式进行记录，以免出现资料丢失、缺漏的情况。一是现场速记，仅通过记录关键词，方便后续回想即可；二是完整录音，录音前须获得受访者同意，并且做好学术伦理和隐私保护的承诺。

二、互联网访谈法

随着互联网的普及，运用互联网和互联网软件工具来进行在线访谈也成了主流访谈方式。可以用来进行互联网访谈的工具有微信、QQ、腾讯会议、钉钉、电子邮件、问卷星等。

在线访谈类似于传统意义上的访谈，一般采用非结构式的或半结构式的访谈，只不过不是面对面访谈的方式，而是采用微信、QQ、腾讯会议、钉钉、电子邮件、问卷星等方式。

通过微信、QQ、腾讯会议、钉钉等软件工具进行访谈，研究者和受访者可以进行同步的一对一或一对多的在线访谈；通过电子邮件，研究者和受访者可以进行一对一或一对多的非同步在线访谈。

通过互联网进行访谈过程中，受访者可以自由掌握回答问题的时间，而且回答可能更深入、更有思考性。在线访谈具有节约成本、快速取得访谈资料的优点，而且能够访谈空间距离很远的人，最大程度上减少研究者对受访者的影响；其缺点在于缺少视觉线索，因此难以评估受访者是否理解问题并合理回答，难以取得受访者的信任，无法有效控制访谈情境。

第四节　观察调查法

一、观察调查法概述

（一）什么是观察调查法

观察调查法是指调查者利用自身的感官或借助仪器设备观察被调查者的行为活动，从而获取市场信息资料的调查方法。例如，市场调查人员通过观察消费者的行为来测定品牌偏好和促销效果。

观察一般利用眼睛、耳朵等感觉器官去感知观察对象。由于人的感觉器官具有一定的局限性，观察者往往要借助各种现代化的仪器和手段，如照相机、录音机、显微录像机等来辅助观察。

观察法可以观察到消费者的真实行为特征，但是只能观察到外部现象，无法观察到调查对象的动机、意向及态度等内在因素。

（二）观察调查法的优缺点

观察法的优点体现在：①它能通过观察直接获得资料，不需要其他中间环节，因此，观察的资料比较真实；在自然状态下进行观察，能获得生动的资料。②观察法具有及时性的优点，它能捕捉到正在发生的现象。

观察法的不足主要体现在：①受时间的限制。某些事件的发生是有一定时间限制的，过了这段时间就不会再发生。②受观察者本身限制。人的感官都有生理限制，超出这个限度就很难直接观察；观察结果也会受到主观意识的影响；观察者只能观察外表现象和某些物质结构，不能直接观察到事物的本质和人们的思想意识。③观察法不适用于大面积调查。

二、互联网观察方法

互联网环境下的观察方法有浏览器指纹、cookie、服务器日志等。用技术方法观察用户涉及用户隐私问题，因此务必要遵守法律法规和伦理道德。

（一）浏览器指纹

类似人的外貌和指纹，浏览器也有多种"外貌"信息和"指纹"信息，将这些信息综合分析后，可识别浏览器的唯一性，进而追踪了解网民行为，开展个性化服务与营销。

例如一个网站，用户 A 未注册该网站，但在网站浏览了多次二次元视频。该网站通过浏览器指纹记录了这个用户偏好，那么下次用户 A 通过该浏览器再浏览该网站的时候，可以向其推送二次元的视频，从而提升用户体验。

浏览器指纹是由浏览器的许多特征信息综合起来的。浏览器基本指纹信息有：用户代理、硬件类型（苹果、华为等）、操作系统（Android、Mac OS）、系统字体、语言、屏幕分辨率、浏览器插件（Flash、Silverlight、Java 等）、浏览器扩展、浏览器设置、时区差等。

用户代理（user agent，UA）是最常用的浏览器指纹。浏览器与交互的网站服务器之间传输的几乎每一条数据都是以 HTTP 请求的形式进行的，浏览器通过向网络服务器发送一个特定的 URL 来请求它提供内容。浏览器向服务器发送的每个请求都包含一个可表明身份的 UA HTTP 协议头，叫作 UA 字符串。此字符串是一个特殊字符串头，使得服务器能够识别客户使用的操作系统及版本、CPU 类型、浏览器及版本、浏览器渲染引擎、浏览器语言、浏览器插件等。

另外，浏览器还有 canvas 指纹、AudioContext 指纹等。canvas 是 HTML 5 中的动态绘图标签，也可以用它生成图片或者处理图片。即便使用 canvas 绘制相同的元素，但是由于系统的差别、字体渲染引擎不同，canvas 将同样的文字转成图片，得到的结果也是不同的。AudioContext 是基于硬件设备或者软件的差别，来产生不同的音频输出，然后计算得到不同的 hash 来作为标志。

网站可以根据上述指纹信息综合判断该浏览器（用户）的唯一性，从而为其推送个性化内容。

需要注意的是，浏览器更新、调整窗口大小、安装新字体、调整夏令时等都会导致浏览器指纹的变化。

（二）cookie 技术

cookie 是一个小型文本文件，是某些网站为了辨别用户身份，进行 session 跟踪而储存在用户本地终端上的数据（通常经过加密），由用户客户端计算机暂时或永久保存的信息。cookie 的发明是为了帮助网站所有者确定用户是否曾经访问过他们的网站。

cookie 是一段不超过 4 kB 的小型文本数据，由一个名称（name）、一个值（value）和其他几个用于控制 cookie 有效期、安全性、使用范围的可选属性组成。由于 cookie 保存在客户机上，因此它可以帮助我们实现记录用户个人信息的功能。

当用户浏览器第一次向一个域名 A 发出请求时，服务器可以在其回复中附加一个 set-cookie 消息头，告诉浏览器存储网站想要的值。以后每次这个浏览器向域名 A 提出请求时，就会把之前设置的 cookie 一起发过来。这样一来，域名 A 收到请求时，它就会知道请求来自哪个浏览器。服务器收到 cookie 数据，就会在其数据库中检索相应的 ID、购物记录、个人喜好等信息，并记录下新的内容，增加到数据库和 cookie 文件中去。如果没有检测到 cookie 或者收到的 cookie 信息与数据库中的信息不符合，则说明该浏览器是第一次访问该网站，服务器将为其创建新的 ID 信息，并保存到数据库中。

（三）服务器日志

服务器日志是一个或多个由服务器自动创建和维护的日志文件，其中包含其所执行活动的列表。服务器日志的典型例子是网页服务器的日志，其中包含网页请求的历史记录。W3C 维护有一个网页服务器日志文件的标准格式——通用日志格式，但也有其他专有格式存在。近年来的日志文件通常将内容附加到文件的结尾。添加的信息包括客户端 IP 地址、请求日期/时间、请求的网页、HTTP 代码、提供的字节数、用户代理、引用地址等。这些数据可能写入一个文件中，也可能分隔成不同的日志，如访问日志、错误日志、引荐者日志等。但是，服务器日志通常不会收集特定用户的信息。

服务器的日记就是记录网站被访问的全过程，什么时间到什么时间有哪些人来过，什么搜索引擎来过，有没有收录网站的网页。

第五节 问卷调查法

一、问卷调查法概述

问卷调查法是调查者运用统一设计的问卷向被选取的调查对象了解情况或征询意见的调查方法。

所谓问卷,是一组与研究目标有关的问题,或者说是一份为进行调查而编制的问题表格,又称调查表,它是人们在社会调查研究活动中用来收集资料的一种常用工具。

从问卷调查的应用来看,问卷分为学术性问卷调查或应用性问卷调查。学术性问卷调查多为学校或研究机构的研究人员所采用,应用性问卷调查则由市场调研人员或其他机构的人员所采用。

根据载体的不同,问卷可分为纸质问卷调查和网络问卷调查。纸质问卷调查就是传统的问卷调查,调查公司通过雇佣人员来分发这些纸质问卷,以回收答卷。网络问卷调查是依靠在线调查问卷网站,这些网站提供设计问卷、发放问卷、分析结果等服务。

二、问卷调查过程

互联网问卷调查法是借助互联网媒介开展问卷调查。互联网问卷调查工具有问卷星、腾讯问卷等。

互联网问卷调查过程包括以下几个基本步骤:①确定调查主题;②调查设计,包括调查对象、问卷设计、抽样方法;③调查实施过程;④数据分析;⑤调查结果与结论。

(一)确定调查主题

一般根据营销业务需要来确定调查主题,如环境调查、品牌认知度调查、价格调查、渠道调查、顾客满意度调查等。

(二)调查设计

调查设计包括调查对象、调查问卷设计和抽样方法等内容。

1. 调查对象

调查对象指接受调查的社会现象的总体。调查对象由性质相同的各个调查单位组成。确定调查对象时要明确总体的界限,划清调查的范围,以防在调查工作中产生重复或遗漏。例如,调查的目的是搜集网站用户体验,则调查对象就是访问网站的用户。

2. 调查问卷设计

(1)问卷来源。调查问卷来源有三种,分别是寻找现成问卷、自编问卷和改编问卷。

寻找现成问卷常用渠道主要有以下几种：查阅学术期刊论文，从论文中找；查阅硕博士学位论文，从论文附录中查找论文所使用的问卷；使用百度、谷歌等搜索引擎。

自编问卷一般遵循自上而下、逐渐具体化的过程。首先确定调查主题，然后确定研究主题所包括的维度，再次确定每个维度包括的内容，最后确定每个维度所包含的题目。

（2）概念与操作性定义。调查主题一般要界定几个概念，所谓概念是通过对许多具体现象进行抽象后形成的一种表达。有些概念是日常生活中形成的，有些概念是人们出于研究的需要创立的。概念是抽象的，并不存在于物理世界中，概念对于传播和思想交流至关重要。

测量一个概念，首先要做概念化定义，即确定该概念包含哪些方面的基本含义。然后需要做操作化定义，即确定用什么具体变量作为这些方面的测量指标（表3.1）。测量是对所确定的研究内容或调查指标进行有效的观察与量度，是根据一定的规则将数字或符号分派于研究对象的特征上，从而使社会现象数量化或类型化。

表3.1 概念与操作性定义

研究变量	测项	操作性定义
买赠促销感知价值 X1	A1	此促销折扣力度让我满意
	A2	此促销对我很有吸引力
	A3	此促销我感知价值较高
	A4	此促销比我预想的要更优惠
	A5	此促销让我觉得付出的成本更少
满赠促销感知价值 X2	B1	此促销折扣力度让我满意
	B2	此促销对我很有吸引力
	B3	此促销我感知价值较高
	B4	此促销比我预想的要更优惠
	B5	此促销让我觉得付出的成本更少
价格折扣促销感知价值 X3	C1	此促销折扣力度让我满意
	C2	此促销对我很有吸引力
	C3	此促销我感知价值较高
	C4	此促销比我预想的要更优惠
	C5	此促销让我觉得付出的成本更少
满减促销感知价值 X4	D1	此促销折扣力度让我满意
	D2	此促销对我很有吸引力
	D3	此促销我感知价值较高
	D4	此促销比我预想的要更优惠
	D5	此促销让我觉得付出的成本更少

续表 3.1

研究变量	测项	操作性定义
特价/秒杀促销感知价值 X5	E1	此促销折扣力度让我满意
	E2	此促销对我很有吸引力
	E3	此促销我感知价值较高
	E4	此促销比我预想的要更优惠
	E5	此促销让我觉得付出的成本更少
返券促销感知价值 X6	F1	此促销折扣力度让我满意
	F2	此促销对我很有吸引力
	F3	此促销我感知价值较高
	F4	此促销比我预想的要更优惠
	F5	此促销让我觉得付出的成本更少
互联网口碑传播意愿 Y	S1	我会按照促销条款转发购物链接到社交媒体上
	S2	我会按照促销条款邀请好友关注
	S3	我会按照促销条款进行积攒
	S4	我会按照促销条款邀请好友帮忙砍价
	S5	我会按照促销条款邀请好友拼团

（3）问卷测量数据。问卷测量的数据主要可分为四种类型，分别是定类数据、定序数据、定距数据和定比数据。

定类数据（nominal）。定类数据就是给数据定义一个类别。例如，把性别分成男女两类。定类变量遵循两个原则：一是类与类之间互斥，二是每个对象都必须有类别。

定序数据（ordinal）。定序数据是将同一个类别下的对象分一个次序，即变量的值能把研究对象按高低或大小或其他标准排列。例如，文化程度可以分为大学、高中、初中、小学，工厂规模可以分为大、中、小，年龄可以分为老、中、青。定序数据在各样本上所取的变量值只具有大于或小于的性质，只能排列出它们的顺序，而不能反映出大于或小于的数量或距离。

定距数据（interval）。定距数据是区别同一类别下样本中等级次序及其距离的变量。它除了包括定序变量的特性外，还能确切测量同一类别各样本高低、大小等次序之间的距离，因而具有加与减的数学特质。定距变量各类别之间的距离，只能加减而不能乘除或以倍数的形式来说明它们之间的关系。

定比数据（ratio）。定比数据是区别同一类别样本中等级次序及其距离的变量。定比变量除了具有定距变量的特性外，还具有一个真正的零点，因而它具有乘与除的数学特质。例如年龄和收入这两个变量固然是定距变量，同时又是定比变量，因为其零点是绝对的，可以作乘除的运算。

（4）问卷结构。问卷一般包括标题、前言、正文、结束语。

标题：

2022年××市场调查问卷

前言：

尊敬的女士/先生：

您好！感谢您支持我们的工作。您现在参加的是××问卷调查。调查所获信息仅供研究使用，并予以严格保密。感谢您的支持！请根据您实际情况，在对应的选项上填写或划"√"。

正文。

正文第一部分是基本信息：

1. 您的性别：（1）男　　（2）女

2. 您的年龄：

（1）25岁及以下　　（2）26～30岁　　（3）31～35岁　　（4）36～40岁　　（5）41～45岁　　（6）46～50岁　　（7）51～55岁　　（8）56～60岁　　（9）61岁及以上

3. 您的最高学历/学位：

（1）中专及以下　　（2）大专　　（3）本科　　（4）硕士　　（5）博士

4. 您是否有留学或国外进修的经历：（1）是　　（2）否

正文第二部分是具体的调查内容。如采用李克特量表（表3.2）来测量顾客态度。

表3.2　李克特五级量表

题　项	"完全不符合"到"完全符合"				
	1	2	3	4	5
1）我非常满意××产品质量。	□	□	□	□	□
2）我非常满意××服务。	□	□	□	□	□
3）我非常满意服务态度。	□	□	□	□	□

3. 抽样方法

抽样是指从研究对象的全部单位中抽取一部分单位进行考察和分析，并用这部分单位的数量特征去推断总体的数量特征的一种调查方法。其中，被研究对象的全部单位称为"总体"；从总体中抽取出来，实际进行调查研究的那部分对象所构成的群体称为"样本"。常用的抽样方法有简单随机抽样法、系统抽样法、分层抽样法和整群抽样法。

（1）简单随机抽样法。这是一种最简单的一步抽样法，它是从总体中选择出抽样单位，从总体中抽取的每个可能样本均有同等被抽中的概率。抽样时，处于抽样总体中的抽样单位按照$1～n$编码，然后利用随机数码表或专用的计算机程序确定处于$1～n$间的随机数码，那些在总体中与随机数码吻合的单位便成为随机抽样的样本。这种抽样方法简单，误差分析较容易，但是需要样本容量较多，适用于各个体之间差异较小的情况。

（2）系统抽样法。这种方法又称顺序抽样法，是从随机点开始在总体中按照一定的间隔（即"每隔第几"的方式）抽取样本。此法的优点是抽样样本分布比较好，总体估计值容易计算。

（3）分层抽样法。分层抽样法是根据某些特定的特征，将总体分为同质、不相互重叠的若干层，再从各层中独立抽取样本，是一种不等概率抽样。分层抽样利用辅助信息分层，各层内应该同质，各层间差异尽可能大。这样的分层抽样能够提高样本的代表性、总体估计值的精度和抽样方案的效率，抽样的操作、管理比较方便；但是抽样框较复杂，费用较高，误差分析也较为复杂。此法适用于母体复杂，个体之间差异较大、数量较多的情况。

（4）整群抽样法。整群抽样是先将总体单元分群，可以按照自然分群或按照需要分群，如在交通调查中可以按照地理特征进行分群，然后随机选择群体作为抽样样本，调查样本群中的所有单元。整群抽样样本比较集中，可以降低调查费用。例如，在进行居民出行调查中，可以按住宅区的不同将住户分群，然后随机选择群体为抽取的样本。此法优点是组织简单，缺点是样本代表性差。

（三）调查实施

调查实施过程包括调查过程与问卷回收等内容。根据预试修订问卷后，开始正式派发与回收问卷，问卷编号并筛选有效问卷。

1. 问卷预试

问卷编拟完后，应实施预试，预试题项数最好是将来所需正式题项总数的1.5倍以上，预试样本数40个以上。预试完后进行项目分析、信度效度分析，根据分析结果修订问卷。

信度分析首先分析克朗巴哈 α 系数，如果此值高于0.8，则说明信度高；如果此值介于0.7～0.8之间；则说明信度较好；如果此值介于0.6～0.7之间，则说明信度可接受；如果此值小于0.6，说明信度不佳。信度不佳时，需要判断哪个题项需要删除，如某个变量维度有5个题目，其中某个题目与其他4个题目的相关性小于0.3，则这个题目应该删除。

2. 问卷项目分析

项目分析的主要目的在于检验量表个别题项的适切或可靠程度，项目分析结果作为个别题项删除或修改的依据。项目分析的判别指标中，最常用的是临界比值（critical ration，CR，又称为极端值）。项目分析即要求出每一个题项的临界比值。其求法是将所有受试者在预试量表的得分总和依高低排列，得分前27%者为高分组，得分后27%者为低分组，求出高低二组受试者在每题得分平均数差异的显著性检验（一般为 T 检验），如果题项的 CR 值达显著水准（$a<0.5$ 或 $a<0.1$），即表示这个题项能鉴别不同受试者的反应程度；将 t 检验结果未达到显著性的题项删除。

3. 问卷信度分析

信度又称稳定性或精确度，用以反映在相同条件下，对同一客观事物测量若干次，测量结果的相互符合程度或一致程度，以说明数据的可靠性。当使用同一测量工具重复测量某一客观事物时所得结果的一致程度越高，则该测量工具的信度就越高。对于问卷调查，测量的对象多是人。

问卷的信度在于评价收集上来的数据是否稳定、可靠，信度对象是答卷人，也就是评价或检查答卷人是否认真、如实地填写了问卷。

信度分为内在信度和外在信度。

内在信度指调查表中的一组问题测量的是否为同一个概念，也就是这些问题之间的内在一致性如何。最常用的内在信度指标为克朗巴哈 α 系数和折半信度。克朗巴哈 α 系数最好在 0.8 以上，在 0.7～0.8 之间属于可以接受范围；量表的 α 系数最好在 0.7 以上，在 0.6～0.7 之间可以接受，如果 α 系数低于 0.6 则考虑修改量表。折半信度（split-half reliability）是将量表的题目分成两半计分，根据受试者在两半题项上所得的分数，计算二者的相关系数。

外在信度通常指不同时间测量时，测量结果是否具有一致性。常用的外在信度是重测信度和复本信度。重测信度是指用同样的测量工具，对同一组被测者隔一定时间重复测量，考察两次测量结果的相关程度。复本信度是指让同一组被测者一次填写两份平行问卷，计算两份数据的相关系数。

4. 问卷效度分析

问卷的效度是用来研究题目的设置是否能够有效地测量问卷设计的初衷，也就是说检验问卷题目的设计是否合理。

效度分析通常分为内容效度分析和结构效度分析。

内容效度是指一份问卷对所要调查内容的覆盖程度或代表性程度。例如，某问卷想要调查顾客对各个岗位工作人员（包括导购员、收银员、保安员）的服务满意度，如果问卷中只提到导购员、收银员，则缺乏内容效度。内容效度一般是用文字描述量表设计的合理性。

结构效度，是指一个测验实际测到所要测量的理论结构和特质的程度，是指实验与理论之间的一致性，即实验是否真正测量到假设的理论。

结构效度一般用探索性因子分析。探索性因子分析是一种信息浓缩的分析方法，基本目的就是探索分析众多的题项应该归并成哪些因子里面，例如，有 40 个题项的问卷，能否合并到少数几个因子里面。

探索性因子分析通常有三个步骤：第一步是判断是否适合进行因子分析，第二步是因子与题项对应关系判断，第三步是因子命名。

判断是否适合进行因子分析主要根据 KMO 值和 Bartlett 检验。KMO 值高于 0.8，说明非常适合进行因子分析；KMO 值介于 0.7～0.8 之间，说明比较适合进行因子分析；KMO 值介于 0.6～0.7，说明可以进行因子分析；KMO 值小于 0.6，说明不适合进行因子分析。Bartlett 检验：对应 P 值小于 0.05，说明适合进行因子分析。

（四）调查结果与结论

收集到问卷后，需要对收集到的数据进行录入、整理、统计分析等操作，从而得到调查结果。从调查结果得出有意义的启示，即结论。统计分析一般包括描述统计、相关分析、回归分析、分类、聚类、关联规则、特征分析等。

1. 统计分析

（1）描述统计。描述统计是用来描绘或总结观察量的基本情况的统计总称。

透过数据资料分析，以了解各变量内的观察值集中与分散的情况。均值、中位数、众数等指标体现了数据的集中趋势，极差、方差、标准差等指标体现了数据的离散程度，偏度、峰度体现了数据的分布形状。如表3.3所示为样本的人口统计特征。

表3.3 样本人口统计特征

问项	选项	次数	占比/%
性别	男	218	23.44
	女	712	76.56
年龄/岁	≤18	6	0.65
	19～25	255	27.42
	26～35	457	49.14
	36～45	181	19.46
	≥46	31	3.33
受教育程度	高中及以下	153	16.45
	大专/高职	189	20.32
	本科	489	52.58
	硕士	90	9.68
	博士	9	0.97
月收入/元	≤3000	52	5.59
	3001～5000	243	26.13
	5001～7000	362	38.92
	7001～9000	111	11.94
	9001～11000	100	10.75
	>11000	62	6.67

（2）相关分析。相关分析是研究两个或两个以上处于同等地位的随机变量间的相关关系的统计分析方法。为了确定相关变量之间的关系，首先应该收集一些数据，这些数据应该是成对的。例如，每人的身高和体重。然后在直角坐标系上描述这些点，这一组点集称为散点图。

根据散点图，当自变量取某一值时，因变量对应为一概率分布。如果对于所有的自变量取值的概率分布都相同，说明因变量和自变量没有相关关系；反之，如果自变量的取值不同，因变量的分布也不同，则说明两者是存在相关关系的。

两个变量之间的相关程度通过相关系数 r 来表示。r 的值在 -1 和 1 之间，但可以是此范围内的任何值。正相关时，r 值在 0 和 1 之间，散点图是斜向上的，这时一个变量增加，另一个变量也增加；负相关时，r 值在 -1 和 0 之间，散点图是斜向下的，此时一个变量增加,另一个变量将减少。r 的绝对值越接近 1,两变量的关联程度越强;r 的绝对值越接近 0,两变量的关联程度越弱。

(3)回归分析。回归是用于预测输入变量与输出变量之间的关系,特别是当输入变量的值发生变化时,输出变量的值随之发生的变化(图 3.3)。回归问题的输出是连续型变量,是一种定量输出,预测的是数量。回归分析可以应用到市场营销的各个方面,如需求预测、保持和预防客户流失、产品生命周期分析等。

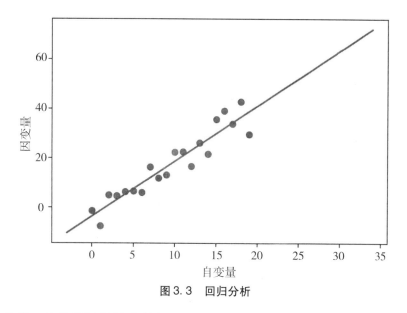

图 3.3　回归分析

(4)分类。分类是根据样本数据形成的类知识,将其他数据对象归结到某个已知的类别中(图 3.4)。分类问题的输出是离散型变量(如 +1、-1),是一种定性输出,预测的是标签。例如预测明天天气是阴、晴还是雨。分类算法可以应用到顾客的分类、顾客满意度分析、顾客购买趋势预测等。例如将顾客进行分类,营销人员就可以将广告直接邮寄到有这种喜好的客户手中,从而大大增加了商业机会。

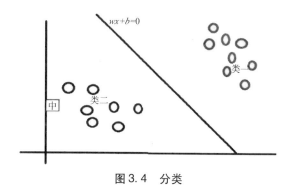

图 3.4　分类

(5)聚类。聚类是在预先没有训练和不知道划分类别的情况下,根据信息相似度原则,把样本划分为若干类(图 3.5)。聚类可以应用到客户群体的分类、客户背景分析、客户购买趋势预测、市场的细分等方面。

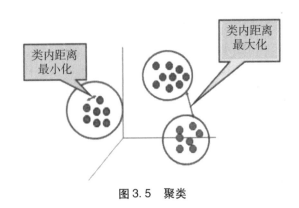

图 3.5　聚类

（6）关联规则。关联规则是描述数据库中数据项之间所存在的关系的规则。根据一个事物中某些项的出现可导致另一些项在同一事物中也出现，可挖掘出隐藏在数据间的相互关系。在客户关系管理中，通过对企业客户数据库里的大量数据进行挖掘，可以从大量的记录中发现有用的关联关系，找出影响市场营销效果的关键因素，为产品定位、定价与定制客户群，客户寻求、细分与保持，市场营销与推销，营销风险评估和诈骗预测等决策提供参考依据。

（7）特征分析。特征分析是从数据库中的一组数据中提取出关于这些数据的特征式，这些特征式表达了该数据集的总体特征。如营销人员通过对客户流失因素的特征提取，可以得到导致客户流失的一系列原因和主要特征，据此采取相应的措施，可以有效地预防客户的流失。

2. 统计分析软件

统计分析软件可以使用 SPSS、R 等，推荐使用 SPSS。

SPSS（statistical product and service solutions）是一款用于分析运算、数据挖掘、预测分析和决策支持等一系列任务的软件产品及相关服务的总称。SPSS 可以用在经济分析、市场调查、自然科学等诸多领域。它最大的特点是简单易用——简单的操作方式、友好的操作界面，再加上强大的功能，使其在国内统计分析工作领域吸引了大量用户。SPSS 采用类似 EXCEL 表格的方式输入与管理数据，数据接口较为通用，能方便地从其他数据库中读入数据。它包括常用的、较为成熟的统计过程，完全可以满足各种统计、分析工作需要。SPSS 在数据分析中，主要作为截面数据的统计软件，主要用于数据清洗、描述统计、假设检验（t、F、卡方、方差齐性、正态、效度）、多元统计（因子、聚类、判别等），能够处理 10 万行以下的数据。

第六节 实验法

一、实验法概述

（一）什么是实验法

实验法是在给定条件下，通过实验对比，对市场现象中某些变量之间的因果关系及其发展变化过程加以观察分析的一种调查方法。

市场实验则是调研人员选择某一特定市场，控制一个或数个营销自变量，研究其他营销因变量的因果关系。虽然市场上不能控制的因素很多，如消费者的偏好、政府的政策等，但探索营销因素之间的关系这个特点是访问法和观察法所没有的。

（二）实验法分类

常用的实验法主要有以下几种。

1. 事前事后对比实验

在同一个市场内，实验期前在正常的情况下进行测量，收集必要的数据；然后进行现场实验，经过一定的实验时间以后，再测量收集实验过程中（或事后）的资料数据。最后进行事前事后对比，了解实验变量对结果的影响。

2. 控制组同实验组对比实验

实验组，是指实验单位（企业、市场）。控制组，是指非实验单位（企业、市场），它是与实验组做对照比较的，又称对照组。控制组同实验组对比实验，就是以实验单位的实验结果同非实验单位的情况进行比较而获取市场信息的一种实验调查方法。

3. 有控制组的事前事后对比实验

有控制组的事前事后对比实验，是指控制组事前事后实验结果同实验组事前事后实验结果之间进行对比的一种实验调查方法。

这一实验方法是在同一时间周期内，在不同的企业、单位之间，选取控制组和实验组，并且对实验结果分别进行事前测量和事后测量，再进行事前事后对比。

4. 随机对比实验

随机对比实验是指按随机抽样法选定实验单位所进行的实验调查。前述事前事后对比实验、控制组同实验组对比实验、有控制组的事前事后对比实验等三种方法，尽管它们的特点不同，但是在选择实验单位上都有一个共同点，即都是按照判断分析的方法选出的。

在对调查的对象情况比较熟悉、实验单位数目不多的条件下，采取判断分析法选定实验单位，简便易行，也能够获得较好的调查效果。

但是，当实验单位很多，市场情况十分复杂时，按主观的判断分析选定实验单位就比较困难。这时可以采用随机对比实验，即采用随机抽样法选定实验单位，使众多的实验单位都有被选中的可能性，从而保证实验结果的准确性。

随机对比实验有多种形式，其做法与随机抽样相似，如单纯随机抽样、分层随机抽样、分群随机抽样等。采用何种形式选定实验单位，进行对比实验，必须从实际出发，根据具体条件、具体情况而定，并以能够获得准确的实验效果为原则。

除了上述常用的实验方法以外，在开发新产品，选定产品的规格、款式、型号时，还使用一种小规模市场实验的方法。通过小规模市场实验、试销，在销售客户和使用对象中听取意见，了解需求，收集市场信息资料。它的具体做法是：第一，选定一个小规模的实验市场，它的条件、特性要与准备进入的市场有较强的相似性；第二，选定新产品或新设计的产品规格、款式、型号，在这个小规模市场上试验销售；第三，进行销售结果分析，根据结果决定是投产扩大规模，还是放弃新产品。这样，有助于提高决策的科学性，明确生产经营方向。

二、互联网实验法

（一）什么是互联网实验法

互联网实验法，就是在互联网上运用实验法对市场加以研究。例如，在调查商品价格对销售量的影响时，可以在网店中采用逐步变动价格的办法来判定价格变动对销售量的影响。再如，在调查两个促销方案对销售量的影响时，前几周执行 A 促销方案，后几周执行 B 促销方案，就可统计出两个促销方案的销量差异。

（二）A/B 实验

A/B 实验也称为随机实验，通过随机化和适当的实验设计，科学地研究各个市场因素的因果关系。

互联网营销中的典型问题是：有多个策略，需要快速、低成本地判断哪个策略更好。假如有 n 个策略，A/B 实验的流程为：把网站的流量均匀分为 $n+1$ 个组，每个组实施不同的策略，一个组作为对照组。一段时间后根据这几个组的用户数据指标，如获取指标、留存指标、转化指标等综合判断哪个策略更优，最终选择一个最好的策略上线。

设计 A/B 实验时要考虑两个目标：一是收益最大化（快速得出结论），二是成本最小化（用户体验影响最小）。一般在实验设计时要根据测试内容的不同有所权衡。一般有以下几种情况：①不影响用户体验的用户界面实验、文案类实验等，可以均匀分配流量实验，以快速得到结论；②不确定性较强的实验，如产品新功能上线，一般需小流量实验，尽量减小用户体验影响，在允许的时间内得到结论；③希望收益最大化的实验，如运营活动等，尽可能将效果最大化，一般需要大流量实验，留出小部分对照组用于评估投资回报。

第七节 市场调查报告

一、市场调查报告结构

市场调查报告的结构一般由标题、摘要、目录、正文、附录等部分组成。

（一）标题

标题和报告日期、委托方、调查方，一般应打印在扉页上。标题一般要把被调查内容明确而具体地表示出来，如《关于××市场调查报告》。有的调查报告还采用正、副标题形式，一般正标题表达调查的主题，副标题则具体表明调查的单位和问题。

（二）摘要

摘要一般按照调查目的、调查方法、调查结果、调查结论来写。例如：

［调查目的］通过调查广东省农产品物流发展综合水平，以期为科学制定农产品物流业的产业政策提供理论依据和决策支持。［调查方法］运用问卷调查收集广东 21 个省市物流数据，用因子分析法对物流发展的综合水平进行评价。［调查结果］调查发现，广州市、深圳市等城市农产品物流发展处于较高水平，××市等城市农产品物流发展处于一般水平，××等市处于较低水平。［调查结论］农产品物流水平与经济发展水平密切相关。

（三）目录

为了方便读者阅读，应当使用目录或索引形式列出报告所含的主要章节和附录，并注明标题、有关章节号码及页码。目录一般要做到三级目录。

（四）正文

正文一般包括引言、调查方法与过程、调查结果与分析、结论。

1. 引言

正文第一部分常常用"引言""问题的提出""研究背景""绪论"等作为小标题。这一部分主要对所要调查的问题的缘起作背景说明。它主要交代以下事项：①所调查研究的问题是什么，要求对问题的叙述要清楚；②调查意义，简要说明调查的理论意义或现实意义；③本调查所要达到的目的。

2. 调查方法与过程

常用"调查过程与方法""调查方法""研究设计与方法"等作为小标题。该部分主要交代调查对象、调查方法、调查步骤等。

3. 调查结果与分析

对调查所获得的数据资料整理分析而得到的结果,常用"调查结果"等作为小标题;如果把调查结果和分析讨论合并在一起,则用"调查结果与分析"等作为小标题。

调查结果部分主要是客观地介绍调查结果,即把对原始数据资料统计后得出的结果以图表或文字形式呈现出来。图表的设计要清楚、简明、合理,以便读者对统计结果能一目了然。

分析部分要根据统计数据,推论这些数据说明了什么,并分析其可能的原因。有的还可进一步阐述个人见解。

4. 结论

该部分以条文形式和简洁的语言列举出本研究得出的结论。这些结论是对于调查报告第一部分所提出的问题的回答,是对上一部分所讨论的内容的简要概括。如果是针对实践问题的调查研究,这部分主要是针对分析讨论中发现的问题,提出解决问题的对策与建议。

(五)附录

附件是指调查报告正文包含不了或没有提及,但与正文有关,必须附加说明的部分。它是对正文报告的补充或更详尽的说明。附件一般包括数据汇总表、原始资料、背景材料和必要的工作技术报告,如为调查选定样本的有关细节资料及调查期间所使用的文件副本等。

二、市场调查报告格式

(一)书写要求

1. 语言表述

报告应层次分明、数据可靠、推理严谨、立论正确。论述必须简明扼要、重点突出,对同行专业人员已熟知的常识内容,尽量减少叙述。报告中如出现一些非通用性的新名词、新术语或新概念,需做出解释。

2. 标题和层次

正文各层次标题一般要简明扼要,体现阐述内容的重点,无标点符号。

正文部分可根据需要划分为不同数量的章、节、条。正文各部分的标题应简明扼要,不使用标点符号。各大部分的标题用"一、二……(或1、2……)",次级标题为"(一)、(二)……(或1.1、2.1……)",三级标题用"1、2……(或1.1.1、2.1.1……)",四级标题用"(1)、(2)……(或1.1.1.1、2.1.1.1……)"。不使用五级以下标题。标题示例如图3.6所示。

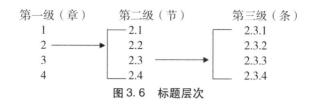

图3.6 标题层次

章、节、条、款编号全部顶格排,编号与标题之间空1格。

3. 图、表、公式

图:要精选、简明,切忌与表及文字表述重复。要清楚,但坐标比例不要过分放大,同一图上不同曲线的点要分别用不同形状标出。图中的术语、符号、单位等应同文字表述一致。图序及图名居中置于图的下方。

表:表中参数应标明量和单位的符号。表序及表名置于表的上方。

公式:应另行起,并缩格书写,与周围文字留足够的空间区分开。公式序号一律采用阿拉伯数字分章依序编排,如式(2-13)、式(4-5),置于该公式所在行右边行末,其间不加虚线。例如,第二章第三公式编为:

$$X+Y=Z_{\circ} \tag{2-3}$$

较长的公式需要转行时,应尽可能在"="处转行,或者在"+""-""×""/"等记号处转行。公式中的分数线横线,其长度应等于或略大于分子和分母中较长的一方。

图、表、公式等与正文之间要有一行的间距;文中的图、表、附注、公式一律采用阿拉伯数字分章(或连续)编号。如:图2.5,表3-2,公式(5-1)等。若图或表中有附注,采用英文小写字母顺序编号,附注写在图或表的下方。

4. 有关使用文字、数字的书写法

年份一概写全数。如使用"1999年10月",不能使用"99年10月"或"1999.10"。

物理量、量纲及符号均采用国际标准(SI)和国家标准(GB)。

5. 注释、参考文献

建议按照《信息与文献_参考文献著录规则》(GB 7714—2015)的要求书写参考文献,并按顺序编码制,即按文中引用的顺序将参考文献附于文末。作者姓名不超过3位,作者超过3位的只写到第三位,余者写",等."或", et al."。

参考文献著录的条目以小于正文的字号编排在文末,中文字采用宋体小五号,英文字采用小五号 Times New Roman。其格式为:

(1)专著、论文集、学位论文、研究报告。

[序号]主要责任者. 文献题名[文献类型标识]. 出版地:出版者,出版年. 起止页码(任选).

例:[1]周振甫. 周易译注[M]. 北京:中华书局,1991.

(2)期刊文章。

[序号]主要责任者. 文献题名[J]. 刊名,年,卷(期):起止页码.

例:[8]何龄修. 读顾诚《南明史》[J]. 中国史研究,1998(3):167-173.

(3) 报纸文章。

［序号］主要责任者．文献题名［N］．报纸名，出版日期（版次）．

例：［7］谢希德．创造学习的新思路［N］．人民日报，1998-12-25（10）．

(4) 电子文献。

［序号］主要责任者．电子文献题名［电子文献及载体类型］．（更新或修改日期）［引用日期］．电子文献的出版或可获得地址．

例：［8］王明亮．关于中国学术期刊标准化数据库系统工程的进展［EB/OL］．(1998-08-16)［1998-10-04］．http://www.cajcd.cn/pub/wml.txt/980810-2.html.

(5) 各种未定型的文献。

［序号］主要责任者．文献题名［Z］．出版地：出版者，出版年．

例：［11］张永禄．唐代长安词典［Z］．西安：陕西人民出版社，1990．

（二）印刷要求

1. 纸型

使用白色 A4 纸张打印，打印要求清晰、美观，双面打印。

2. 字体、字号

字体、字号的设置如表 3.4 所示。

表 3.4　字体、字号的设置

各级标题	字体	字号	举例
主标题	宋体	三号、加粗	目　　录
大标题	黑体	四号	1　绪论
一级节标题	黑体	四号	1.1　研究背景
二级节标题	黑体	四号	1.2.1　现状分析
三级节标题	黑体	四号	1.2.2.1　系统诊断层
正文	宋体	小四	在机器智能的研究中
表题与图题	宋体	五号、加粗	表 2.1　语言的语法
中文摘要	楷体	五号	中文摘要
英文摘要	新罗马体	小四号	Times New Roman
注释、参考文献	宋体	小五号	[1]

3. 网页设置

页边距：上：3.0 cm，下：2.0 cm，左：2.8 cm，右：2.2 cm。

行间距：20 磅（具体操作：格式→段落→行距→固定值→设置值 20 磅）

4. 段落间距

正文段落和标题一律取"固定行间距 20 磅"。

5. 页眉页脚设置

页眉：字体为小五号宋体，内容是：题目居中，从引言开始至附录。

页脚：页码，居中，阿拉伯数字（小五号新罗马体），从引言开始连续编码至附录。

【本章小结】

互联网市场调查是根据互联网营销决策者需要，运用科学的方法，系统地收集与营销相关的资料和数据，对资料数据进行分析、挖掘以获得信息和知识，支持互联网营销决策。市场调查的内容主要有宏观环境调查、市场需求调查、竞争调查、供应商调查、互联网中间媒体调查、目标网站调查和营销策略调查。市场调查的基本过程包括明确调查目标、设计调查方案、制定调查工作计划、调查实施、调查资料整理和分析、撰写调查报告。市场调查方法可以分为定性研究方法和定量研究方法两大类。常用定性研究方法有文案调查法、访谈调查法、观察调查法等，常用定量研究方法有问卷调查法、实验法等。

文案调查法是围绕某种目的对各种信息、情报进行收集、整理、分析研究的调查方法。访谈调查法，是访谈员根据调查的需要，以口头形式向被访者提出有关问题，通过被访者的答复来收集材料的调查方法。观察调查法是指调查者利用自身的感官或借助仪器设备观察被调查者的行为活动，从而获取市场信息资料的调查方法。问卷调查法是调查者运用统一设计的问卷向被选取的调查对象了解情况或征询意见的调查方法。实验法是在给定条件下，通过实验对比，对市场现象中某些变量之间的因果关系及其发展变化过程加以观察分析的调查方法。

市场调查报告的结构一般由标题、摘要、目录、正文、附录等部分组成。

复习思考题

1. 简述互联网市场调查的概念。
2. 简述互联网市场调查的内容。
3. 简述互联网市场调查的过程。
4. 简述互联网市场调查方法。
5. 简述文案调查法。
6. 简述访谈调查法。
7. 简述观察调查法。
8. 简述问卷调查法。
9. 简述互联网实验法。

10. 简述市场调查报告结构。

互联网市场调查实训

实训名称： 互联网市场调查
实训目标： 掌握互联网市场调查
实训内容：

1. 市场调查组织

小组作业，自由组队，人数3～5人。建议团队组建后成员稳定，一起完成本实训任务，以及后续的营销策划、网络广告、互联网公关和自有媒体营销等实训任务。

2. 市场调查选题

建议一：建议选择您家乡的一个优势产业，或特色农产品，或旅游资源、文化资源等，进行市场调查，争取用自己所学知识帮助家乡经济社会发展、产业发展、乡村振兴。

建议二：建议选题与学科竞赛结合，为参加互联网＋等学科竞赛打下基础。

建议三：建议选题与创新创业结合，通过调研了解市场需求，为将来创业打下基础。

3. 调查成果展示

撰写市场调查报告。

4. 评价标准

（1）市场调查选题有价值、有意义。（20分）
（2）市场调查方案科学可行。（20分）
（3）市场调查结果可信、结论有意义。（20分）
（4）市场调查报告结构合理、表述通顺、格式规范。（20分）
（5）演示环节表达生动、流畅，回答问题应对自如。（20分）

第四章 互联网用户

【学习目标】

1. 掌握互联网用户的定义、互联网用户研究内容。
2. 掌握互联网用户使用行为理论,包括用户采纳行为、持续使用行为、内容生产行为和内容消费行为。
3. 掌握互联网用户消费行为相关理论,包括消费行为影响因素理论、作为个体的消费者、作为决策者的消费者和作为社会成员的消费者。
4. 掌握营销沟通媒介选择、营销沟通模型、营销沟通对决策过程的影响和全媒体整合营销沟通模型。

【知识导图】(图 4.1)

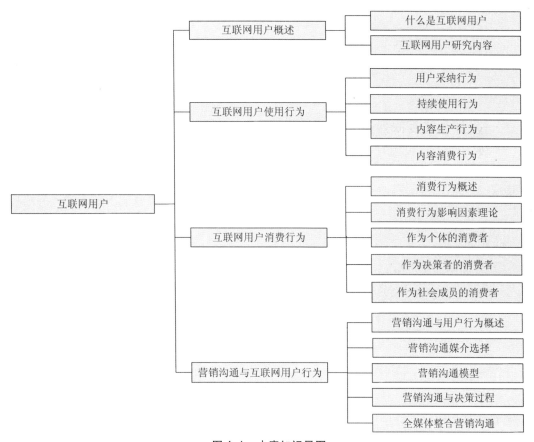

图 4.1 本章知识导图

【导入案例】

> **拼多多的拼团折扣**
>
> 　　拼多多仅用两年时间达到了 1000 亿 GMV。拼多多把京东和天猫看不上的地摊货以人传人的形式搬到网络，拼多多的货架上卖什么，完全取决于社交网络分享。首先，熟人拼团便宜，还可以互相推荐。其次，邀请好友帮忙砍价，还助力免单。为什么大家愿意对拼多多口口相传，就是因为它消除了一个人性中的痛点，不同于你分享、拉新之后获得奖励，拼多多是让所有参与拼团的人都获得优惠，不会有人觉得自己占了朋友的小便宜。
>
> 　　拼多多利用拼团折扣鼓励消费者分享链接，消费者每次拼团的同时为平台拉来更多用户。拼单过程中，消费者为达到拼单人数，会形成一个自媒体，自觉帮助商家推广，也是导致商家低获客成本的主要原因。拼多多的主要传播媒介是有 10 多亿用户的社交媒体微信。
>
> 　　（资料来源：http://www.woshipm.com/it/1865561.html，编者改编）

第一节　互联网用户概述

一、什么是互联网用户

　　互联网用户是指互联网、互联网产品或服务的使用者。对互联网营销者而言，互联网用户是互联网中间媒体和目标网站的使用者。研究互联网用户的行为动机与行为规律，有助于营销人员制定营销策略。

　　互联网用户行为可以分为个体行为和群体互动行为，个体行为又分为使用行为和消费行为。使用行为是用户在中间媒体和目标网站上的使用行为，具体包括用户采纳行为、持续使用行为、内容生产行为和内容消费行为等；消费行为则特指用户在目标网站上购买商品或服务的行为。

二、互联网用户研究内容

　　互联网用户在互联网上冲浪，在不同的互联网中间媒体之间穿梭。互联网营销者要研究互联网用户的人口统计特征、心理统计特征、使用行为和消费行为等，以便制定针对性的营销策略。互联网用户研究的总体框架如图 4.2 所示。

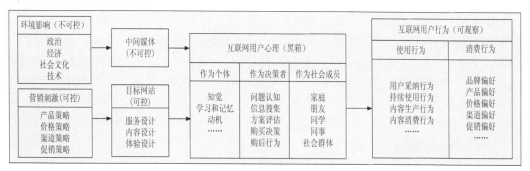

图 4.2　互联网用户研究框架

对互联网用户的研究主要包括：①研究互联网用户的使用行为。互联网用户在互联网中间媒体和目标网站的使用行为，主要涉及互联网用户采纳行为、持续使用行为、内容生产行为和内容消费行为等。②研究互联网用户的消费行为，即互联网用户在目标网站上购买了什么商品或服务、购买了多少、什么价格、什么支付方式、什么渠道购买、购买的动机、购买决策过程和消费满意度等。③研究互联网营销沟通对互联网用户使用行为和消费行为的影响。互联网营销者利用互联网来与互联网用户沟通、传递信息，沟通的信息内容包括产品、价格、渠道和促销等。要研究这些信息设计成怎样的表现形式传递给用户，营销沟通将对互联网用户使用行为与消费行为产生怎样的影响，等等。

在互联网用户研究框架中，营销环境因素、营销策略因素、中间媒体因素和目标网站因素共同影响互联网用户心理，互联网用户心理影响互联网用户使用行为和消费行为。其中，营销环境因素、中间媒体因素属于不可控因素，营销策略因素和目标网站因素是可控因素。影响互联网用户的环境因素已经在第二章详细介绍。本章在第二节介绍互联网用户的使用行为，在第三节介绍互联网用户的消费行为，在第四节介绍营销沟通对使用行为和消费行为的影响模型。

第二节　互联网用户使用行为

互联网用户使用行为分别从用户采纳行为、持续使用行为、内容生产行为、内容消费行为等方面进行研究。首先，将互联网与互联网产品作为一种信息技术，研究互联网用户的采纳行为和持续使用行为；其次，研究互联网用户在各个互联网中间媒体上的内容生产行为和内容消费行为。

一、用户采纳行为

一个网民要获取信息（新闻信息、商品信息、口碑信息等）和服务（购物、娱乐、社交等），可以通过传统媒介和传统渠道，也可以通过互联网媒介和互联网渠道。用户采纳行为主要研究用户选择互联网产品来获取信息和服务的动机与行为规律。

影响用户采纳互联网服务的因素可以分为内因、外因和内因外因综合作用三大类。内因主导论侧重探讨心理动力因素（动机）、心理过程因素（认知、态度）和心理特征因素（人格）对采纳行为的影响，主要理论有创新扩散理论、技术采纳理论、使用与满足理论、大五人格等。外因主导论主要探讨社会环境因素对采纳行为的影响，主要理论有社会影响论。

（一）创新扩散理论

1. 创新扩散理论概述

1928年，社会学家布莱斯·瑞恩（Bruce Ryan）和尼尔·格罗斯（Neal Gross）在美国艾奥瓦州做了一个玉米杂交种子的实验。他们向259名农民发放了改良后的玉米，并对他们的接受程度进行长期观察。到1933年，259名农民中只有几个人在用，1934年有16人新使用，之后使用者数量开始加速，1935年21人，1936年36人，1937年61人，1938年46人，1939—1941年则分别是36人、14人和4人，最后全部农民都接受了新玉米种子。

1962年，埃弗雷特·罗杰斯（Everett M. Rogers）引用玉米杂交试验的结果，提出了创新扩散理论（diffusion of innovations）。创新扩散理论是对采用创新的各类人群进行研究归类的一种模型，它的理论指导思想是：在创新面前，部分人会比另一部分人思想更开放，更愿意采纳创新。

罗杰斯认为，创新是一种被个人或组织视为新颖的观念或事物。创新是相对于特定群体而言的，创新与否具有相对性。创新的扩散是指创新经过一段时间，经由特定的渠道在某一社会团体的成员中的传播过程。一个创新能否被大众接受取决于5个因素：相对优势、兼容性、复杂性、可试验性、可观察性。也就是说，一个创新与它所取代的事物相比优势越大，与现存的价值观、潜在接受者过去的经验和需求冲突很小，复杂性不高，可以通过试验进行考察，并且人们可以直接观察结果，那么这个创新就更容易被人们接受。

2. 创新的扩散过程——创新扩散曲线

创新扩散包括五个阶段：了解阶段、兴趣阶段、评估阶段、试验阶段和采纳阶段。

（1）了解阶段：接触新技术新事物，但知之甚少。
（2）兴趣阶段：发生兴趣，并寻求更多的信息。
（3）评估阶段：联系自身需求，考虑是否采纳。
（4）试验阶段：观察是否适合自己的情况。
（5）采纳阶段：决定在大范围内实施。

3. 创新扩散过程中的不同群体

罗杰斯把创新的采用者分为创新者、早期采用者、早期采用人群、晚期采用人群和迟缓者（图4.3）。

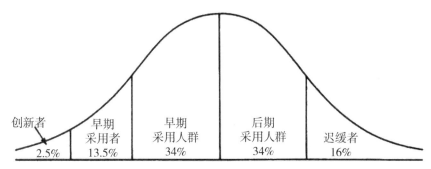

图 4.3 创新采用者曲线

（1）创新者（innovators）。约占 2.5%，他们是勇敢的先行者，自觉推动创新。创新者在创新交流过程中发挥着非常重要的作用。

（2）早期采用者（early adopters）。约占 13.5%，他们是受人尊敬的社会人士，是公众意见领袖，他们乐意引领时尚、尝试新鲜事物，但行为谨慎。

（3）早期采用人群（early majority）。约占 34%，他们是有思想的一群人，也比较谨慎，但他们较之普通人群更愿意、更早地接受创新。

（4）后期采用人群（late majority）。约占 34%，他们是持怀疑态度的一群人，只有当社会大众普遍接受了新鲜事物的时候，他们才会接受。

（5）迟缓者（laggards）。约占 16%，他们是保守传统的一群人，习惯于因循守旧，对新鲜事物吹毛求疵，只有当新的发展成为主流、成为传统时，他们才会被动接受。

4. 个人接受创新的决策过程

个人接受创新的决策过程分为五个阶段：

（1）认知阶段：个人了解到某项创新的存在并对它的功能有所认识。

（2）说服阶段：个人对创新形成赞同或反对的态度。

（3）决策阶段：个人对创新做出采纳或者拒绝的选择行为。

（4）实施阶段：个人将创新付诸使用，也包括再创新和修改创新。

（5）确认阶段：个人为已完成的创新决策寻求进一步的证实，或者改变先前做出的接受或拒绝的决定。

5. 创新扩散理论对互联网营销的启示

在新网站、新产品面推广时，在推广的不同阶段，要识别、面向相应的目标群体，并采取相应的营销策略。例如，在新网站、新产品推广的初期，应把创新者作为主要推广对象。

（二）技术采纳理论

技术采纳理论的理论基础是理性行为理论（TRA）、计划行为理论（TPB）。接下来先介绍这两个理论，然后介绍技术采纳模型、任务技术匹配模型。

1. 理性行为理论与计划行为理论

1975 年美国学者马丁·菲什拜因（Martin Fishbein）和伊塞克·阿耶兹（Icek

Ajzen）提出理性行为理论（theory of reasoned action，TRA），其基本假设是认为人是理性的，在做某一行为前会综合各种信息来考虑自身行为的意义和后果。理性行为理论认为，态度和主观规范影响行为意向，行为意向影响行为（图4.4）。

图4.4　理性行为理论（TRA）

行为意向是人们打算从事某一特定行为的量度。态度是人们对从事某一目标行为所持有的正面或负面的情感，它是由对行为结果的主要信念以及对这种结果重要程度的估计所决定的。主观规范（主观准则）指的是人们认为对其有重要影响的人（家人、朋友、同事、邻居、意见领袖等）希望自己使用新系统的感知程度，是由个体对他人认为应该如何做的信任程度以及自己对与他人意见保持一致的动机水平所决定的。这些因素结合起来，便产生了行为意向，最终导致了行为改变。

由于理性行为理论是在"行为的发生是基于个人的意志力的控制"的假设下，对个人的行为进行预测、解释。但在实际情况下，个人对行为的意志控制程度往往会受到时间、金钱、信息和能力等诸多因素的影响，因此理性行为理论对不完全由个人意志控制的行为，往往无法给以合理的解释。

于是，阿耶兹在TRA的基础上提出了计划行为理论（theory of planned behavior，TPB）。计划行为理论认为：行为是行为意向和感知行为控制共同引起的，行为意向由态度、主观规范和感知行为控制共同决定（图4.5）。

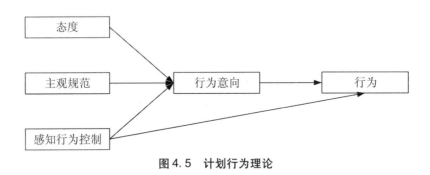

图4.5　计划行为理论

感知行为控制是个体感知到完成某一行为的难易程度，即个体感知到的完成某一行为所需要的资源是否足够。感知行为控制在计划行为理论中非常重要，它不仅仅影响到行为意向，还与行为意向共同影响个体的行为。

计划行为理论主要用于解释个体在无法完全控制自己行为的情况下的态度、行动意向和行为。

2. 技术采纳模型

1989 年，美国学者弗雷德·戴维斯（Fred D. Davis）运用理性行为理论研究用户对信息系统接受时提出了技术采纳模型（technology acceptance model，TAM），提出该模型最初的目的是对计算机广泛接受的决定性因素做一个解释说明。

技术采纳模型提出了两个主要的决定因素：①感知的有用性（perceived usefulness），反映一个人认为使用一个具体的系统对他工作业绩提高的程度；②感知的易用性（perceived ease of use），反映一个人认为使用一个具体的系统的难易程度。

技术采纳模型认为系统的使用是由使用意愿（behavioral intention）决定的，而使用意愿由感知有用和感知易用共同决定（图 4.6）。外部变量包括系统设计特征、用户特征（包括感知形式和其他个性特征）、任务特征、开发或执行过程的本质、政策影响、组织结构等。

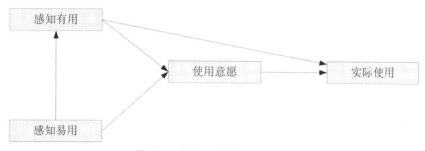

图 4.6　技术采纳模型（TAM）

技术采纳模型的意义在于，当推广一个工具型网站或 App 时，网站或 App 要让用户感觉到有用和易用，要把有用性和易用性作为主要卖点。

3. 任务技术适配模型

戴尔·古德休（Dale L. Goodhue）和罗纳德·汤普森（Ronald L. Thompson）于 1995 年提出任务技术适配模型（task-technology fit，TTF），用于解释信息技术对工作任务的支持能力，通过描述认知心理和认知行为来揭示信息技术如何作用于个人的任务绩效，反映了信息技术和任务需求之间存在的逻辑关系。

TTF 模型有四个关键的要素：首先两个是任务特征和技术特征，它们共同影响第三个要素——任务技术适配，任务技术适配又会影响最后的要素——行为或者使用（图 4.7）。TTF 模型中，当且仅当信息技术的功能可以支持使用者的行为时，信息技术才会被采用。

图 4.7　任务技术适配模型（TTF）

任务技术适配模型的意义在于，对于工具型网站或 App 在营销推广时可以突出宣传网站/App 的任务技术适配度。

（三）使用与满足理论

使用与满足理论（uses and gratifications，U&G）通过分析受众对媒体的使用动机和获得满足来考察大众传播给人类带来的心理和行为上的效用。

同传统的媒体信息如何作用于受众的思路不同，使用与满足理论强调受众的能动性。该理论认为受众通过对媒介的积极使用，从而制约着媒体传播的过程，并指出使用媒体完全基于个人的需求和愿望。

使用与满足理论认为：①人们接触和使用媒体的目的都是满足自己的需要，这种需要和社会因素、心理因素有关。②人们接触和使用媒体有两个条件：接触媒体的可能性；媒体印象即受众对媒体满足需求的评价，是在过去接触使用媒体的经验基础上形成的。③受众选择特定的媒体和内容开始使用。④受众接触和使用媒体后的结果有两种：一种是满足需求，一种是未满足。⑤无论满足与否，都将影响到受众以后的媒体选择使用行为，受众根据满足结果来修正既有的媒体印象，不同程度上改变着对媒体的期待。

网民对互联网媒体选择具有主动性。网民在互联网上可以自主选择媒体与信息，而在传统媒介上只能是媒介播放什么，人们就接受什么。但是，网民选择网络媒介和信息的主动性是网络广告发展的障碍。广告对象一般选择注意自己感兴趣的广告信息，选择避开不感兴趣的广告信息，如果实在避不开，可以选择性理解、选择性记忆。如果某个网络广告的浏览量很大、转化率很低，说明网民做出了理性选择。

因此，网络广告要提高转化率，必须不动声色地融入媒体信息与广告对象间的使用与满足的过程中。随着网络社会的发展，消费者受够了和自己不相关的信息，而内容营销逐渐成为主流趋势，消费者只找寻和自己相关的信息且通过多种渠道寻找资源，因此业界提出了原生广告的概念。原生广告是指一种通过在信息流里发布具有相关性的内容产生价值，不会对用户的浏览、消费造成没有必要的干扰，而是只为消费者提供对他们有价值的相关资讯，全面提升用户体验。

（四）大五人格

心理学对人格的定义是：个体在先天生物遗传素质的基础上，通过与后天社会环境的相互作用而形成的相对稳定和独特的心理行为模式。

心理学界在人格描述模式上形成了比较一致的共识，即大五人格（five-factor model），也被称为人格的海洋（ocean）。O 代表开放性（openness to experience），C 代表尽责性（conscientiousness），E 代表外向性（extraversion），A 代表宜人性（agreeableness），N 代表神经质或情绪性（neuroticism）。

"大五人格"指的并不是人格类型，而是人格"特质"。当我们说到任何一个特质的时候，它并不是非此即彼的，而是由两个对立的端点组成的一个连续体，所有人在这个连续体上是一个正态分布。例如，极端外向和极端内向的人都是少数，绝大多数人没有很外向也没有很内向，每个人都在这个连续体的某一个点上。

有研究表明，人格特质对技术采纳有影响。

（五）社会影响理论

社会影响理论是考察社会、团队等对个人行为的影响的理论。社会影响是因双方存在着一定的关系，一方有意或无意对另一方行为造成的影响。

美国社会心理学家所罗门·阿希（Solomon Asch）认为社会影响包括三个方面：从众、顺从、服从。①从众是人们改变自身的行为以更像其他人，它同人们寻求其他人的赞同与友谊时所需要的归属感，以及获取尊敬的需求有关。从众可达到非常深的程度，如人们改变自己的信念与价值观，以和同行及那些受尊敬的上级保持一致。②顺从是一个人去做被其他人所要求做的事。他可以选择做或不做，尽管社会惩罚可能导致他去做自己并不真正想做的事情。③服从的对象往往是来自一个权威的命令。对于顺从，你有选择权；但对于服从，你相信自己没有选择。因此，个体选择可能并不完全是一个理性的决策，相反，要受到社会准则和进程的影响。

社会影响理论认为，社会（家人、朋友、同事、邻居、意见领袖等）影响主观规范（主观准则），进而影响行为意向。对互联网营销的启示是，人是社会人，网民的各种社会关系、社会互动会影响其使用行为和消费行为。

二、持续使用行为

对于一个网站或 App 的持续使用，也可以分为内因、外因和内因外因综合作用三种因素。当前研究比较多的是用户体验理论。用户体验理论主要研究内因外因综合作用对持续使用行为的影响。

ISO 9241—210 标准将用户体验（user experience，UE）定义为：人们对于使用或期望使用的产品、系统或者服务的认知印象和回应。ISO 定义的补充说明解释：用户体验，即用户在使用一个产品或系统之前、使用期间和使用之后的全部感受，包括情感、信仰、喜好、认知印象、生理和心理反应、行为和成就等各个方面。该说明还列出三个影响用户体验的因素：系统，用户和使用环境。

用户体验可以分为三类：①感观体验，指呈现给用户视听上的体验，强调舒适性。一般在色彩、声音、图像、文字内容、网站布局等方面呈现。②交互体验，指界面给用户使用、交流过程的体验，强调互动、交互特性。交互体验贯穿浏览、点击、输入、输出等过程。③情感体验，指给用户心理上的体验，强调心理认可度。让用户通过站点能认同、抒发自己的内在情感，那说明用户体验效果较好。情感体验的升华是口碑的传播，形成一种高度的情感认可效应。

用户体验影响用户满意度，用户满意度影响用户忠诚度（图 4.8）。因此，互联网营销者关注网站服务设计、可用性设计，以提升用户的感官体验、交互体验和情感体验，从而提升用户满意度和用户忠诚度。

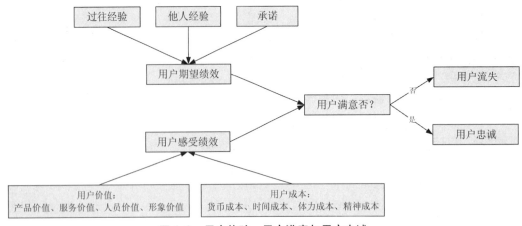

图 4.8 用户体验、用户满意与用户忠诚

可用性是指用户在特定环境下完成指定目标的效果、效率和满意度。可用性的目标是使得网站更好用。对网站来说，用户体验的目标是使用前、使用中和使用后让用户产生愉悦之感。所以，可用性与用户使用网站时完成任务的容易程度相关，用户体验关注用户对网站交互的感知。

在支持用户体验与可用性所需的资源方面，凡是负责对产品用户界面产生影响工作的员工都需要加入可用性工作中，用户体验需要来自多个不同部门员工（包括开发工程师、营销人员、艺术设计等）集体的无缝的合作。

三、内容生产行为

当前不少互联网平台采用用户生成内容战略（user-generated content，UGC）。内容生产行为指用户将自己原创的内容通过互联网平台进行展示或者提供给其他用户，或者将网络内容不加工或加工后转发到社交媒体的行为。我们要研究用户生产内容的动机、主题偏好、内容形式（文字、图片、视频等）等。

用户生产内容的动机分为内因（人口特征、需要、动机等）、外因和内因外因的相互作用。其中，用户生产的关于品牌、产品方面的内容也称为互联网口碑，关于互联网口碑方面的内容在第八章做详细介绍。1996 年，欧内斯特·迪希特（Emest Dichter）提出了参与正面口碑传播的四大动机：产品涉入、自身涉入、他人涉入和信息涉入。1998 年，桑达拉姆（D. S. Sundaram）等认为参与正面口碑传播的动机有利他主义、产品涉入、自我强化、帮助企业等，参与负面口碑传播的动机有利他主义、减少焦虑、报复企业、寻求建议等。

四、内容消费行为

对互联网用户内容消费行为进行研究，可以从中发现用户访问目标网站的规律、模式,并将这些规律、模式与互联网营销策略等相结合,从而优化目标网站的设计、运营和营销推广等。

用户内容消费行为分为主动式消费和被动式消费,主动式消费主要涉及信息搜寻行为,主动式消费和被动式消费都涉及阅读行为。

(一) 信息搜寻行为

1. 信息搜寻行为理论概述

信息搜寻行为是指人们在寻找信息时经历的各种活动的总和。信息搜寻行为分为内部搜寻和外部搜寻两种。内部搜寻是指用户激活记忆中相关信息的过程,外部搜寻则指用户从外部环境获得相关信息的过程。

常见的信息搜寻方式有:

(1) 直接走访。如到商店、商场、工厂等作实地调查。
(2) 通信查询。如打电话、发传真、写信件或电子邮件进行询问。
(3) 专业的信息机构或个体,如信息公司、专业咨询公司以及信息经纪人等。
(4) 商业广告。商业广告是现代社会人类获取信息的主要渠道。
(5) 互联网搜索。通过搜寻引擎查找信息。
(6) 社交网络。很多人通过朋友圈等社交网络获取信息。

2. 信息搜寻行为理论对互联网营销的意义

根据消费者决策过程理论,当消费者购买决策时,会搜寻信息以评估备选方案。互联网营销者应研究消费者的信息搜寻方式,并通过适当的营销沟通传递信息,以影响消费者决策。

(二) 阅读行为

1. 一般阅读行为

人的阅读视线,一般遵循以下规律:

(1) 从左到右移动视线。这是我们在纸媒时代保留下来的习惯,在很长的一段时期内,我们还是会保留这个习惯。
(2) 从上到下视线。无论是图片还是文字,都遵循从上到下移动的顺序,读者在从上到下移动视线时非常顺畅,不会被打断,可以获得非常好的阅读体验。
(3) 从大到小视线。大的物体会比小的物体拥有更大的视觉比重,所以,读者的视线大部分情况下是从大到小移动。我们应该将重要的信息尽量放大。通常情况下,我们会把标题放大,把重要的图片放大。
(4) 向箭头方向移动视线。

2. 如何研究阅读行为

研究阅读视线,一般用眼动仪。眼动仪通过视线追踪技术,监测用户在看特定目标时的眼睛运动和注视方向,并进行相关分析。早期人们主要利用照相、摄像等方式来记录眼球运动情况;现在利用眼动仪等先进工具,可以得到更加精确的记录。视线追踪技术中广泛运用的方法叫作"瞳孔—角膜反射方法",其所利用的眼动过程中保持不变的特征,是眼球角膜外表面上的普尔钦斑眼球角膜上的一个亮光点,由进入瞳孔的光线在角膜外表面上反射而产生。由于摄像机的位置固定、屏幕(光源)的位置固定、眼球中心位置不变(假设眼球为球状,且头部不动),普尔钦斑的绝对位置并不随眼球的转动而变化(其实,头部的小幅度运动也能通过角膜反射计算出来)。但其相对于瞳孔和眼球的位置则是在不断变化的——当你盯着摄像头时,普尔钦斑就在你瞳孔之间;当你抬起头时,普尔钦斑就在你的瞳孔下方。这样一来,只要实时定位眼睛图像上的瞳孔和普尔钦斑的位置,计算出角膜反射向量,便能利用几何模型,估算得到用户的视线方向。再基于前期定标过程(即让用户注视电脑屏幕上特定的点)中所建立的用户眼睛特征与电脑屏幕呈现内容之间的关系,仪器就能判断出用户究竟在看屏幕上的什么内容了。

另外,用户点击和路径分析也是研究用户阅读行为的常用方法。用户点击是以网页点击热力图或鼠标滑动热力图的方式呈现用户鼠标滑动和点击的统计。用户路径指用户在网站/App中的访问路径,可以观察用户现存路径有哪些,用户从访问到转化/流失都经过了哪些流程,转化用户与流失用户是否有行为区别,以及用户行为路径是否符合预期。以电商为例,买家从登录网站/App到支付成功,要经过首页浏览、搜索商品、加入购物车、提交订单、支付订单等过程。对用户访问网站的路径进行分析,可以用来优化网站/App,或者引导用户走营销者的期望路径。

3. 阅读视线在互联网营销中的应用

在眼动研究中发现,网页最普遍的浏览模式呈现的是F形注视点分布。因此,搜索引擎的竞价排名结果是按照注视点分布来定价的。网站内容的排版要考虑用户视线,一般遵循从左到右移动、从上到下、从大到小的原则。

第三节 互联网用户消费行为

一、消费行为概述

(一)什么是消费行为

消费行为(consumer behavior)指消费者行为,是消费者在获取、使用、消费和处置产品和服务过程中所发生的心理活动特征和行为。从营销学的角度,对消费行为的研究提供了对消费行为的理解,因为营销学是一门试图影响消费者行为的学科。

(二)研究消费行为的意义

消费行为研究是营销决策的基础,市场需求分析、市场细分、市场定位、新产品开发、产品定价、渠道选择、促销策略等市场营销活动都依赖于互联网用户消费行为的研究。

（1）市场需求分析。从营销角度看，市场机会就是未被满足的消费者需要。要了解消费者哪些需要没有被满足或没有完全被满足，通常涉及对市场条件和市场趋势的分析。例如，通过分析消费者的生活方式或消费者收入水平的变化，可以揭示消费者有哪些新的需要未被满足。

（2）市场细分。市场细分是制定营销策略的基础，其实质是将整体市场分为若干子市场，同一个子市场的消费者具有相同或相似的需求或行为特点，不同子市场的消费者在需求和行为上存在较大的差异。企业细分市场的目的，是找到适合自己进入的目标市场，并根据目标市场的需求特点，制定有针对性的营销方案，使目标市场的消费者的独特需要得到更充分的满足。

（3）市场定位。营销人员只有了解产品在目标消费者心目中的位置，了解其品牌或商店是如何被消费者所认知的，才能发展有效的营销策略。

（4）新产品开发。通过了解消费者的需求与欲望，了解消费者对各种产品属性的评价，企业可以据此开发新产品。可以说，消费者调查既是新产品构思的重要来源，也是检验新产品能否被接受和应在哪些方面进一步完善的重要途径。通用电器公司设计出节省空间的微波炉和其他厨房用品，在市场上获得了巨大成功，其产品构思就是直接源于消费者对原有产品占有空间太多的抱怨。

（5）产品定价。产品定价如果与消费者的承受能力或与消费者对产品价值的感知脱节，再好的产品也难以打开市场。由此可见，产品定价也离不开对消费者的分析和了解。

（6）渠道的选择。消费者喜欢到哪些地方购物，以及如何购买到该企业的产品，也可以通过对消费者的研究了解到。以购买服装为例，有的消费者喜欢到专卖店购买，有的喜欢到大型商场或大型百货店购买，还有的则喜欢通过邮寄方式购买。多大比例、哪些类型或具有哪些特点的消费者主要通过上述哪些渠道购买服装，这是服装生产企业十分关心的问题。因为只有了解目标消费者在购物方式和购物地点等方面的偏好和为什么形成这种偏好，企业在渠道选择上的风险才有可能最大限度地降低。

（7）促销策略。对消费行为的透彻了解也是制定促销策略的基础。

（三）消费行为理论发展历史

从19世纪末到20世纪30年代，有关消费行为与心理研究的理论开始出现，并有了初步的发展。19世纪末20世纪初，各主要资本主义国家尤其是美国，工业革命后的劳动生产率大幅度提高，生产能力开始超过市场需求，导致企业之间竞争加剧。在这种情况下，一些企业开始注重消费者需求的刺激和商品推销，推销术和广告术在这个时候登上了市场。

与此同时，一些学者根据企业销售的需要，开始从理论上研究商品的需求与销售之间的关系，研究消费者心理与行为同企业销售之间的关系。

最早从事这方面研究的是美国经济学家托斯丹·凡勃伦（Thorstein Veblen）。1899年他出版了《有闲阶级论》，提出了广义的消费概念，他认为过度的消费是在一种希望炫耀的心理下被激发的。以他为代表的消费心理研究引起了心理学家和社会学家的兴趣，也受到了企业的密切关注。

1901 年，美国著名社会心理学家沃尔特·斯科特（Walter D. Scott）首次提出在广告宣传上应用心理学理论。同时，美国心理学家盖尔（H. Gale）的《广告心理学》问世，系统地论述了在商品广告中如何应用心理学原理增加广告的宣传效果。

1912 年，德国心理学家雨果·闵斯特伯格（Hugo Münsterberg）出版了《工业心理学》一书，阐述了在商品销售中，橱窗陈列和广告对消费者心理上的影响。

1923 年，美国经济学家科普兰（M. T. Copeland）在消费行为分析基础上提出将消费物品分为便利品、选购品和特殊品的分类方法。

另外，在一些市场学、管理学的论著中也介绍了有关消费心理和行为的问题，比较有影响的是行为主义心理学家约翰·华生（John B. Watson）的刺激—反应理论。这一理论因为揭示了消费者在接收广告刺激物与行为反应的关系而被广泛应用于消费行为研究中。

消费行为理论很多，归纳概括起来有刺激—反应论、决策过程论、体验论和平衡协调论等。刺激—反应论（S-R 理论）认为消费行为是消费者对刺激（stimulus）的反应（response），从消费者与刺激的关系中去研究消费行为；决策过程论把消费行为定义为消费者购买、消费和处置的决策过程；体验论认为消费行为是消费者的体验过程，消费者是在体验中购买、在体验中消费、在体验中处置，它强调消费者体验；平衡协调论认为消费行为是消费者与营销者之间的交换互动行为，是双方均衡的结果。

二、消费行为影响因素理论

（一）消费行为影响因素

消费行为影响因素有"二因素说""三因素说"和"四因素说"。"二因素说"指内部因素和外部因素；"三因素说"在二因素的基础上增加了"营销因素"；菲利普·科特勒提出了"四因素说"，"四因素"是指文化因素、社会因素、个人因素和心理因素。

（二）消费行为黑箱模型

消费行为模型很多，科特勒提出的"刺激—反应"模型流传很广，编者整理后如图 4.9 所示。"刺激—反应"模型把消费者当成黑箱。所谓黑箱，是指人们不能或暂时无法分解或剖开以直接观察其内部结构，或分解、剖开后其结构和功能即遭到破坏的系统。消费者黑箱，即指在消费者做出购买行为之前，商家无法了解消费者的购买行为与购买意愿。由于它对商家来说是一种看不见、摸不着、不透明的东西，故称之为消费者黑箱。在这个模型里面，环境因素（不可控）和营销刺激因素（可控）和消费者个体因素三个因素共同影响消费行为。

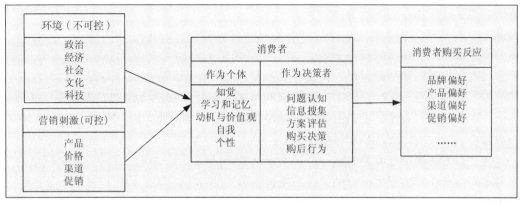

图4.9 消费行为黑箱模型

三、作为个体的消费者

(一) 需要、动机与行为

作为个体的消费者，消费行为影响因素主要是心理因素。心理因素包括知觉、学习和记忆、动机与价值观、自我、个性与心理图式等。营销学常从需要和动机角度分析行为，可以简要概况为：需要产生动机，动机激发行为（图4.10）。

图4.10 消费者需求、动机与行为

需要，指人们对某种目标的渴求和欲望。如果个人需要得不到满足，心里会出现不安、紧张。这种不安、紧张成为一种内在的动力，促使个体寻求满足需要的方法，采取某种行动以满足需求。

动机，指驱使人产生某种行为的内在力量。动机是由需要引起的，人之所以愿意做某件事，是因为这件事情能满足其某种需要。

行为，建立在需要和动机的基础上。需要能使人产生行为的动机，动机激发人们行动去满足需要。一旦需要满足，紧张感消除，动机消失。同时，可能会有新的需要产生。

(二) 需要理论

需要是人的行为的动力基础和源泉，是人脑对生理和社会需求的反映。心理学家也把促成人们各种行为动机的欲望称为需要。

人的需要可以分为生理需要和社会需要两大类。人类在社会生活中，早期为维持生存和延续后代，形成了最初的生理需要。例如，饿了就需要食物；冷了就需要衣服；累了就需要休息；为了传宗接代，就需要恋爱、婚姻。人为了生存和发展，还必然产生社会需求。例如，通过劳动，创造财富，改善生存条件；通过人际交往，沟通信息，交流感情，相互协作。人的这些生理需要和社会需要反映在个体的头脑中，就形成了他的需要。

随着人类社会生活的日益进步，为了提高物质文化水平，逐步形成了更高级的需要。人有生理需要和社会需要，就必然去追求、去争取、去努力。马克思主义认为，个体的需要是个体行为积极性和动力的源泉和基础。人有了物质方面和精神方面的需要，才会产生行动的积极性；正是个体的这种和那种需要，才促使人们、推动人们去从事这项或那项活动，去完成这项或那项任务。

现代西方普遍接受的是美国行为科学家马斯洛的需要层次理论。需要层次理论的3个基本假设是：①人要生存，他的需要能够影响他的行为。只有未满足的需要能够影响行为，满足了的需要不会激励他产生行为。②人的需要有重要性区分，可以按低级到高级排列。③当人的某一级的需要得到最低限度满足后，才会追求高一级的需要，如此逐级上升，成为推动继续努力的内在动力。马斯洛理论把需要分成生理需要、安全需要、社会需要、尊重需要和自我实现需要五类，依次由较低层次到较高层次。

1. 生理需要

这是人类维持自身生存的最基本要求，包括衣、食、住、行等方面的要求。如果这些需要得不到满足，人类的生存就成了问题。在这个意义上说，生理需要是推动人们行动的最强大的动力。马斯洛认为，只有这些最基本的需要满足到维持生存所必需的程度后，其他的需要才能成为新的激励因素；到了此时，这些已相对满足的需要也就不再成为激励因素了。

2. 安全需要

这是人类要求保障自身安全、摆脱事业威胁和丧失财产威胁、避免职业病的侵袭、解除严酷的监督等方面的需要。马斯洛认为，整个有机体是一个追求安全的机制，人的感受器官、效应器官、智能和其他能量主要是寻求安全的工具，甚至可以把科学和人生观都看成满足安全需要的一部分。当然，当这种需要一旦相对满足后，也就不再成为激励因素了。

3. 社会需要

这一层次的需要包括两个方面的内容。一是友爱的需要，即人人都需要伙伴之间、同事之间的关系融洽或保持友谊和忠诚；人人都希望得到爱情，希望爱别人，也渴望接受别人的爱。二是归属的需要，即人都有一种归属于一个群体的感情，希望成为群体中的一员，并相互关心和照顾。感情上的需要比生理上的需要来得细致，它和一个人的生理特性、经历、受教育水平、宗教信仰都有关系。

4. 尊重需要

人人都希望自己有稳定的社会地位，要求个人的能力和成就得到社会的承认。尊重的需要又可分为内部尊重和外部尊重。内部尊重是指一个人希望在各种不同情境中有实力、能胜任、充满信心、能独立自主。总之，内部尊重就是人的自尊。外部尊重是指一个人希望有地位、有威信，受到别人的尊重、信赖和高度评价。马斯洛认为，尊重需要得到满足，能使人对自己充满信心，对社会满腔热情，体验到自己活着的用处和价值。

5. 自我实现需要

这是最高层次的需要，它是指实现个人理想、抱负，发挥个人的能力到最大程度，完成与自己的能力相称的一切事情的需要。马斯洛认为，为满足自我实现需要所采取的途径是因人而异的。自我实现的需要是在努力实现自己的潜力，使自己越来越成为自己所期望的人物。

小资料：马斯洛

亚伯拉罕·哈罗德·马斯洛（Abraham Harold Maslow，1908—1970），美国社会心理学家、比较心理学家，人本主义心理学的主要创建者之一。马斯洛的人本主义心理学思想主要载于他1954年出版的《动机与个性》一书，马斯洛在该书中提出需要层次论。

（资料来源：MBA智库百科，编者改编）

（三）动机理论

动机是激发和维持有机体的行动，并将行动导向某一目标的心理倾向或内部驱力。动机具有三方面功能：①激发功能，激发个体产生某种行为；②指向功能，使个体的行为指向一定目标；③维持和调节功能，使个体的行为维持一定的时间，并调节行为的强度和方向。依据动机的起源，动机可分为生理性动机和社会性动机，前者与个人的生理需要相联系，后者与有机体的社会需要相联系。

四、作为决策者的消费者

消费者购买决策是指消费者为了满足某种需求，在一定的购买动机的支配下，在可供选择的两个或者两个以上的购买方案中，经过分析、评价、选择并且实施最佳的购买方案，以及购后评价的活动过程。它是一个系统的决策活动过程。

（1）消费者决策过程五阶段模型

消费者决策过程五阶段模型将消费者的购买决策过程划分为五个阶段：问题认知、搜寻信息、评估备选方案、购买决策和购后行为（图4.11）。

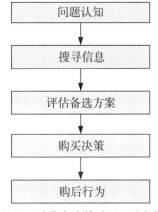

图4.11 消费者决策过程五阶段模型

1. 问题认知

消费者认识到自己有某种需要时，是其决策过程的开始。这种需要可能是由内在的生理活动引起的，也可能是受到外界的某种刺激引起的（如看到别人穿新潮服装，自己也想购买），或者是内外两方面因素共同作用的结果。

在问题认知阶段，营销者应注意采取适当措施以唤起和强化消费者的需要。

2. 搜寻信息

信息是决策的依据。消费者在做出购买决定之前，会收集相关信息，包括上网搜索商品信息，向有消费经验的人咨询，征求家人的意见，等等。信息来源主要有四个方面：个人来源，如家庭、亲友、邻居、同事等；商业来源，如广告、推销员、分销商等；公共来源，如大众传播媒体、消费者组织等；经验来源，如操作、实验和使用产品的经验等。

3. 评估备选方案

在掌握了较全面的信息后，消费者就会根据这些信息，来对比不同品牌的商品，对商品本身做出一个好与不好、有用与无用的评价。如果做出了肯定的回答，这种品牌就可能进入消费者的下一个决策阶段；如果是否定的回答，那么这种品牌就会被他淘汰。

4. 购买决策

购买决策通常是在商品评价的基础上完成的。但有时候，消费者虽然认为某种商品好，并且是有用的，但可能因为他人的态度、收入问题、未来风险的不确定性等影响，而犹豫不决。这个时候，就需要营销人员采取适当的方法，激起消费者的购买冲动。

5. 购后行为

购后行为包括形成满意度、重复购买、退货、换货、口碑分享。消费者购后的满意程度取决于消费者对产品的预期性能与产品使用中的实际性能之间的对比。购买后的满意程度决定了消费者是否重复购买该产品、是否退货或换货，决定了消费者对该品牌的态度，并且还会影响到其他消费者，形成连锁效应。

（二）消费者购买决策类型

不同消费者购买决策过程的复杂程度不同，究其原因，是受诸多因素影响，其中最主要的是参与程度和品牌差异程度。同类产品不同品牌之间的差异越大，产品价格越昂贵，消费者越是缺乏产品知识和购买经验，感受到的风险越大，购买过程就越复杂。

按照购买决策的消费者参与程度和品牌差异程度，购买行为可以分为四种类型：

（1）复杂的购买行为。如果消费者属于高度参与，并且了解现有各品牌、品种和规格之间具有显著差异，则会产生复杂的购买行为。复杂的购买行为指消费者需要经历大量的信息收集、全面的产品评估、慎重的购买决策和认真的购后评价等阶段。

（2）习惯性购买行为。对于价格低廉的、经常性购买的商品，消费者的购买行为是最简单的。这类商品中，各品牌的差别极小，消费者对此也十分熟悉，不需要花时间进行选择，一般随买随取就行了。例如，买油、盐之类的商品就是这样。这种简单的购买行为不需经过搜集信息、评价产品特点、最后做出重大决定这种复杂的过程。

（3）寻求多样化的购买行为。有些商品牌子之间有明显差别，但消费者并不愿在上面多花时间，而是不断变化他们所购商品的牌子。如在购买点心之类的商品时，消费者往往不花长时间来选择和估价，下次买时再换一种新花样。这样做往往不是因为对产品不满意，而是为了寻求多样化。

（4）化解不协调的购买行为。有些选购品，牌子之间区别不大，而消费者又不经常购买，购买时有一定的风险性。对这类商品，消费者一般先逛几家商店看看有什么货，进行一番比较，而后，不用花多长时间就买回来。这是因为各种牌子之间没有什么明显的差别，如果价格合理，购买方便，机会合适，消费者就会决定购买。购买以后，消费者也许会感到有些不协调或不够满意，也许商品的某个地方不够称心，或者听到别人称赞其他种类的商品。在使用期间，消费者会了解更多情况，并寻求种种理由来减轻、化解这种不协调，以证明自己的购买决策是正确的。

（三）消费决策的参与者

消费者消费虽然是以一个家庭为单位，但参与购买决策的通常并非一个家庭的全体成员，许多时候是一个家庭的某个成员或某几个成员；由几个家庭成员组成的购买决策层，其各自扮演的角色亦是有区别的。

人们在一项购买决策过程中可能充当一个或多个角色，分别是发起者、影响者、决定者、购买者、使用者。

- 发起者：首先想到或提议购买某种产品或劳务的人。
- 影响者：其看法或意见对最终决策具有直接或间接影响的人。
- 决定者：能够对买不买、买什么、买多少、何时买、何处买等问题做出全部或部分的最后决定的人。
- 购买者：实际采购的人。
- 使用者：直接消费或使用所购商品或劳务的人。

五、作为社会成员的消费者

消费者是社会的一员，社会文化对消费行为具有重要影响。社会文化因素在第二章已有简要介绍，其中，社会关系和社会阶层对消费行为的影响尤其显著，在这里做进一步的介绍。

（一）社会关系

消费者作为社会成员，有各种社会关系。消费者主要的社会关系有家庭、朋友、同学、同事、正式社会群体等。

1. 家庭

人的一生大部分时间是在家庭里度过。家庭成员之间的频繁互动使其对个体行为的影响广泛而深远。个体的价值观、信念、态度和言谈举止无不打上家庭影响的烙印。不仅如此，家庭是一个购买决策单位，家庭购买决策既制约和影响家庭成员的购买行为；

反过来，家庭成员又对家庭购买决策施加影响。

2. 朋友

朋友构成的群体是一种非正式群体，它对消费者的影响仅次于家庭。追求和维持与朋友的友谊，对大多数人来说是非常重要的。个体可以从朋友那里获得友谊、安全，还可以与朋友互诉衷肠，与朋友讨论那些不愿和家人倾诉的问题。总之，朋友可以满足人的很多需要。不仅如此，结交朋友还是一种独立、成熟的标志，因为与朋友交往意味着个体与外部世界建立联系，同时也标志着个体开始摆脱家庭的单一影响。

3. 同学

同学通常指曾经于同一时间在一起学习的人，而并非与自己同时在学的校友。一般而言，同学友谊比较纯朴，没有重大的利益、权力的竞争，因此不少人与同学成为好友。

4. 同事

工作群体也可以分为两种类型：一种是正式的工作群体，即由一个工作小组里的成员组成的群体，如同一个办公室里的同事、同一条生产线上的装配工人等；另一种是非正式工作群体，即由在同一个单位但不一定在同一个工作小组里工作，且形成了较密切关系的一些同事组成。由于在休息时间或下班时间，成员之间有较多的接触，所以非正式工作群体如同正式工作群体，会对所属成员的消费行为产生重要影响。

5. 正式社会群体

行业协会、校友会、业余摄影爱好者协会等组织均属于正式的社会群体。人们加入这类群体，可能基于各种各样的目的。有的是为了见识新的朋友、新的重要人物，有的是为了获取知识、开拓视野，还有的是为了追求个人的兴趣与爱好。虽然群体内各成员不像家庭成员和朋友那么亲密，但彼此之间也有讨论和交流的机会。群体内那些受尊敬和仰慕的成员的消费行为可能会被其他成员谈论或模仿。群体成员还会消费一些共同的产品，或一起消费某些产品。例如，滑雪俱乐部的成员要购买滑雪服、滑雪鞋和很多其他滑雪用品。

（二）社会阶层

社会阶层是具有相似社会地位的人的一个开放的群体。影响社会阶层的主要因素包括职业、教育、收入、健康、地区、种族、伦理、信仰和财富等。把某一个人归入某一阶层不需要考虑所有的社会标准，所选择的标准的数量及其重要性取决于所划入阶层的特点以及个人在阶层内的价值大小。

社会阶层对我们生活的许多方面都有影响。在一定程度上，某个阶层内的成员具有相似的态度、价值观、语言方式和财富，他们采取的行为模式差不多。

第四节 营销沟通与互联网用户行为

一、营销沟通与用户行为概述

营销策略是营销者可以影响用户行为的可控手段。麦卡锡教授提出了 4Ps 理论，即产品（product）、定价（price）、地点（place）、促销（promotion）；罗伯特·劳特伯恩教授提出 4Cs 理论，即 customer（用户）、cost（成本）、convenience（便利）和 communication（沟通）。4Cs 理论针对产品策略，提出应更关注用户需要和用户满意；针对价格策略，提出应关注用户成本；针对渠道策略，提出应关注用户便利；针对促销策略，提出应关注沟通。

互联网营销者应从 4Ps 或 4Cs 营销信息中提炼独特卖点，然后进行创意设计，通过互联网中间媒体、目标网站向用户传递、与用户沟通，进而影响用户行为。

二、营销沟通媒介选择

市场营销者要跟潜在目标顾客沟通，首先面临的第一个决策点是如何选择合适的沟通媒介。媒介丰富度理论和社会临场感理论为我们选择营销沟通媒介提供了理论依据。

（一）媒介丰富度

1. 什么是媒介丰富度理论

1984 年美国学者理查德·达夫特（Richard Daft）和罗伯特·伦格尔（Robert Lengel）提出了媒介丰富度理论（Media Richness Theory），用于解释在面对不同的工作任务和丰富的媒介渠道时，如何使用媒介，怎样的媒介能更好地促进组织沟通，媒介选择在何种程度上影响个人和组织决策，等等。

媒介丰富度又称信息丰富度（information richness），指媒介潜在的信息承载量以及传播的信息内容质量效果的能力。能够克服不同知识背景或者将不明确的问题阐述清楚，使得沟通双方能够获得一致共识的媒介被认为是高丰富度的；需要长时间去理解或者提供信息量较少的沟通方式被认为是低丰富度媒介。人们面对不同的信息内容与沟通目的，有不同的媒介选择，他们会以媒介所承载的信息量与欲处理的任务特性是否匹配作为选择的依据。对于清晰明确的可分析性任务，应选择更精简的媒介；对于涉及更多个人思考、创造和不可控的任务，则要考虑较为丰富的媒介。

媒介丰富度理论的早期研究认为，人的媒体选择和使用是一种理性行为，强调媒介和任务特征的客观性；后续的理论研究指出，人的媒体选择行为除了受客观因素的影响，还与社会化条件、个人偏好乃至使用媒介的技巧等相关。

2. 媒介丰富度的判别依据

判别媒介丰富度的4个维度分别是：

（1）反馈的及时性。即容许问题得到实时响应及做出修改。

（2）多渠道沟通提示。如面对面接触、声音声调、身体姿势、数字、文字以及图像信息等。

（3）日常用语的使用，这有助于传递更多的概念和想法。

（4）个人对媒介的关注点，即使用重点。

3. 沟通媒介丰富度排序

根据媒介丰富度理论，沟通媒介可按丰富度从高到低分为面对面沟通、电话、个人书面文件、非正式书面文件、数字文件。

（1）面对面沟通。面对面沟通能够使沟通双方获得及时反馈，传递多重线索，如肢体语言、面部表情和语音语调，个人化和多样性的自然语言使信息在传递的过程中能够不断得到修正和加强，因此被认为是丰富度最高的媒介。

（2）电话。电话媒介丰富度其次，因为电话沟通虽然可以得到及时反馈，但由于缺失了视觉线索，人们只能通过语言内容和声音信息来相互理解。

（3）个人书面文件，如信件、备忘录等。书面文件媒介丰富度更低，其传递的信息仅限于纸面上的视觉线索，反馈速度慢；其中个人文件由于使用了自然语言，所以丰富度高于非个人化的公告、公文。

（4）正式书面文件，如公告、公文等。

（5）数字文件，如电脑打印报表等。数字文件呈现的是简单的、量化的组织信息，不包含自然语言，也无法给出视觉观察信息、及时反馈和个性化信息，所以被认为是丰富度最低的媒介。

4. 媒介丰富度理论对互联网营销的意义

在互联网环境下，沟通媒介很多，有微信、钉钉、QQ、微博、公众号、抖音、快手等，媒介形式有文字、图片、图文、动画、短视频、直播等。互联网营销者要根据沟通对象、沟通目标和沟通任务，选择媒介丰富度最合适的沟通媒介。

（二）社会临场感

1. 什么是社会临场感

美国学者约翰·肖特（John Short）、威廉姆斯（Ederyn Williams）和布鲁斯·克里斯蒂（Bruce Christie）等三位学者于1976年提出社会临场感理论。社会临场感（social presence），又称社会存在、社会表露、社会呈现，是指在利用媒介进行沟通的过程中，一个人被视为"真实的人"的程度及与他人联系的感知程度。社会临场感是社会临场感理论的测量指标，也是社会化媒介的一种属性。不同媒介由于听觉、视觉、物理接触等差异，会具有不同的社会临场感。如面对面的交流比打电话有更高的社会临场感。社会临场感较高的媒介通常被认为是社交性的、热情的、人性化的，社会临场感比较低的媒介则被认为是非人性化的。

2. 社会临场感的测量

不同的研究者对社会临场感的定义不同，这直接影响了他们对社会临场感的测量方法。目前常用的测量方法主要有社会临场感量表（social presence scale，SPS）、社会临场感指标（social presence indicators，SPI）和社会临场感与隐私问卷（social presence and privacy questionnaire，SPPQ）等。

夏洛特·冈纳瓦德纳（Charlotte N. Gunawardena）等人最早在教育背景下研究社会临场感和计算机中介传播（computer mediated communication，CMC），他们将社会临场感分成三个维度：情感响应、交互响应、凝聚力响应，提出了社会临场感量表（SPS）。

3. 社会临场感理论对互联网营销的意义

在互联网环境下可以选择的沟通媒介很多，互联网营销者要根据沟通目标和沟通任务的复杂度，选择社会临场感最合适的沟通媒介。

三、营销沟通模型

（一）AIDA 模型

1898 年，美国广告学家埃尔默·路易斯（E. St. Elmo Lewis）提出了 AIDA 模型（图 4.12）：引起注意（attention），诱发兴趣（interest），刺激欲望（desire），促成购买（action）。AIDA 是指营销沟通过程中，首先要把用户的注意力吸引过来，使用户对广告所推销的产品产生兴趣，这样用户欲望也就随之产生，再促使其采取购买行为，达成交易。

图 4.12　AIDA 模型

引起注意，是达到营销沟通诉求目的的第一步。注意具有两大特点：指向性和集中性。所谓指向性，是指人的心理活动所具有的选择性，即在每一瞬间把心理活动有选择地指向某一目标，而同时离开其他对象；所谓集中性，是指人的心理活动只集中于少数事物上，对其他事物视而不见，听而不闻，并以全部精力来对付被注意的某一事物，使心理活动不断地深入下去。在广告活动中，充分地利用注意的这两个特点，可以使消费者专注于广告宣传对象，使之离开一切与广告宣传无关的其他事物。这样，就可以使广告宣传的内容在消费者的心理活动中得到清晰、鲜明的反映。

根据产生和保持注意的有无目的和意志努力的程度不同，在心理学上把注意分为无意注意和有意注意两种形式。对于广告人员来说，研究注意的这两种形式，搞清楚人们如何注意，怎样引起人们的注意，有极大的价值。无意注意指事先没有预定的目的，也不须作任何意志努力的注意。引起无意注意的原因，可分为客观刺激物的本身和人的主观状态。在设置广告时，这是必须考虑的两个因素。有意注意是一种自觉的、有预定目的的、在必要时还需要付出一定的意志努力的注意。有意注意是根据人的主观需要，把精力集中在某一事物上的特有的心理现象。其特点是，主体预先有内在的要求，并将注意集中在已明确的目标上。有意注意是一种主动服从于一定的活动任务的注意，它受人的主观意识的自觉调节和支配。相对而言，有意注意对于广告刺激的要求没有无意注意要求的那么高。广告界流行这样一句话：使人注意到你的广告，就等于你的产品推销出去了一半。可见在商业广告设计中，充分应用注意的心理功效，是提高广告效果的重要环节。

根据注意产生的原因及其特点，广告宣传与创作要吸引和维持消费者的注意，大多采用如下办法：增大刺激物的强度，增大刺激物之间的对比，提高刺激物的感染力，突出刺激目标。

AIDA 模型的重点其实还是广告创意，结合该模型再根据实际情况进行调整，才能制定出合适的广告战略。

AIDA 告诉我们，我们在考察某一次广告活动的效果时，应该分别测量该广告是否或者在多大程度上引起了消费者的注意、激发了他们的兴趣、刺激了他们的愿望、改变了他们的行为或者行为意向。

（二）AIDMA 模型

1925 年，爱德华·斯特朗（Edward K. Strong Jr）考虑到广告的滞后效应和消费者决策的心理行为过程，增加了一个形成记忆（memory）阶段，提出五阶段 AIDMA 模型（图 4.13）。

图 4.13 AIDMA 模型

与 AIDA 模型相比，AIDMA 模型多了一个形成记忆（memory）。记忆理论是认知心理学的重要内容，是研究人类记忆发生、发展及其规律的认知心理学理论。德国心理学家艾宾浩斯（H. Ebbinghaus）研究发现，遗忘在学习之后立即开始，而且遗忘的进程并不是均匀的。最初遗忘速度很快，以后逐渐缓慢，他认为"保持和遗忘是时间的函数"。

20 世纪 50 年代出现的信息加工理论把记忆看作对输入信息的编码、贮存和提取的过程。按储存时间的长短，记忆可分为瞬时记忆、短时记忆和长时记忆。这个时期，尽管研究者们使用的具体方法、材料、仪器和实验条件不相同，但其研究有一个重要的共同点，就是把记忆看作人们对先前经验的有意识的外显恢复。

（三）AISAS 模型

在互联网环境下，互联网消费者作为信息的接收者和发布者，承担着双重角色，其购买模式也随之发生变化。

2005 年，日本电通集团提出了基于互联网的消费行为的 AISAS 理论（图 4.14）：引起注意（attention）；产生兴趣（interest）；主动进行信息的搜索（search）；达成购买行为（action）；分享（share），即将购买心得和其他人进行分享。这一学说更加准确地概括了在互联网条件下消费者获得信息、分享信息的能力。

图 4.14　AISAS 模型

(四) SIPS 模型

2011 年，日本电通集团考虑到互联网社会化属性不断增强的客观背景，在 AISAS 模型之后又发布了 SIPS 模型（图 4.15）：共鸣（sympathize），认同（identify），参与（participate），共享与扩散（share & spread）。

图 4.15　SIPS 模型

四、营销沟通与决策过程

将营销沟通与互联网用户的决策过程结合起来，在决策的不同阶段，需要根据沟通目的，选择合适的沟通策略（图 4.16）。

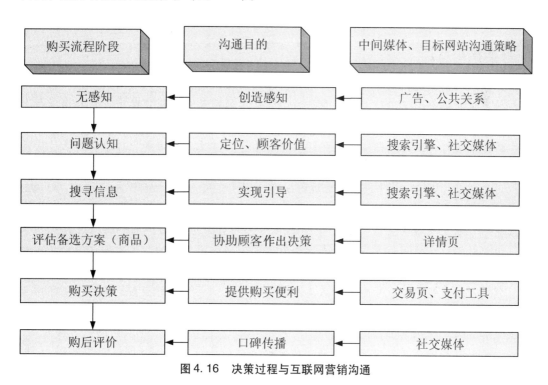

图 4.16　决策过程与互联网营销沟通

五、全媒体整合营销沟通

营销实践中，互联网媒体应该与传统媒体有机结合起来，即全媒体整合营销沟通。市场营销者应充分考虑互联网中间媒体、目标网站和传统媒体的分工与协调问题，以取得最好的营销效率和效果（图 4.17）。

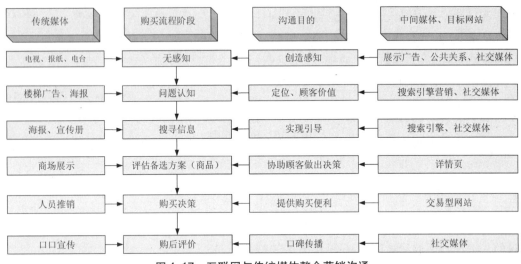

图 4.17　互联网与传统媒体整合营销沟通

【本章小结】

互联网用户，是指互联网中间媒体和目标网站的使用者。互联网用户研究的内容主要包括互联网用户的使用行为、消费行为、营销沟通对互联网用户使用行为和消费行为的影响。

用户使用行为分为采纳行为、持续使用行为、内容生产行为和内容消费行为。影响用户采纳行为的因素，可以分为内因、外因和内因外因综合作用三大类。内因主导论侧重探讨心理动力因素（动机）、心理过程因素（认知、态度）和心理特征因素（人格）对采纳行为的影响，主要理论有创新扩散理论、技术采纳理论、使用与满足理论、大五人格等。外因主导论主要探讨社会环境因素对采纳行为的影响，主要理论有社会影响论。内因外因综合作用论主要探讨内因和外因共同影响采纳行为，主要理论有创新扩散理论。

创新扩散理论是对采用创新的各类人群进行研究归类的一种模型，认为在创新面前一部分人会比另一部分人思想更开放，更愿意采纳创新。该理论给我们的启示是，在新的网站/App、新商业模式面向互联网用户推广时，在创新推广的不同阶段，要识别、面向相应的扩散群体，并采取相应的营销策略。

技术采纳模型认为新系统的使用是由行为意向决定的，而行为意向由感知有用和感知易用共同决定。该模型给我们的启示是，当推广一个网站/App 时候，要在用户体验方面做到有用和易用。

用户持续使用行为主要与用户体验相关。用户体验是人们对于使用或期望使用的产品、系统或者服务的认知印象和回应。用户体验影响用户满意度，用户满意度影响用户忠诚度。互联网营销者要提升用户体验，以提升用户满意度和用户忠诚度。

用户内容生产的动机分为内因（人口特征、需要、动机等）、外因和内因外因的相互作用。其中，用户生产的关于品牌、产品方面的内容也称为互联网口碑。

用户内容消费行为分为主动式消费和被动式消费。主动式消费是指人们在寻找信息时经历的各种活动的总和，被动式消费主要是指网民的浏览行为、阅读行为。

消费行为，是消费者在获取、使用、消费和处置产品和服务过程中所发生的心理活动特征和行为。消费者行为影响因素有"二因素说""三因素说"和"四因素说"，其中四因素是指文化因素、社会因素、个人因素和心理因素。作为个体的消费者，概况为需要产生动机，动机激发行为。作为决策者的消费者，决策过程五阶段模型将其购买决策过程划分为五个阶段，分别是问题认知、搜寻信息、评估备选方案、购买决策和购后行为。作为社会成员的消费者，其社会关系、社会阶层等会影响消费行为。

营销沟通，是互联网营销者从4Ps或4Cs营销信息中提炼独特卖点，然后通过创意设计，通过互联网中间媒体、目标网站向用户传递、与用户沟通，进而影响用户行为。

互联网营销者要根据沟通目标和沟通任务的复杂度，选择媒介丰富度和社会临场感最合适的沟通媒介。媒介丰富度是指媒介潜在的信息承载量以及传播的信息内容质量效果的能力。社会临场感是指在利用媒体进行沟通过程中，一个人被视为"真实的人"的程度及与他人联系的感知程度。

营销沟通模型包括AIDA、AIDMA、AISAS、SIPS等模型。AIDA：引起注意（attention），诱发兴趣（interest），刺激欲望（desire），促成购买（action）。AIDA，是指营销沟通过程，首先要把用户的注意力吸引过来，使用户对广告所推销的产品产生兴趣，这样用户欲望也就随之产生，再促使其采取购买行为，达成交易。AIDMA：引起注意（attention），诱发兴趣（interest），刺激欲望（desire），形成记忆（memory），促成购买（action）。AISAS，前一个S为主动进行信息的搜索（search），后一个S为分享（share），即将购买心得和其他人进行分享。SIPS：共鸣（sympathize），认同（identify），参与（participate），共享与扩散（share &spread）。

案例分析　小米手机的互联网营销

北京小米科技有限责任公司（以下简称小米）成立于2010年。小米在短时间内就形成初具规模的用户平台，成为增长最快的公司，创造了两个奇迹：①用户奇迹：粉丝规模大且活跃度高；②业绩奇迹：从2011到2016年创造的营收相当于传统企业十几年的财富积累。

小米成立之初，手机市场一片红海，如何杀出重围？小米的营销成功有两大因素：一是定位，二是找到首批种子用户。小米的营销定位是性价比，即在产品上，做到性价比最高；在目标顾客上，把追求性能价格比的顾客作为种子用户。小米的种子用户有以下特征：85 后、90 后为主体，有大学以上学历，但多为学生或职场"菜鸟"；多为男性，他们普遍痴迷于计算机、技术升级、刷机；喜欢玩手机且花较多时间在手机上，是典型的"手机控"；主要集中在珠三角、长三角和环北京经济圈。

（资料来源：https：//wiki. mbalib. com/wiki/%E5%B0%8F%E7%B1%B3，编者改编）

讨论思考题

请运用创新扩散理论分析小米公司的互联网营销。

复习思考题

1. 简述互联网用户的定义。
2. 简述互联网用户研究的内容。
3. 简述技术采纳模型及其对互联网营销的意义。
4. 简述创新扩散理论及其对互联网营销的意义。
5. 简述用户体验如何影响持续使用行为。
6. 简述内容生产行为。
7. 简述内容消费行为。
8. 简述消费行为影响因素理论。
9. 简述消费行为黑箱模型。
10. 简述媒介丰富度理论及其对互联网营销的意义。
11. 简述社会临场感理论及其对互联网营销的意义。
12. 简述消费者决策过程。
13. 简述 AIDA 营销沟通模型。
14. 简述 AIDMA 营销沟通模型。
15. 简述 AISAS 营销沟通模型。
16. 简述 SIPS 营销沟通模型。

第五章 互联网营销策划

【学习目标】

1. 掌握互联网营销策划的定义、互联网营销策划过程。
2. 掌握互联网营销策划内容。
3. 掌握互联网营销策划书的撰写。

【知识导图】（图 5.1）

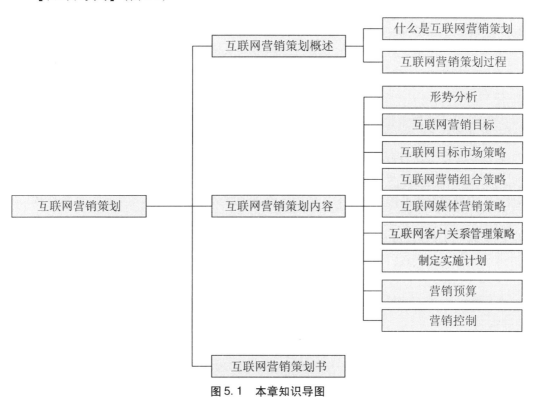

图 5.1 本章知识导图

【导入案例】

红色罐装王老吉品牌策划

2002 年以前，红色罐装王老吉的主要市场在广东、浙南地区，销量稳定，销售业绩连续几年维持在 1 亿多元。发展到这个规模后，加多宝管理层发现，要把企业做大,要走向全国,就必须解决一连串的问题。其中最核心的问题是:红罐王老吉当凉茶卖,还是当饮料卖?为此,加多宝委托成美战略定位咨询公司(以下简称成美)做品牌策划。

  成美研究人员一方面研究红罐王老吉、竞争者传播的信息,另一方面与企业内部、经销商、零售商进行大量访谈,同时聘请市场调查公司对王老吉现有用户进行调查。在调研基础上,研究人员进行综合分析,厘清红罐王老吉在消费者心智中的位置——在哪个细分市场参与竞争。研究发现,广东的消费者饮用红罐王老吉主要在烧烤、登山等场合,其原因为:"吃烧烤容易上火,喝一罐先预防一下。""可能会上火,但这时候没有必要吃牛黄解毒片。"而在浙南,饮用场合主要集中在"外出就餐、聚会、家庭",发现该地区消费者对于"上火"的担忧比广东有过之而无不及。消费者的这些认知和消费行为均表明,消费者对红罐王老吉并无"治疗"要求,而是将其作为一个功能饮料,购买的真实动机是用于"预防上火",如希望在品尝烧烤时减少上火情况发生等;真正上火以后可能会采用药物,如牛黄解毒片、传统凉茶类治疗。再进一步研究消费者对竞争对手的看法,则发现:红罐王老吉的直接竞争对手,如菊花茶、清凉茶等由于缺乏品牌推广,仅仅是低价渗透市场,并未占据"预防上火的饮料"的定位;可乐、茶饮料、果汁饮料、水等明显不具备"预防上火"的功能,仅仅是间接的竞争。研究人员对于企业、产品自身在消费者心智中的认知进行了研究,结果表明,红罐王老吉以"凉茶始祖"身份、神秘中草药配方、175年的历史等,是有能力占据"预防上火的饮料"这一定位的。

  历经一个半月的调研分析,红罐王老吉品牌定位的研究基本完成,明确红罐王老吉是在饮料行业中竞争,竞争对手应是其他饮料;其品牌定位为"预防上火的饮料",独特的价值在于——喝红罐王老吉能预防上火,让消费者无忧地尽情享受生活:吃煎炸、香辣美食、烧烤,通宵达旦看足球……

  (资料来源:http://www.chengmei-trout.com/index.php?c=cases&a=index&id=12&renqun_youhua=604387,编者改编)

第一节 互联网营销策划概述

一、什么是互联网营销策划

(一)营销策划

  营销策划是为了达成特定的营销目标而进行的策略思考和方案规划的过程,是根据企业的营销目标系统设计和规划企业的产品、服务、价格、渠道、促销等营销活动。

营销策划的价值体现在以下方面：①为组织提供一个一致的目标，为全体职员提供行动指南和努力方向；②系统分析外部环境和内部资源以形成战略；③开发营销行动方案以完成营销目标。

营销策划的范围可大可小，时间可长可短。根据营销策划范围的不同，可以将其分为营销总体策划和营销单项策划两大类。营销总体策划是就企业某一次营销活动进行的全方位、系统性策划，它涵盖了营销调研、市场细分、目标市场选择、市场定位、营销组合设计和营销管理的方方面面。营销单项策划是在企业营销活动过程中，仅就某一方面的营销活动进行策划，如广告策划、网站营销策划。特别需要注意的是，营销单项策划要服从营销总体策划。

（二）互联网营销策划

互联网营销策划是为了达成特定的互联网营销目标而进行的策略思考和方案规划的过程。

互联网营销策划分为总体策划和单项策划。互联网营销总体策划涵盖的范围比较广，包括形势分析、制定互联网营销目标、互联网目标市场营销策略、互联网营销组合策略、互联网媒体营销策略等。互联网营销总体策划框架如图5.2所示。

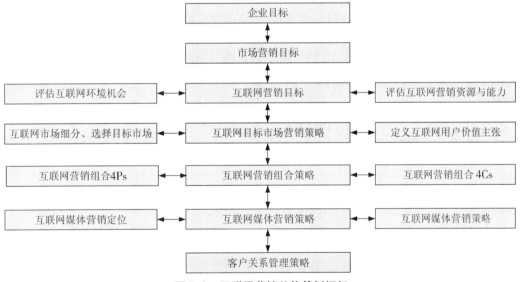

图5.2 互联网营销总体策划框架

互联网营销单项策划也称为互联网媒体营销策略，根据互联网营销媒体的不同，可以分为网络广告策划、网站营销策划、App营销策划、短视频营销策划、网络直播营销策划、口碑媒体营销策划、互联网品牌策划、互联网公关策划、电子邮件营销策划和品牌网络社区营销策划等。

当一个企业选择开展互联网营销时，首先需要做一个互联网营销总体策划，将互联网营销战略整合到企业经营战略和营销战略中去。然后再根据互联网媒体情况做营销单项策划。

二、互联网营销策划程序

根据互联网营销总体策划框架,互联网营销策划可分为八个步骤:

第一步,形势分析。形势分析的任务是调查分析互联网营销环境、分析互联网营销资源与能力,以及评估互联网营销机会与威胁。

第二步,制定互联网营销目标。互联网营销目标来源于企业目标、市场营销目标,要把企业目标、市场营销目标转化成互联网营销目标。

第三步,制定互联网目标市场营销策略。目标市场营销策略的任务是确定谁是我们的顾客;与竞争者相比,我能为顾客提供什么独特的价值。其主要内容为互联网市场细分、选择目标市场和互联网市场定位。

第四步,制定互联网营销组合策略。互联网营销组合策略的任务是我们如何为顾客创造价值、传递价值。其主要内容为互联网产品策略、互联网价格策略、互联网渠道策略和互联网促销策略。

第五步,制定互联网媒体营销策略。互联网媒体营销策略的任务是我们如何通过互联网为顾客创造价值、传递价值。根据目标顾客触媒习惯的不同,可以选择一个或多个互联网媒体开展营销活动。这一部分,根据互联网媒体形式的不同,主要有网络广告、网站营销、App营销、短视频营销、网络直播营销、互联网口碑、互联网品牌和互联网公关等。

第六步,制定客户关系管理策略。客户关系管理策略的任务是如何在顾客生命周期内持续地为顾客创造价值,主要内容为建立客户关系、客户分析、客户分类、客户关系管理。

第七步,制定实施计划。实施计划的任务是对组织、人员、场地、设施、时间等资源进行配置,以指导组织行动,主要内容包括总体实施计划和子项目实施计划。

第八步,营销控制。营销控制的任务是通过信息反馈确保目标的实现,主要内容包括财务控制和绩效控制。财务控制要预测收入、支出、投资回报率、投资风险等,绩效控制包括营销绩效监测、绩效评价、信息反馈和持续改进。

互联网营销策划的主要内容如表5.1所示。

表5.1 互联网营销策划程序

互联网营销策划程序	主要内容
1. 形势分析	■ 调查分析互联网营销环境 ■ 分析互联网营销资源与能力 ■ 评估互联网营销机会与威胁
2. 制定互联网营销目标	■ 制定互联网营销目标 　◇ 目标与目标管理 　◇ 互联网营销目标 　◇ 关键绩效指标

续表 5.1

互联网营销策划程序	主要内容
3. 制定互联网目标市场营销策略	■ 互联网目标市场营销策略 ◇ 市场细分 ◇ 选择目标市场 ◇ 市场定位
4. 制定互联网营销组合策略	■ 营销组合策略 ◇ 产品策略 ◇ 价格策略 ◇ 渠道策略 ◇ 促销策略 ◇ 人员、过程与有形展示
5. 制定互联网媒体营销策略	◇ 付费媒体营销（网络广告） ◇ 自有媒体营销 　·网站营销 　·App 营销 　·短视频营销 　·网络直播营销 ◇ 口碑媒体营销 　·互联网口碑 　·互联网品牌 　·互联网公关
6. 制定客户关系管理策略	■ 互联网客户关系管理策略 ◇ 建立客户关系 ◇ 客户价值分析 ◇ 客户分类 ◇ 一对一营销策略、销售策略、服务策略 ◇ 客户关系管理工具
7. 制定实施计划	■ 项目总体实施计划 ■ 子项目实施计划 ◇ 互联网广告实施计划 ◇ 网站营销实施计划 ◇ App 营销实施计划 ◇ 短视频营销实施计划 ◇ 网络直播营销实施计划 ◇ 互联网口碑实施计划 ◇ 互联网品牌实施计划 ◇ 互联网公关实施计划 ◇ 客户关系管理实施计划

续表 5.1

互联网营销策划程序	主要内容
8. 营销控制	■ 财务控制 ◇ 预测收入 ◇ 预测支出 ◇ 预测投资回报率 ◇ 预测投资风险 ■ 绩效控制 ◇ 营销绩效监测 ◇ 营销绩效评价 ◇ 信息反馈 ◇ 持续改进

第二节 互联网营销策划内容

一、形势分析

形势分析的主要任务为:调查分析互联网营销环境,分析互联网营销资源与能力,评估互联网营销机会与威胁。

(一) 调查分析互联网营销环境

互联网营销环境分析主要是分析互联网市场微观环境和宏观环境,微观环境主要包括互联网用户、互联网竞争者和互联网营销供应商,宏观环境包括技术环境、政治法律环境、经济环境和社会文化环境等。

(二) 分析互联网营销资源与能力

1. 开展互联网营销面临的挑战

有些组织的互联网营销开展得并不如意,主要原因包括:
(1) 互联网营销没有清晰的目标。
(2) 互联网营销资源不足。
(3) 没有获得高级管理者的支持或者资源。
(4) 传统营销部门或品牌对互联网营销的支持不足。
(5) 缺乏合适的互联网营销人员。

2. 互联网营销资源

可用 7S 模型系统地分析互联网营销资源(表 5.2),7S 是指结构(structure)、制度（systems）、风格（style）、员工（staff）、技能（skills）、战略（strategy）、共同价值观（shared values）。

表5.2 评估互联网营销资源与能力

7S 模型中的要素	关键要素
结构	组织结构对互联网营销的支持 有由高层管理者牵头的跨部门团队 各职能部门对互联网营销的支持力度
制度	有强力制度保障互联网营销战略的制定与实施 有相关制度、流程
风格	领导风格、工作作风、组织文化
员工	高层管理者对互联网营销的理解 有互联网营销相关人力资源 互联网营销新员工的招聘、员工的发展与培训等
技能	员工是否有互联网广告、网站营销、App 营销、社交媒体营销、短视频营销、网络直播营销、网络社区营销等技能
战略	互联网营销预算多少 互联网营销在组织中的重要性程度 互联网营销对组织战略的影响 高层管理者重视程度、支持力度
共同价值观	共同的价值、理念

互联网营销资源不是固定不变的，而是动态发展的，因此需要经常性地监测、分析互联网营销资源与能力。

3. 互联网营销资源与能力

开展互联网营销不是一蹴而就、一步到位的，可以根据企业资源与能力分阶段进行。图5.3 展示了一个互联网营销能力阶段模型，对刚接触互联网营销的企业，可以先做静态的品牌宣传型网站；随着资源与能力的增加，接下来可以做个性服务的动态网站。

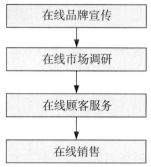

图5.3 互联网营销能力阶段模型

(三) 评估互联网营销机会与威胁

评估分析互联网营销机会与威胁常用 SWOT 工具。SWOT 分别指优势（strengths）、劣势（weaknesses）、机会（opportunities）、威胁（threats），优势和劣势是对企业内部资源和能力的评估，机会和威胁是对企业外部环境的评估。互联网营销者要综合分析外部的机会和威胁与内部的优势和劣势，以发现市场机会与潜在威胁（表 5.3）。

表 5.3 SWOT 分析

SWOT 分析	优势（S） ◇ 现有品牌 ◇ 现有顾客 ◇ 现有网站 ◇ 现有口碑	劣势（W） ◇ 产品质量 ◇ 服务质量 ◇ 技术 ◇ 渠道
机会（O） ◇ 新市场 ◇ 新服务 ◇ 新沟通渠道 ◇ 顾客参与	SO 战略 ◇ 利用优势发起进攻	WO 战略 ◇ 规避劣势战略 ◇ 补短板战略
威胁（T） ◇ 新竞争者 ◇ 潜在进入者 ◇ 渠道冲突	ST 战略 ◇ 利用优势进行防御	WT 战略 ◇ 规避战略 ◇ 抛弃战略

对于初次接触互联网的企业，互联网可能带来的营销机会体现在以下方面：①通过互联网提升品牌知名度；②通过互联网为线下销售提供销售线索；③通过互联网的电商渠道销售，提升网络销售量和销售额；④通过互联网为用户提供在线服务，如售前咨询、订单、安装、售后服务等；⑤通过互联网对客户关系进行管理，提升顾客满意度与顾客忠诚度。

二、互联网营销目标

(一) 目标

目标是对活动预期结果的主观设想，是在头脑中形成的一种主观意识形态，也是活动的预期目的，为活动指明方向。管理专家彼得·德鲁克（Peter Drucker）认为，并不是有了工作才有目标，而是相反，有了目标才能确定每个人的工作。所以企业的使命和任务必须转化为目标；如果一个领域没有目标，这个领域的工作必然被忽视。因此，管理者应该通过目标对下级进行管理。当组织高层管理者确定了组织目标后，必须对其进行有效分解，转变成各个部门以及各个人的分目标，管理者根据分目标的完成情况对下级进行考核、评价和奖惩。个人目标就是组织总目标对他的要求，同时也是每个员工对企业总目标的贡献。部门的每个人完成目标，则其部门完成目标；每个部门完成目标，则组织完成目标。

（二）目标管理工具

目标管理工具很多，历史上很多管理者注重财务指标的业绩管理方法。20世纪90年代初，罗伯特·卡普兰（Robert Kaplan）和戴维·诺顿（David Norton）提出平衡计分卡（the balanced score card，BSC），其目的是找出超越传统以财务量度为主的绩效评价模式，以使组织的策略能够转变为行动而发展起来的一种全新的组织绩效管理方法。

平衡计分卡理论认为，传统的财务会计绩效管理模式只能衡量过去发生的事情（滞后的结果因素），但无法评估组织前瞻性的投资（领先的驱动因素）。在工业时代，注重财务指标的管理方法还是有效的。但在信息社会里，传统的绩效管理方法并不全面，组织必须通过在顾客、供应商、员工、组织流程、技术和革新等方面的投资，获得持续发展的动力。正是基于这样的认识，平衡计分卡方法认为，组织应从创新与学习、内部经营过程、顾客和财务四个角度审视自身业绩。平衡计分卡反映了财务目标与非财务目标之间的平衡、长期目标与短期目标之间的平衡、外部和内部的平衡、结果和过程的平衡，所以能反映组织综合经营状况，使业绩评价趋于平衡和完善，有利于组织长期发展。平衡计分卡（BSC）四个要素的关系如图5.4所示。

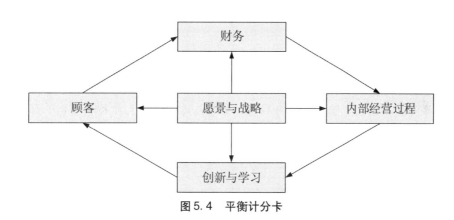

图5.4 平衡计分卡

在顾客方面，管理者们确认了组织将要参与竞争的目标顾客，并将目标转换成一组指标，如市场份额、顾客占有率、顾客满意度等（表5.4）。

表5.4 平衡计分卡——顾客视角

目　标	关键绩效指标（KPI）
提高新网站的知名度	网站访问人数
让客户参与网站经营	客户在网站上的评论、上传照片和视频等的数量
提高网站客户满意度	对网站客户进行调查

在内部经营过程方面，为吸引和留住目标市场上的用户，满足股东对财务回报的要求，管理者需关注对顾客满意度和实现组织财务目标影响最大的那些内部过程，并为此设立衡量指标（表5.5）。在这一方面，平衡计分卡重视的不是单纯的现有经营过程的改善，而是以确认顾客和股东的要求为起点、满足顾客和股东要求为终点的全新的内部经营过程。

表5.5 平衡计分卡——内部经营过程视角

目　标	关键绩效指标（KPI）
提高在线服务质量	在线用户满意度调查
改善网站内容管理	网页浏览量、网页转发数、网页停留时间
提高在线技术支持质量	回复客户疑问的及时性

在创新与学习方面，确认了组织为了实现长期的业绩而必须进行的对未来的投资，包括对雇员的能力、组织的信息系统等方面的衡量，组织在上述各方面的成功必须转化为财务上的最终成功（表5.6）。产品质量、完成订单时间、生产率、新产品开发和顾客满意度方面的改进只有转化为销售额的增加、经营费用的减少和资产周转率的提高，才能为组织带来利益。

表5.6 平衡计分卡——创新与学习视角

目　标	关键绩效指标（KPI）
营销创新	新促销方案数
服务创新	顾客满意度、顾客投诉

在财务方面，列示了组织的财务目标，衡量战略的实施和执行是否在为最终的经营成果的改善做出贡献（表5.7）。

表5.7 平衡计分卡——财务视角

目　标	关键绩效指标（KPI）
市场份额	市场占有率、市场增长率
销售	销售额、销售量、客单价
成本	获客成本、服务成本、运营成本

平衡计分卡中的目标和衡量指标是相互联系的。这种联系不仅包括因果关系，而且包括结果的衡量和引起结果的过程的衡量相结合，最终反映组织战略。

（三）互联网营销目标

组织管理过程中，一般要把组织目标转化为营销目标，再把营销目标转化成互联网营销目标。组织目标是否实现，一般是通过关键绩效指标（KPI）来判断。关键绩效指标代表了工作的重点和花费时间最多的工作内容,具有数量少、对工作重点有指导作用等特点。KPI理论的基础是二八定律(帕累托法则):在任何大系统中,约80%的结果是由该系统中约20%的变量产生的。因此,企业管理中,一定要把工作重心放在关键绩效指标上,考核工作要围绕关键绩效指标展开。

设定互联网营销目标和关键绩效指标时,要看具体的营销媒体是什么。互联网广告、网站营销、App营销、短视频营销、网络直播营销、互联网口碑、互联网品牌、互联网公关、客户关系管理、许可电子邮件营销和品牌网络社区营销等方面的关键绩效指标将在第六章至第九章依次介绍。

(四) 制定目标的 SMART 原则

SMART原则为有利于员工更加明确高效地工作,更是为管理者将来对员工实施绩效考核,提供了考核目标和考核标准,使考核更加科学化、规范化,更能保证考核的公正、公开与公平。

S代表具体(specific),指绩效考核要切中特定的工作指标,不能笼统。

M代表可度量(measurable),指绩效指标是数量化或者行为化的,验证这些绩效指标的数据或者信息是可以获得的。

A代表可实现(attainable),指绩效指标在付出努力的情况下可以实现,避免设立过高或过低的目标。

R代表相关性(relevant),指绩效指标是与本职工作以及工作的其他目标相关联的。

T代表有时限(time-bound),注重完成绩效指标的特定期限。

三、互联网目标市场营销策略

互联网目标市场营销策略是解决为谁服务、为目标顾客提供什么价值、有什么竞争优势这几个核心命题,具体任务包括市场细分(segmentation)、目标市场选择(targeting)、市场定位(positioning),简称为STP。

(一) 市场细分

市场细分是指营销者依据消费者的需要和欲望、购买行为和购买习惯等方面的差异,把某一产品的市场整体划分为若干不同的消费者群的市场分类过程。每一个消费者群就是一个细分市场,每一个细分市场都是由具有类似需求倾向的消费者构成的群体。

1. 市场细分标准

互联网市场细分标准可以概括为人口统计因素、心理因素和行为因素三个方面,每个方面又包括一系列的细分变量(表5.8)。

表5.8 市场细分标准及变量

细分标准	细分变量
人口统计因素	年龄、性别、职业、收入、民族、宗教、教育、生命周期等
心理因素	生活方式、性格、动机、态度等
行为因素	顾客生命周期等

网络环境下，常根据顾客生命周期对顾客进行细分，把顾客分为首次访问者、再次访问者、新注册用户、注册访问者、购买过一次、购买过 n 次、购买不活跃和购买活跃的用户（图5.5）。

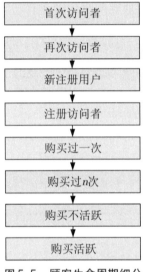

图5.5 顾客生命周期细分

市场细分的方法主要有单一变量法、主导因素排列法、综合因素细分法、系列因素细分法等。

·单一变量法。单一变量法是指根据市场营销调研结果，把选择影响消费者或用户需求最主要的因素作为细分变量，从而达到市场细分的目的。这种细分法以公司的经营实践、行业经验和对组织客户的了解为基础，在宏观变量或微观变量间，找到一种能有效区分客户并使公司的营销组合产生有效对应的变量而进行的细分。例如，玩具市场需求量的主要影响因素是年龄，可以针对不同年龄段的儿童设计适合不同需要的玩具，这早已为玩具商所重视。除此之外，性别也常作为市场细分变量而被企业所使用，妇女用品商店、女人街等的出现正反映出性别标准为大家所重视。

·主导因素排列法。主导因素排列法即用一个主导的因素对市场进行细分，如按性别细分化妆品市场、按年龄细分服装市场等。这种方法简便易行，但难以反映复杂多变的顾客需求。

·综合因素细分法。综合因素细分法即用影响消费需求的两种或两种以上的因素进行综合细分。

・系列因素细分法。系列因素细分法是企业依据影响需求的多种因素对某一产品市场由大到小、由粗到细地按一定顺序逐步进行市场细分。

2. 市场细分有效性判断

企业进行市场细分的目的是通过对顾客需求差异予以定位，来取得较大的经济效益。众所周知，产品的差异化必然导致生产成本和推销费用的相应增长。所以，企业必须在市场细分所得收益与市场细分所增成本之间做一权衡。由此，我们得出有效的细分市场必须具备以下特征：

（1）差异性。指细分市场在观念上能被区别并对不同的营销组合因素和方案有不同的反应。

（2）可盈利性。指企业新选定的细分市场容量足以使企业获利。

（3）可进入性。指所选定的细分市场必须与企业自身状况相匹配，企业有优势占领这一市场。可进入性具体表现在信息进入、产品进入和竞争进入。考虑市场的可进入性，实际上是研究其营销活动的可行性。

（4）相对稳定性。指细分后的市场有相对应的时间稳定。细分后的市场能否在一定时间内保持相对稳定，直接关系到企业生产营销的稳定性。

（二）选择目标市场

目标市场是指企业在市场细分之后的若干子市场中选择一个或多个目标市场。从众多细分市场中选择目标市场，是因为企业资源和能力的有限性（内部限制条件）、市场需求的差异性（外部限制条件）、企业经营的择优性（最优化）。

影响目标市场选择的因素主要包括顾客因素、企业资源与能力因素和竞争因素。

目标市场的选择策略通常有五种模式供参考。

（1）市场集中化。企业选择一个细分市场，集中力量为之服务。较小的企业一般采用这种策略，专门填补市场的某一部分。集中营销使企业深刻了解该细分市场的需求特点，采用针对的产品、价格、渠道和促销策略，从而获得强有力的市场地位和良好的声誉；但同时隐含较大的经营风险。

（2）产品专门化。企业集中生产一种产品，并向所有顾客销售这种产品。例如，服装企业为不同的顾客提供不同种类的高档服装产品和服务，而不提供其他档次的服装和服务。这样，企业可以在高档服装产品方面树立很高的声誉；但一旦出现其他品牌的替代品或消费者流行的偏好转移，企业将面临巨大的威胁。

（3）市场专门化。专门服务于某一特定顾客群，尽力满足他们的各种需求。例如，企业专门为老年消费者提供各种档次的服装。企业专门为老年消费者这个顾客群服务，能建立良好的声誉；但一旦这个顾客群的需求潜量和特点发生突然变化，企业要承担较大风险。

（4）有选择的专门化。企业选择几个细分市场，每一个市场对企业的目标和资源利用都有一定的吸引力。但各细分市场彼此之间很少或根本没有联系。这种策略能分散企业经营风险，即使其中某个细分市场失去了吸引力，企业还能在其他细分市场盈利。

（5）完全市场覆盖。企业力图用各种产品满足各种顾客群体的需求，即以所有的细分市场作为目标市场。例如,服装厂商为不同年龄层次的顾客提供各种档次的服装。一般只有实力强大的大企业才能采用这种策略。

(三) 市场定位

定位策略,就是根据竞争者现有产品在市场上所处的位置,针对顾客对该产品某种特征或属性的重要程度,强有力地塑造出本企业产品与众不同的、给人印象鲜明的个性或形象,并把这种形象生动地传递给顾客。当顾客产生相关需求时,便会将该品牌作为首选,也就是说这个品牌占据了这个定位。定位之父杰克·特劳特(Jack Trout)认为,定位就是让你的产品与别人不同,就是在市场细分的基础上形成产品、服务、价格等方面的差异化,而这是通过客户的心智来完成的。

可以用以下公式来简单衡量顾客价值:

$$顾客价值(品牌认知) = 产品质量 \times 服务质量 \times 便利性 / 价格。$$

可以看到,顾客价值跟产品质量、服务质量、便利性和价格这四个因素直接相关。产品质量越好,顾客价值越高;服务质量越高,顾客价值越高;便利性越好,顾客价值越高;价格越低,顾客价值越高。

定位的目标是要形成相对于竞争对手的差异化优势,这种差异化体现在产品质量(包括产品功能性能)、服务质量、便利性、价格等方面。

策划人员做好市场定位后,要让顾客知道和认可这一定位,就要通过传播品牌定位。传播品牌定位主要靠广告和公关活动,网络环境下,除了广告和公关之外,还可以通过在线产品、在线服务、在线渠道等传递。

四、互联网营销组合策略

互联网营销组合策略具体包括互联网产品策略、互联网价格策略、互联网渠道策略和互联网促销策略。

(一) 产品策略

1. 产品策略概述

产品是指能够通过交换满足消费者某一需求和欲望的任何有形物品和无形服务。

产品策略是市场营销4Ps组合的核心,是价格策略、分销策略和促销策略的基础。产品策略是企业为了在激烈的市场竞争中获得优势,在生产、销售产品时所运用的一系列措施和手段,包括产品组合策略、新产品开发策略、产品生命周期策略、产品包装策略和服务策略等。

(1) 产品组合策略。很多企业销售的不只是一个产品,而是一组产品。产品组合是企业生产经营的全部产品线、产品项目的不同组合,涉及产品组合的宽度、深度、长度和关联度。

(2) 新产品开发策略。新产品含义很广,除包含因科学技术在某一领域的重大发现所产生的新产品外,还包括:在生产销售方面,只要产品在功能或形态上发生改变,与原来的产品产生差异,甚至只是原产品从原有市场进入新的市场,都可视为新产品;在消费者方面,则是指能进入市场给消费者提供新的利益或新的效用而被消费者认可的产品。按产品研究开发过程,新产品可分为全新产品、模仿型新产品、改进型新产品、形成系列型新产品、降低成本型新产品和重新定位型新产品。

(3) 产品生命周期策略。产品从投入市场到最终退出市场的全过程称为产品的生命周期,该过程一般经历产品的导入期、成长期、成熟期和衰退期四个阶段。

在产品生命周期的不同阶段,产品的市场占有率、销售额、利润额是不一样的。导入期产品销售量增长较慢,利润额多为负数。当销售量迅速增长,利润由负变正并迅速上升时,产品进入了成长期。经过快速增长的销售量逐渐趋于稳定,利润增长处于停滞,说明产品成熟期来临。在成熟期的后一阶段,产品销售量缓慢下降,利润开始下滑。当销售量加速递减,利润也较快下降时,产品便步入了衰退期。研究产品生命周期对企业营销活动具有十分重要的启发意义。

(4) 产品包装策略。产品包装策略包括类似包装策略、等级包装策略、配套包装策略、附赠品包装策略等。

(5) 服务策略。消费者服务是伴随主要提供物一起提供给消费者的附加利益与活动。消费者服务的目的是使消费者在购买和使用产品的过程中,获得更大的效用和满足。产品越复杂,消费者对各种附加服务的依赖性越强。

为消费者提供的服务内容根据企业和产品特征而定,但总的宗旨是,实施消费者满意服务战略。消费者服务通常包括以下内容:接待来访用户和访问用户,提供业务技术咨询与服务,质量保证承诺,产品安装和调试,维修和备品配件供应,信用服务,定期为用户进行产品检查、维修和保养服务,还可根据用户的特殊要求提供服务。

2. 互联网产品策略

互联网环境下对产品策略的影响主要有:

(1) 改变核心产品的产品。有些商品,在互联网环境下,其核心产品变成数字化。如音乐、图书等。

(2) 提供数字产品的选择。有些商品,在互联网环境下,可以提供数字产品供顾客选择。如电视节目,既可以在电视上看,也提供网络观看平台。

(3) 改变产品开发模式。在互联网环境下,用户参与产品开发、大规模定制开发成为可能。

(4) 规划网络产品的时候,可以把产品分为战略产品、爆款产品和引流产品。战略产品一般用来树立品牌形象;爆款产品主要用来带动销量、获取收入和利润;引流产品一般有较高的性价比,并且能让消费者使用后进一步接触品牌,这种产品以牺牲利润、吸引流量为目标。

3. 互联网品牌策略

产品是否使用品牌,是品牌决策要回答的首要问题。首先,品牌对企业有很多好处,但建立品牌的成本和责任不容忽视,所以不是所有的产品都要使用品牌。例如,市场上很难区分的原料产品,地产、地销的小商品或消费者不是凭产品品牌决定购买的产品,可不使用品牌。其次,如果企业决定使用品牌,则面临着使用自己的品牌还是别人品牌（如特许品牌或中间商品牌）的决策。对于实力雄厚、生产技术和经营管理水平俱佳的企业，一般都使用自己的品牌。

（二）价格策略

1. 价格策略概述

在营销组合中，价格是唯一能产生收入的因素，其他因素表现为成本。厂商面对卖者的三种主要的定价决策问题是：首先，第一次销售的产品如何定价；其次，怎样随时间和空间的转移调整一个产品的价格以适应各种环境和机会的需要；最后，怎样调整价格和怎样对竞争者的价格调整做出反应。

（1）产品定价考虑因素。制定价格时，企业要考虑以下因素：定价目标、市场需求、成本和竞争。

·定价目标。定价目标决定了定价方法。定价目标有市场目标、利润目标、销售目标、竞争目标等。

·市场需求。价格会影响市场需求。在正常情况下，市场需求会按照与价格相反的方向变动。价格上升，需求减少；价格降低，需求增加。所以需求曲线是向下倾斜的。

·成本。需求在很大程度上为企业确定了一个最高价格限度，成本则决定着价格的底数。价格应包括所有生产、分销和推销该产品的成本，还包括对公司的努力和承担风险的一个公允的报酬。

·竞争。竞争产品的价格直接影响到定价。

（2）常用定价方法。定价方法是企业在特定的定价目标指导下，依据对成本、需求及竞争等状况的研究，运用价格决策理论，对产品价格进行计算的具体方法。定价方法主要包括成本加成定价法、基于竞争的定价法和市场导向定价法等。

·成本加成定价法：以产品单位成本为基本依据，再加上预期利润来确定价格的成本导向定价法，是中外企业最常用、最基本的定价方法。成本加成定价法又衍生出了以下具体的定价方法：①总成本加成定价法。在这种定价方法下，把所有为生产某种产品而发生的耗费均计入成本的范围，计算单位产品的变动成本，合理分摊相应的固定成本，再按一定的目标利润率来决定价格。②目标收益定价法。目标收益定价法又称投资收益率定价法，是根据企业的投资总额、预期销量和投资回收期等因素来确定价格。③边际成本定价法。边际成本是指每增加或减少单位产品所引起的总成本变化量。由于边际成本与变动成本比较接近，而变动成本的计算更容易一些，所以在定价实务中多用变动成本替代边际成本，而将边际成本定价法称为变动成本定价法。④盈亏平衡定价法。在销量既定的条件下，企业产品的价格必须达到一定的水平才能做到盈亏平衡、收支相抵。既定的销量就称为盈亏平衡点，这种制定价格的方法就称为盈亏平衡定价法。科学地预测销量和已知固定成本、变动成本是盈亏平衡定价的前提。

·基于竞争的定价法。在竞争十分激烈的市场上，企业通过研究竞争对手的生产条件、服务状况、价格水平等因素，依据自身的竞争实力，参考成本和供求状况来确定商品价格。这种定价方法就是通常所说的竞争导向定价法。竞争导向定价法主要包括以下具体的定价方法：①随行就市定价法。在垄断竞争和完全竞争的市场结构条件下，任何一家企业都无法凭借自己的实力而在市场上取得绝对的优势。为了避免竞争特别是价格竞争带来的损失，大多数企业都采用随行就市定价法，即将本企业某产品价格保持在市场平均价格水平上，利用这样的价格来获得平均报酬。此外，采用随行就市定价法，企业就不必去全面了解消费者对不同价差的反应，也不会引起价格波动。②产品差别定价法。产品差别定价法是指企业通过不同营销努力，使同种同质的产品在消费者心目中树立起不同的产品形象，进而根据自身特点，选取低于或高于竞争者的价格作为本企业产品价格。因此，产品差别定价法是一种进攻性的定价方法。

· 市场导向定价法。根据市场需求状况和消费者对产品的感觉差异来确定价格的方法叫作市场导向定价法，它主要考虑需求弹性。市场导向定价法有两种：①撇脂定价。一般在新产品推出初期，定一个较竞争产品高的价格，以求获得较高的利润。②渗透定价。一般在市场推广期，定一个较竞争产品低的价格，以求获得更多的市场份额。

2. 互联网定价策略

在互联网上，普遍存在的定价策略是：刚成立的公司倾向于采用低价策略以获得新顾客，现有企业则把它们的现有价格搬到网上，还有一些企业则采用差异化定价策略。

在互联网环境下，可以采用一些新的定价方法。图5.6总结了互联网环境下的定价机制。

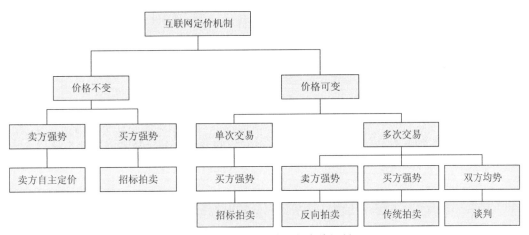

图5.6 互联网环境下新定价机制

3. 动态定价策略

（1）动态定价的定义。动态定价是指企业根据市场需求和自身供应能力，以不同的价格将同一产品适时地销售给不同的消费者或不同的细分市场，以实现收益最大化的策略。

（2）动态定价的优势。动态定价具有许多优势，主要包括以下几点：首先，动态定价有助于解决库存管理瓶颈，调整价格有助于卖出多余的产品；获得的市场趋势数据使企业可以预见需求高峰，并提前做好所需的产品供应。其次，动态定价有助于洞察消费者行为。最后，动态定价可以增加收益。

（3）动态定价的分类。根据市场需求和自身供应能力，动态定价主要有两种类型：

有限供应动态定价和价格匹配。有限供应动态定价的价格会根据客户的行为变化而变化，这在旅游和运输行业中最常见。产品数量有限或即将到期，都会给出不一样的动态定价。例如，飞机的座位价格就是按照这种动态定价来调整的。价格匹配是根据竞争对手商品或服务价格变化而适时调整价格，这种定价方式在零售行业中常见。

（4）动态定价面临的问题。动态定价面临的主要问题包括价格歧视、数据收集和合规风险等。首先，动态定价对不同的顾客采取不同的价格，会引起顾客的不满，甚至引起社会舆论的谴责；其次，动态定价需要收集大量的顾客的数据，会侵犯顾客的隐私权；最后，动态定价在法律法规层面并没有明确的规定，有一定的法律风险和政策风险。

（三）渠道策略

1. 什么是渠道

渠道是产品或服务从生产者向消费者移动时，取得其所有权或帮助转移其所有权的所有的企业和个人（即直接或间接转移所有权所经过的路径）。在分销渠道中取得所有权和帮助所有权转移的各类中间商就是分销商，分销就是分销商所从事的促使产品或服务从生产向消费转移的活动和过程。

销售渠道可以分为线下渠道和线上渠道。线下渠道根据中间商介入的层次，将分销渠道按级数来进行划分，如零级渠道、一级渠道、二级渠道、三级渠道。一般而言，渠道越长、越多，企业的产品市场的扩展可能性就越大；但与此同时，企业对产品销售的控制能力和信息反馈的清晰度也越低。

2. 互联网渠道

互联网渠道是指产品或服务通过网络从生产者向消费者转移过程中，取得其所有权或帮助所有权转移的网上企业或个人。对实体商品，互联网渠道成员包括京东、天猫、拼多多、唯品会等电商平台，也包括各类从事互联网分销业务的各类企业和个体户，以及物流快递公司、网络支付公司等帮助所有权转移的各类服务商。

3. 渠道结构

渠道结构是指为达到分销目标，为产品或服务设定一组渠道成员的关系和任务序列。渠道的结构可以分为长度结构和宽度结构。

（1）渠道的长度结构，又称为层级结构，是指按照其包含的渠道中间商层级数量的多少来定义的一种渠道结构。根据包含渠道层级的多少，可以将一条营销渠道分为零级、一级、二级和三级渠道等。零级渠道又称为直接渠道，是指没有渠道中间商参与的一种渠道结构，在零级渠道中，产品或服务直接由生产者销售给消费者。一级渠道包括一个渠道中间商，在工业品市场上，这个渠道中间商通常是一个代理商、经销商；在消费品市场上，这个渠道中间商则通常是零售商。二级渠道包括两个渠道中间商。在工业品市场上，这两个渠道中间商通常是代理商及批发商；在消费品市场上，这两个渠道中间商则通常是批发商和零售商。三级渠道包括三个渠道中间商。

（2）渠道的宽度结构，是根据每一层级渠道中间商的数量的多少来定义的一种渠道结构。渠道的宽度结构受产品的性质、市场特征、用户分布以及企业分销战略等因素的影响。渠道的宽度结构分成如下三种类型：①密集型分销渠道，也称为广泛型分销渠道，就是指制造商在同一渠道层级上选用尽可能多的渠道中间商来经销自己的产品的一种渠道类型。密集型分销渠道多见于消费品领域中的便利品，如牙膏、牙刷、饮料等。②选择性分销渠道，是指在某一渠道层级上选择少量的渠道中间商来进行商品分销的一种渠道类型。③独家分销渠道，是指在某一渠道层级上选用唯一的一家渠道中间商的一种渠道类型。

4. 渠道冲突

渠道冲突是组成营销渠道的各组织间敌对或者不和谐的状态。当一个渠道成员的行为与其渠道合作者的期望相反时，便会产生渠道冲突。互联网环境下，渠道冲突表现在两方面：

（1）价格冲突。价格冲突会让顾客选择价格低的渠道，这会损害价格高的渠道的利益。

（2）销售权冲突。很多厂家都是有销售区域管理规定的，通常会以地理维度划分区域。另外，线上的电商是全覆盖的，所以线上线下有冲突是必然的。

（四）促销策略

1. 什么是促销

促销也称为沟通，是指企业通过人员、广告、公共关系、赞助、邮寄、展览、包装、口碑等各种方式向中间商、顾客和大众传递产品与品牌信息，树立形象，赢得好感，以影响和促进人们的购买行为和消费的活动。

2. 沟通过程模型

图 5.7 是一个常用的沟通过程模型。其中，信息源也称为发送者、沟通者，是信息发送的主体；信息是被传播的基本内容，经过编码后表现为一组信号；编码就是发送方将信息以接收方能够正确接收并识别的方式表达出来的过程，所以信息的表示形式可以是语言、文字、图形、动画、视频等，丰富多样；媒体是信息传播所依赖的途径和渠道，有电话、电视、报纸、杂志、海报、网站、App 等；解码是接收者确认发送者所传递的符号的意义的过程；信宿是信息接收者，也称受众。

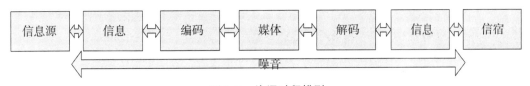

图 5.7　沟通过程模型

对信息的传递、理解有可能造成干扰的一切因素均可称作噪音。噪音越大，信息传递障碍越大，信息传递效率越低。所以，我们要尽量避免噪音的产生，减少或弱化噪音干扰的影响。在实际沟通过程中，噪音的影响无处不在，我们无法将其彻底消除。常见的噪音源有不同的文化背景、主体的情绪、个人的价值观和伦理道德观、模棱两可的语言、认知水平的高低等。

沟通过程模型强调了有效的营销沟通中的一些关键性因素：①发送者必须了解受众、确定沟通的目标，并能够根据受众对信息进行有效的编码，采用有效的传播渠道。此外，还必须建立信息反馈渠道以了解接收者对信息的反应。②要使信息有效，发送者的编码过程必须与接收者的解码过程吻合一致，发送者与接收者的经验重叠越多，信息产生的效果越好。③噪音对信息沟通的影响主要基于以下原因：首先，接收者是有选择地注意，不可能注意所有的刺激因素；其次，接收者会有选择地曲解，将信息按自己的意图加以理解；最后，接收者会有选择地记忆，可能只记住所得信息中很少的一部分。

建立有效的促销系统包括以下过程：首先，营销的信息发送者必须确定沟通对象，研究沟通对象的特征；其次，确定沟通的目标，决定信息内容与形式，选择有效的信息沟通媒体；最后，编制促销总预算，制定促销组合，评价促销效果，并对营销沟通过程加以管理和协调。

3. 促销的目标

促销的目标是：顾客的最终反应是购买和满意。但在达到这一状态之前，随着促销的进展，顾客要经历一个从认知到感知进而行动的阶段。因此，从企业促销活动需推动目标顾客经历对企业及其产品反应程度的不同阶段的角度，将促销的目标分为以下5个：

（1）认识。目标顾客对企业或产品名称的认知。如果绝大多数目标顾客对企业或产品名称等简单信息一无所知，则促销目的应当是帮助人们知晓这些信息，可以通过重复这些简单信息以达到目的。

（2）了解。促使目标顾客从仅仅知道其名称的阶段到了解企业及其产品的基本情况。

（3）偏好。企业要力图使目标顾客建立起对企业及其产品的良好印象。如果目标顾客了解企业的产品，但并不看好企业的产品，那么促销的工作应着重于塑造企业形象。在这种情况下，传播者必须努力创造消费者偏好，如对产品的品质、价值、性能以及卖点进行宣传。

（4）购买。目标顾客中有一部分人可能对产品产生了信任感，却不打算购买，他们期待更多的信息或日后再作决定。促销的目标是引导这部分消费者迈出最后一步，刺激行动策略包含低价、优惠奖励等。

（5）复购。即希望顾客重复购买。

4. 互联网促销与沟通

互联网促销是通过互联网媒体与顾客、中间商和社会大众等沟通的过程。

互联网促销的主要决策点包括：①确定沟通对象；②确定沟通目标；③沟通的信息设计；④选择沟通媒体（人员、广告、公共关系、赞助、邮寄、展览、包装、口碑、网站、App、社交媒体、短视频、直播、网络社区、电子邮件等）；⑤确定各种沟通媒体的投资量；⑥营销沟通效果的评价。

互联网的本质是媒体，因此，互联网最主要的作用是用来与顾客、中间商和社会大众沟通。本章的互联网媒体营销策略本质上属于促销策略，本书的第六章至第八章其实讲的就是运用互联网媒体来促销、沟通。

（五）人员、过程与有形展示

在互联网环境下，企业通过网站等互联网媒体与顾客沟通、为顾客提供在线服务，同样涉及人员、过程和有形展示三个要素。人员包括网站技术人员、销售人员、服务人员等，也包括机器人，如常见问题回答 FAQ、智能客服等。过程指基于网站的在线服务流程，如通过网站来实现的购物流程、退货流程、换货流程等。有形展示主要指网站的界面设计。

五、互联网媒体营销策略

互联网媒体营销策略的主要决策点包括：

（1）采用什么互联网媒体与顾客沟通。互联网媒体分为付费媒体、自有媒体和口碑媒体，付费媒体即网络广告，自有媒体包括网站、App、社交媒体、短视频、网络直播等，口碑媒体包括顾客评论等各种互联网口碑、媒体报道等。

（2）互联网媒体的营销定位是什么。这些互联网媒体承担什么营销功能，如品牌宣传、销售或服务。

（3）互联网媒体的运作策略，围绕用户如何获取、转化和保留进行。

互联网媒体营销策略将在本书的第六章至第八章展开详细论述。

六、互联网客户关系管理策略

客户关系管理的核心思想是：客户是企业的一项重要资产，在客户价值分析基础上对客户进行分类，通过一对一营销和个性化服务，提高客户满意度和忠诚度，提升客户对企业的收入贡献。

客户价值分析是客户关系管理的基础，客户价值分析模型主要包括 RFM 模型、客户生命周期价值模型、客户影响力模型、客户与企业价值共创模型。对不同价值的客户，要采取不同的营销策略、销售策略和服务策略。会员制就是一种系统实施客户关系管理的方法体系。

在客户关系管理工具方面，可以用网站、App、社交媒体、电子邮件、网络社区等，也可以用 e-CRM 系统。

互联网客户关系管理内容将在第九章进行详细介绍。

七、制定实施计划

为了达成互联网营销目标，需要制定具体的实施计划。具体的实施计划是对人、财、物和时间等资源进行配置、安排。实践中，计划编制的方法有目标管理、滚动计划法和网络计划技术等。

(一) 目标管理

目标管理亦称成果管理，俗称责任制，是指在企业个体职工的积极参与下，以目标的设置和分解、目标的实施及完成情况的检查、奖惩为手段，自上而下地确定工作目标，并在工作中实行"自我控制"，自下而上地保证企业经营目标实现的一种管理办法。实践中，一般用目标管理法制定目标和分解目标、任务。

(二) 滚动计划法

滚动计划法是按照"近细远粗"的原则制定一定时期内的计划，然后按照计划的执行情况和环境变化，调整和修订未来的计划，并逐期向前移动，把短期计划和中期计划结合起来的一种计划方法。

(三) 网络计划技术

网络计划技术是指以网络图为基础的计划模型，其最基本的优点就是能直观地反映工作项目之间的相互关系，使一项计划构成一个系统的整体，为实现计划的定量分析奠定了基础。同时，它运用数学最优化原理，揭示整个计划的关键工作以及巧妙地安排计划中的各项工作，从而使计划管理人员依照执行计划的情况，有科学根据地对未来做出预测，使得计划自始至终在人们的监督和控制之中，使用尽可能短的工期、尽可能少的资源、尽可能好的流程、尽可能低的成本来完成所控制的项目。

八、营销控制

控制是指为了确保组织内各项计划按规定去完成而进行的监督和纠偏的过程。无论组织计划做得如何周全，如果缺乏有效的控制，一项决策或计划仍然可能得不到有效的贯彻执行，管理工作就有可能偏离计划，组织目标就可能无法顺利实现。

营销控制分为财务控制和绩效控制。

(一) 财务控制

从财务角度来看，营销是一项投资，因此要预测收入、支出、投资回报、投资风险等。

1. 收入预算

收入预算是最为关键的，也是最不确定的。不同行业、不同企业的这种不确定性程度不同。例如，波音公司的飞机制造合同交货时间早已经排到 3 年以后了，这样的业务销售收入就比较确定，主要与生产能力有关；有的企业受国家政策或者国际经济环境影响较大，其不确定性往往就较大；还有的企业，如经营消费品的企业，其收入受到消费者可支配收入、竞争形势等因素影响较大，也具有较大的不确定性。但无论如何，都应该对收入进行尽可能准确的预算。一般在进行预算时，需要先确定一些基本的原则和条件假设。

2. 支出预算

支出预算基本上可以分为市场费用预算和行政后勤费用预算两大类。市场费用是为了完成销售所产生的费用,如广告费用、推销费用、促销费用、市场研究费用等;行政后勤费用主要是指订单处理费用、运输费用、仓储费用、顾客投诉处理费用、后勤人员薪酬等。行政后勤费用因为主要是与市场营销有关,因此也被列入营销费用。

3. 预期利润

企业作为经济组织,要谋求利润。判断营销方案是否可行的最简单方法是计算预期利润:预期利润=预计收入-预计支出。只要预期利润大于零,则认为方案可行。

4. 投资回报率

投资回报率(ROI)是指通过投资而应返回的价值,即企业从一项投资性商业活动中得到的经济回报,是衡量一个企业盈利状况所使用的比率,也是衡量一个企业经营效果和效率的一项综合性的指标。

投资回报率(ROI)=(收入-支出)/投资总额×100%。

从该公式可以看出,企业可以通过降低销售成本来提高利润率,通过提高资产利用效率来提高投资回报率。

注意:从机会成本角度来看,同等风险下,投资回报率应该大于其他可选的投资方案,该营销策划方案才可行。如果营销方案的投资风险较高,理应有较高的风险溢价。

5. 净现值法

净现值法是评价投资方案的一种方法。该方法利用净现金效益量的总现值与净现金投资量算出净现值,然后根据净现值的大小来评价投资方案。净现值为正值,投资方案是可以接受的;净现值是负值,投资方案就是不可接受的。净现值越大,投资方案越好。净现值法是一种比较科学也比较简便的投资方案评价方法。其公式为:

$$NPV = \sum_{t=1}^{n} \frac{NFC(t)}{(1+K)^t} - I。$$

式中:NPV 为净现值;$NFC(t)$ 为第 t 期的现金净流量;K 为折现率;I 为初始投资额;n 为项目预计使用期数。

6. 投资风险

营销作为一项投资,其风险主要体现在产品风险、定价风险、推广风险等方面。

(1)产品风险。产品风险是指产品在市场上处于不适销对路时的状态。产品风险包括:

·产品设计风险,指企业所设计的产品过时或者过于超前,不适应消费者的需要。

·产品功能质量风险,指企业产品的功能质量不足或功能质量过剩,不能完全满足消费者的需求。

·产品入市时机选择风险,指产品进入市场的时间选择不当出现的风险。

·产品市场定位风险,指产品的特色等与消费者的需求不相符合带来的风险。

·产品品牌商标风险,指名牌产品被侵权或维护不当,使名牌产品信誉受损害时的状态。

(2) 定价风险。定价风险是指企业为产品所制定的价格不当导致市场竞争加剧，或用户利益受损，或企业利润受损的状态。定价风险包括：

· 低价风险。低价是指将产品的价格定得较低。首先，从表面上看，定价低有利于销售，但定价低并不是在任何时候、对任何产品都行得通。相反地，产品定低价，一方面会使消费者怀疑产品的质量；另一方面会使企业营销活动中价格降低的空间缩小，销售难度增加。其次，产品定价低依赖于消费需求量的广泛且较长时间内稳定不变。而实际上，消费者需求每时每刻都在变动之中，因此企业定价低面临的风险较大。

· 高价风险。高价是指企业将产品价格定得较高，单件产品盈利较大。高价产品的风险主要表现为：一是招致市场竞争白热化，从而导致高价目标失效；二是为产品营销制造了困难，因为低收入者会因商品价高而望而却步；三是容易使消费者利益受损，尤其是对前期消费者的积极性伤害较大。

· 价格变动的风险。价格变动主要有三种形式，其一是由高价往低价变动，即降价；其二是由低价往高价变动，即提价；其三是因市场竞争产品价格发生变动，本企业的产品价格维持不变。在企业营销活动中，实施价格变动时，若处置不当，往往也会产生不利的局面。例如，降价行为会引发竞争对手的恶性价格战，提价会使消费者转买其竞争对手产品进而导致顾客流失等。

(3) 推广风险。推广风险主要是指企业在开展促销活动过程中，由于促销行为不当或干扰促销活动的不利因素出现，而导致企业促销活动受阻、受损甚至失败的状态。促销风险包括：

· 广告风险，指企业利用广告进行促销而没有达到预期结果。企业进行广告促销必须向广告发布公司支付一定的费用。企业所支付的这些费用具有特殊性，即费用所产生的效果不可衡量性。虽然大量的事例证明广告能促进销售，但这仅是事后的证明，能否促进销售及能在多大程度上促进销售，事前并不能估计。

· 人员推销风险，指由于主客观因素造成推销人员推销产品不成功的状态。人员推销风险包括推销人员知识、技巧、责任心等方面的不完备而呈现的各种状态。人员推销虽然是一种传统有效的促销方式，如使用不当，同样会给企业带来损失。尤其是在大多数企业对推销人员按销售业绩计酬的情况下，更容易出现问题。

· 营销推广风险。营销推广是指企业为在短期内招徕顾客、刺激购买而采取的一种促销措施。企业营销推广的内容、方式及时间若选择不当，则难以达到预期的效果。

· 公共关系风险。企业开展公共关系，目的是为企业或其产品树立一个良好的社会形象，为市场营销开辟一个宽松的社会环境空间。开展公共关系需要支付成本，如果该费用支出达不到预期的效果，甚至无效果或负效果，则形成公共关系风险。

(二) 营销绩效控制

营销绩效控制的主要任务是对营销绩效进行监测、评价、信息反馈与持续改进，以保证营销目标的实现。

1. 绩效监测

营销过程中要对营销绩效进行持续监测。网站营销绩效指标监测工具有 Alexa、站长之家、CNZZ（友盟）、51. LA 统计等，App 营销绩效监测工具有蝉大师、App annie、ASO114、ASO100、应用雷达、易观千帆、CNZZ 移动统计工具、百度移动统计工具、酷传、友盟 + 等，社交媒体营销绩效监测工具有新榜、西瓜数据、微博指数、微小宝、易赞数、罗网数据、TooBigData、火眼看等。

2. 绩效评价

营销绩效评价是指运用一定的评价方法、量化指标及评价标准，对营销绩效目标的实现程度，及为实现这一目标所安排预算的执行结果进行的综合性评价。常用的评价方法有层次分析法（AHP）、模糊综合评价法、数据包络分析方法（DEA）、关键事件法等。

3. 信息反馈

在管理中，信息反馈是指及时发现计划执行中的偏差，并且对组织进行有效的控制和调节。营销绩效评价的结果应及时反馈给相关部门和个人。

4. 持续改进

相关部门和相关人员根据营销绩效反馈信息，对营销措施、方法做出改进。

第三节 互联网营销策划书

一份互联网营销策划书一般包括以下内容。

1. 封面

封面上一般列明策划书的名称、策划机构或策划人的名称、策划完成日期。

2. 目录

目录用于列示策划书内容的篇目次序。

3. 正文

正文可包括以下内容：

（1）形势分析。

一是互联网营销环境分析，包括：①宏观环境，如政治法律环境、经济环境、社会文化环境、技术环境等；②微观环境，如顾客、竞争、供应商、替代品、潜在进入者等。

二是互联网营销资源与能力（7S 模型）分析。

三是互联网营销机会与威胁分析（SWOT 分析）。

（2）互联网营销目标制定，包括目标管理、关键绩效指标、绩效监测工具等内容。

（3）互联网市场营销策略制定。

一是互联网目标市场策略，包括市场细分、选择目标市场和市场定位。

二是互联网营销组合策略，包括确定互联网产品策略、互联网价格策略、互联网渠道策略、互联网促销策略。

三是互联网品牌策略。

四是互联网媒体营销策略，包括：①付费媒体营销（广告）；②自有媒体营销，如网站营销、App营销、短视频营销和网络直播营销；③口碑媒体营销，如互联网口碑营销、互联网品牌和互联网公关。

五是客户关系管理策略，包括客户分析、客户分类和客户关系管理工具。

（4）实施计划，即对资金、人员、设施设备、时间等资源进行配置，以及确定计划工具，如目标管理、滚动计划法、网络计划技术等。

（5）营销控制，包括：①财务控制，如预测收入、支出、投资回报率、投资风险；②绩效控制，如绩效监测、绩效评价、信息反馈、持续改进。

4. 总结

对策划书的必要性、可行性进行简明扼要的概括、总结。

5. 附录

附录包括参考资料、佐证材料等。

【本章小结】

互联网营销策划是为了达成特定的互联网营销目标而进行的策略思考和方案规划的过程。

互联网营销策划程序一般可以分为八个步骤，分别是形势分析、制定营销目标、制定目标营销策略、制定营销组合策略，制定互联网媒体营销策略、互联网客户关系管理策略、制定实施计划和营销控制。

第一步，形势分析，调查分析互联网营销环境和互联网营销资源与能力，评估互联网营销机会与威胁。

第二步，制定互联网营销目标。互联网营销目标来源于企业目标、市场营销目标。

第三步，制定互联网目标市场营销策略，其主要内容为互联网市场细分、选择目标市场和互联网市场定位。

第四步，制定互联网营销组合策略，其主要内容为互联网产品策略、互联网价格策略、互联网渠道策略和互联网促销策略。

第五步，制定互联网媒体营销策略，其主要内容为制定网络广告、网站营销、App营销、社交媒体营销、短视频营销、网络直播营销、口碑媒体营销、互联网品牌、互联网公关等互联网媒体营销策略。

第六步，制定互联网客户关系管理策略，其主要内容为客户关系建立、客户分析、客户关系管理策略、许可电子邮件营销和品牌网络社区营销等内容。

第七步，制定实施计划。实施计划的本质的是对资金、人员、场地设施、时间等资源进行配置，具体包括总体实施计划和子项目实施计划。可以用目标管理、滚动计划法、网络计划技术等方法。

第八步，营销控制。控制是指为了确保组织内各项计划按规定去完成而进行的监督和纠偏的过程。营销控制包括财务控制与绩效控制。

复习思考题

1. 简述互联网营销策划的内容。
2. 简述互联网营销策划程序。
3. 简述互联网营销策划的形势分析内容。
4. 简述制定目标与目标管理内容。
5. 简述关键绩效指标的含义。
6. 简述目标市场策略。
7. 简述 4Ps 是营销组合策略。
8. 简述营销预算内容。
9. 简述营销控制内容。
10. 简述营销策划书的撰写要点。

互联网营销策划实训

实训名称： 互联网营销策划/品牌策划
实训目标： 掌握互联网营销策划/品牌策划
实训内容：

1. 互联网营销策划组织

小组作业，自由组队，人数 3～5 人。

2. 互联网营销策划选题

建议一：建议选择一个您家乡的一个优势产业，或特色农产品，或旅游资源、文化资源等，进行互联网营销策划，争取用自己所学知识帮助家乡经济社会发展、产业发展、乡村振兴。

建议二：建议选题与学科竞赛结合，为参加互联网＋等学科竞赛撰写商业计划书打下基础。

建议三：建议选题与创新创业结合，为将来创新创业活动打下基础。

3. 互联网营销策划成果展示

撰写互联网营销策划报告，并做成 PPT 进行展示。

4. 评价标准

（1）互联网营销策划选题有价值、有意义。（20 分）
（2）互联网营销策划报告内容完整、论证逻辑性强、详略得当。（20 分）
（3）互联网营销策划报告总结概况性强，重点突出，可以影响决策者。（20 分）
（4）互联网营销策划报告结构合理、表述通顺、格式规范。（20 分）
（5）演示环节表达生动、流畅，回答问题应对自如。（20 分）

第六章 互联网营销沟通：付费媒体

【学习目标】

1. 掌握广告的定义、广告的作用、广告发展历史、广告分类和广告行业等知识。
2. 掌握互联网广告发展现状、互联网广告模式、广告效果指标与计费方式、互联网广告策划程序、互联网广告资源与平台等知识。
3. 了解广告创意与设计基础知识。
4. 掌握互联网广告监管机制和《广告法》重点条文。

【知识导图】（图6.1）

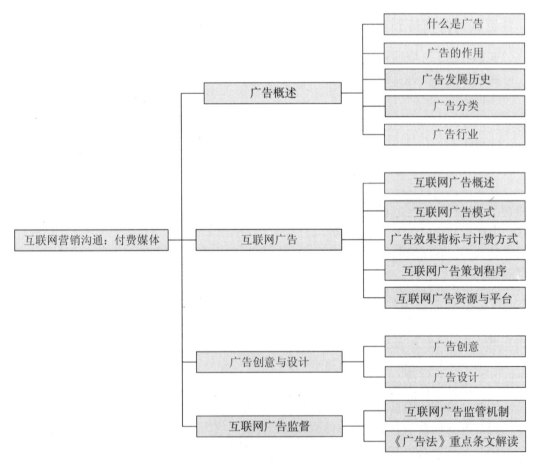

图6.1 本章知识导图

【导入案例】

淘宝网的网络广告

淘宝网是目前中国最大的C2C交易平台,也是亚洲第一大网络零售商圈。但是在2003年淘宝刚诞生时,并不是一帆风顺的,甚至一开始就遭遇到了难以想象的困境。

想快速提高知名度与品牌,网络广告无疑是最佳选择。而当时的C2C领域,eBay易趣已经一家独大。凭借一份数目不菲的广告合同,eBay易趣与中国的三大门户网站(新浪、搜狐和网易)签署了排他性协议,以阻止其他同类公司在上述3家网站发布广告。当时三大门户占据了中国互联网绝大多数的网站流量。对于淘宝这样一个新生儿,被排除在三大门户之外,无疑是个沉重的打击。

淘宝的新策略是以较低的成本,在数量众多的小网站上投放淘宝网的广告,而这些网站是强悍的eBay易趣无法顾及的。正是这些不起眼的小网站成就了淘宝网的名声远扬。

(资料来源: https://new.qq.com/rain/a/20210513A0251W00,编者改编)

第一节 广告概述

一、什么是广告

广告,即付费媒体,是指营销者付费才能使用的媒体,包括传统媒体(如电视、报纸、杂志、广播、平面或户外广告)和互联网媒体(搜索引擎广告、社交媒体展示广告、电子邮件广告等)。

广告(advertising)的英文原义为"注意""诱导",即"广泛告知"的意思。《广告法》对广告的定义为:商品经营者或者服务提供者通过一定媒介和形式直接或者间接地介绍自己所推销的商品或者服务的商业广告活动。

广告不同于一般大众传播和宣传活动,主要表现在:

(1)广告是付费的商业活动。

(2)广告是经过艺术处理的信息。信息经过艺术处理才具有较强的影响力、感染力和诱导力。

(3)通过大众传播媒介进行传播。广告是属于非人员的传播行为,即主要通过大众传播媒介来进行。

(4)以说服方法以期达到改变或强化观念和行为。广告以说服社会公众接受自己的建议和观点为己任。不同时期广告的定位、创意、传媒选择及策略运用，都是为了形成独具特色的说服力和影响力。

二、广告的作用

商业广告可以沟通产销信息、促进商品销售，以及塑造品牌个性、增加产品价值。

（一）沟通产销信息，促进商品销售

今天的市场经济体系是建立在全球范围内的社会化大生产的基础上的，信息是企业生存与发展的必要条件。企业必须使消费者了解有关商品信息，才能获得被选择的机会。广告通过信息传播，沟通生产、流通与消费之间的联系，成为企业必不可少的信息通道。

（二）塑造品牌个性，增加产品价值

广告本身不能改变产品的品质，但是却能通过塑造独一无二的品牌个性，提升产品在消费者心目中的价值。在市场竞争日趋激烈、产品高度同质化的今天，品牌日渐成为企业重要的竞争手段。广告是塑造品牌个性最有力的手段，它使相同的产品具有与众不同的特性和品牌形象。

三、广告发展历史

广告的发展分为以下几个阶段：

第一阶段：实物广告、叫卖广告、招牌和幌子广告。

第二阶段：印刷广告。毕昇于北宋庆历年间（1041—1048）发明了泥活字。1450年，德国人谷登堡发明了活字印刷术。印刷术的发明开创了广告的新纪元，从此步入印刷广告时代。

第三阶段：报纸杂志等广告媒介阶段。这一时期报纸、杂志大量发行，媒介大众化。

第四阶段：广播、电视等电子媒介阶段。这一时期广播、电视等电子媒介广告高速发展。

第五阶段：网络广告。1994年，世界上第一个网络广告诞生。发展到现在，互联网广告已经成为广告最主要的传播媒介。

四、广告分类

根据广告的传播媒介，可以把广告分为报纸广告、电视广告、杂志广告、广播广告、包装广告、招贴广告、直邮广告、网络广告等。

根据广告的目的，可以把广告区分为品牌广告和效果广告两类。品牌广告的目的是

宣传品牌，其主要作用是让消费者认知、了解、熟悉、习惯品牌。在 AIDMA 模型中，品牌广告的作用体现在前四个环节：引起注意（attention）、引起兴趣（interest）、唤起欲望（desire）、留下记忆（memory），效果广告的作用则体现在最后一个环节——行动（action）。

以电视、电台、杂志、报纸、户外等为代表的传统广告行业做的主要是品牌广告，因为没有很好的衡量效果的方法，广告效果通常是从投后指标和市场指标反馈出来的，有滞后性。互联网广告中各类转化跟踪技术的出现解决了效果评估的问题，使得效果广告在互联网广告中成为主流。

品牌广告和效果广告是相辅相成的。如果没有品牌广告对市场的长期培育，效果广告就会没有效果；如果只有品牌广告而没有效果广告，企业的广告投资就不能变现。所以在实践中，广告主应将广告费一部分投放于品牌广告，一部分投放于效果广告。至于品牌广告和效果广告各自的投放比例，则应具体情况具体分析。一般来说，知名的品牌企业侧重品牌广告，小企业或者创业型企业则侧重效果广告。

五、广告行业

广告行业即广告业，它是由多种市场主体共同参与的一种庞大而又复杂的专业化社会分工组织。广告产业链包含广告主、广告公司、广告媒体和广告受众四大主体，以及广告市场的监管部门（图6.2）。

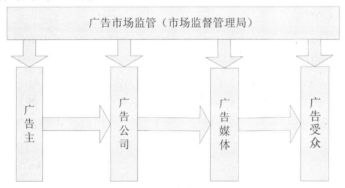

图6.2　广告行业

（一）广告主

《广告法》对广告主的定义是：广告主，是指为推销商品或者服务，自行或者委托他人设计、制作、发布广告的自然人、法人或者其他组织。

广告主是市场经济及广告活动的重要参与者，它可以是法人，也可以是自然人。广告主责任重大，需要通过广告并协调其他营销手段来销售商品或者劳务，需要付出广告费用，还要对整个广告活动进行决策、管理并承担法律责任。

1. 广告主的义务

广告主自行或者委托他人设计、制作、发布广告，所推销的商品或者所提供的服务应当符合广告主的经营范围,且广告主应当具有或者提供真实、合法、有效的下列证明文件:①营业执照及其他生产、经营资格的证明文件;②质量检验机构对广告中有关商品质量内容出具的证明文件;③确认广告内容真实性的其他证明文件;④发布广告需要经有关行政主管部门审查的(如药品、医疗器械、农药的广告),还应当提供有关批准文件。

2. 广告主的广告部门

大中型企业为了进行广告管理活动,往往设置有广告管理部门。在这些企业中,负责广告工作的一般有三个层次:一是企业主管领导,审核广告决策;二是广告主管,组织广告运作;三是广告执行部门,负责联系、安排、操作等具体事宜。

一般来说,根据企业对广告作用认识的不同,广告部门设在不同的职能机构之下。有的设在公关宣传部,有的设在营销部。理想的广告部门应该单独设置,与公关宣传部、营销部协调工作,有机配合,这样就可以使企业广告既能起到促销的实际作用,又注重企业形象、产品品牌等长远问题。

广告部的职责:一是参与制定企业的战略决策,二是拟定广告活动的整体计划,三是选择委托广告代理公司,四是对整个广告活动进行监督和控制。

(二) 广告公司

《广告法》对广告公司(即广告经营者)的定义是:广告经营者,是指接受委托提供广告设计、制作、代理服务的自然人、法人或者其他组织。

1. 广告公司的作用

广告公司在广告市场的产业链中处于中介地位,是沟通广告主、媒体和消费者的桥梁和纽带,大体上有以下功能:

(1) 代理广告客户策划广告。广告公司是以广告代理为工作核心,代理广告客户策划广告是广告公司最基本的功能。具体包括为广告客户进行有关商品的市场调查和研究分析工作,为企业发展确立市场目标和广告目标,为代理客户制定广告计划和进行媒体选择。广告公司从自己的专业领域出发,为广告客户提供广告主题和实现广告主题的广告创意、构思和策划。

(2) 为广告客户制作广告。这是指广告公司将创造性构思和创意转换成具体外在表现的广告产品的活动。广告公司选择最具表现力、影响力和感染力的手法,客观地、真实地、具有美感和艺术性地去表现创造性广告思想的广告形式,是制作广告的根本要求。

(3) 为广告客户发布广告。广告公司在策划和制作出广告作品之后,通过广告媒介的合理选择和应用,把广告信息及时地、迅速地传递给广大社会公众。发布广告时,广告公司要为客户利益着想,注意选择最具表现和传播效果、又能投入最低的媒体,将广告信息传递给最多的潜在购买者,从而引导社会公众接受、认可广告客户信息,并产生购买行为。

(4) 为广告客户评估广告效果。广告公司在代理客户发布广告之后,要对所发布的广告进行市场调查和研究,对广告效果进行科学的测定和评估,及时向广告客户反馈有关市场的销售信息及相关的变动信息。

(5) 为客户提供咨询服务。广告公司可以为广告客户的品牌设计、市场定位、营销策略、广告活动和公共关系等方面提供全方位的综合信息,为客户提供各方面的咨询服务,从而实现企业资源的合理流向与最佳配置,推动经营企业的发展。

2. 广告公司的组织结构与职位

广告公司一般设有客户服务部、创意部、媒体部,以及行政部、财务部等部门。

(1) 客户服务部,主要工作是与客户联络及制定创意指导。重点人物是客户服务部总监,其下按不同客户划分为不同的客户总监、副客户总监、客户经理及客户执行、助理客户执行。

(2) 创意部,主要任务是负责构思及执行广告创意。重点人物是首席创意总监或执行创意总监,其工作除构思广告外,也负责指导及培训下属。创意总监下会有不同的小组,每组由一位文案、一位美术指导带领。基本上两人会共同构思广告。由于美术指导的执行工作一般都较繁复,所以大都设有一位助理美术指导。有经验的文案、美术指导将会晋升为高级文案、高级美术指导。

创意部还包括电视制作、平面制作、画房、平面制作统筹等创意支持部门。电视制作部设有监制,负责电视广告的统筹,但实际上广告拍摄由广告制作公司负责。平面制作部设有平面制作经理,主要负责跟进平面广告的印制工作。画房设有绘图员、计算机绘图员、正稿员等职位。平面制作统筹则负责统筹平面制作事宜。

(3) 媒体部,主要任务是为客户建议合适的广告媒体(如电视、报纸、杂志、海报、互联网等),并为客户向媒体争取最合理的收费。重点人物是媒介主管,下设媒介主任及媒介策划等。

(4) 行政部、财政部是广告公司的行政、财务管理部门,负责广告公司的人事、各部门的管理和协调以及资金、会计等工作。

下面简单介绍4A公司(综合性代理广告公司)核心部门岗位名称:

- 客户服务部门(account management):
  ◇ 客户服务部总监(director of client services,DCS)
  ◇ 客户总监(account director,AD)
  ◇ 助理客户总监(associate account director,AAD)
  ◇ 客户经理(account manager,AM)
  ◇ 客户执行(account executive,AE)
  ◇ 助理客户执行(associate account executive,AAE)
- 创意部门(creative):
  ◇ 首席创意总监(chief creative officer,CCO)
  ◇ 执行创意总监(executive creative director,ECD)
  ◇ 创意总监(creative director,CD)
  ◇ 助理创意总监(associate creative director,ACD)
  ◇ 美术指导(art director,ART 或 ADA)
  ◇ 文案(copywriter,CW)

◇ 设计师（designer-integrated）
· 创意支持部门（creative support）：
　◇ 创意服务总监（head of creative service）
　◇ 制作经理（studio manager）
　◇ 制作协调（production coordinator）
　◇ 设计师（designer）
　◇ 美工（computer artist）
· 影视制作部门（TV production）
　◇ 影视制作总监（head of TV production）
　◇ 资深制作人（senior producer）
　◇ 制作人（producer）
　◇ 助理制作人（assistant producer）

3. 广告公司的收费制度

（1）佣金制。佣金制也称广告代理费制，是广告公司获得报酬的一种方式。即广告公司按广告主支付的广告费用的固定比率收费，涵盖了广告公司为该客户创作广告的全部费用和合理的利润。代理费制是广告代理制的核心。

（2）服务费制。服务费主要由直接成本、间接成本和利润三项构成。直接成本，即与工作直接相关者的人员费用的总和；间接成本，即广告公司支付给各间接服务部门的工作费用，如房租、水电费、会议费、交际费等；利润，主要指广告公司的税前利润。广告公司根据服务费的实际情况向广告主提出总体费用要求。

（3）激励报酬制度。激励报酬制度即支付给广告公司的费用与广告主的营业额直接挂钩。广告公司为广告主所做的工作应该得到合理的酬劳。除此之外，假如广告公司的工作对广告主的成功有极大帮助的话，广告公司还应该获得一笔额外的酬劳。

（三）广告媒体

广告媒体，《广告法》中将其称为广告发布者，是指为广告主或者广告主委托的广告经营者发布广告的自然人、法人或者其他组织。

传统广告媒体有电视、报纸、杂志、电台和户外媒体等，互联网广告媒体有微信、QQ、搜索引擎、今日头条、微博、直播、抖音、快手、网红、门户网站、各类个人自媒体等。

第二节　互联网广告

一、互联网广告概述

(一) 互联网广告发展历史与现状

世界上第一个网络横幅（banner）广告出现于 1994 年 10 月 27 日。中国的第一个商业性的网络广告出现于 1997 年 3 月，广告表现形式为 468×60 像素的动画横幅广告。历经多年的发展，网络广告行业经过数次洗礼已经慢慢走向成熟。

据 QuestMobile 发布的《2021 中国互联网广告市场洞察》，2021 年中国广告市场规模达 1 万亿元，其中互联网广告达到 6550 亿元，增长 20.4%。按渠道划分，中国互联网广告主要由移动互联网广告、PC 广告、OTT 及智能硬件广告组成。2021 年，移动互联网广告仍然是中国互联网广告市场最大的组成部分，占比 89%；OTT 及智能硬件广告市场占比（5.8%）反超 PC 广告（5.2%）。传统行业以品牌曝光为主，通过打造品牌影响消费者心智，进而影响消费者选择，品牌/产品更新速度快的行业更为明显；互联网行业以流量为核心，广告投放偏重直接引流。

(二) 互联网广告的特点

互联网广告是以互联网作为传播媒体的广告。与报纸、杂志、电视、广播、户外等传统媒体广告相比，互联网广告具有以下几个特点。

1. 互动性强

与传统广告媒体相比，互联网广告最显著的优势是互动性强。电视、广播等形式的传统媒体广告，属于信息单向传播。它们必须抓住受众的视觉、听觉，将广告信息强行灌输到受众的头脑中，并试图让受众留下深刻印象；无法实现信息发送者和信息受众之间的即时互动交流，无法与消费者需求反应同步。在互联网广告的传播过程中，传播者和受众对广告信息的反应具有互动性，用户只需简单地点击鼠标，就可以从厂商的相关网站中得到更详尽的信息。用户可以通过互联网直接填写、提交在线表单，发送电子邮件以及通过在线聊天软件反馈或交流信息，可以在网上预订、交易与结算，缩短了广告客户和用户之间的距离。

2. 可定向性

互联网广告可以定向，可以定向的广告称为定向广告。定向广告是对广告受众的筛选。具体地讲，定向广告是指互联网广告服务商利用互联网追踪技术搜集整理用户信息，按年龄、性别、职业、爱好、收入、地域分类储存用户的 IP 地址，然后利用互联网广告配送技术，向不同类别的用户发送内容不同的广告。定向广告可以指定广告给谁看、不给谁看，可以提高广告效率和效果，提高广告投资回报率。

目前的互联网广告系统都能够提供多种定向方式，如地理位置、性别、年龄等。

3. 媒体表现形式丰富

网络媒体形式多样，表现手段丰富多彩，可以用集文字、图片、图文、动画、音乐、视频等于一体的丰富表现手段，使消费者能全方位亲身"体验"商品、服务与品牌，还可以在网上进行预订、交易和结算。这种以图、文、声、像综合的形式，传送多感官的信息，让顾客如身临其境般感受商品或服务，可大大增强互联网广告的实效。

另外，互联网广告能够容纳庞大的内容和信息，这是报纸、电视无法比拟的。例如，报纸广告的信息量受到版面篇幅限制，电视广告的信息量受到频道播出时间和播出费用的限制，等等。

4. 广告效果监测与优化方便快捷

广告效果监测方便快捷。利用传统媒体做广告，无法准确地测算有多少人接收到所发布的广告信息，更不可能统计出有多少人受广告的影响而做出购买决策。互联网广告则可以通过服务器端的日志访问记录软件随时对访问人数、浏览路径、销售等进行统计分析。

广告优化方便快捷。根据广告效果监测情况，可以快速、方便调整营销策略，如优化投放目标用户、优化广告创意等。

二、互联网广告模式

经过几十年的发展，互联网广告先后出现了合约广告和竞价广告两种形式。

（一）合约广告

最早的互联网广告模式是合约广告。网络媒体有广告资源，于是向社会售卖广告位。网络媒体和广告主或广告代理签订合同，约定在某一段时间内，在广告媒体的广告位上持续推送广告主的广告，通常根据展示时长计费。

对广告主而言，合约广告的优点是广告展示曝光量大，缺点是广告不够精准，无法进行效果优化，因此比较适合做品牌广告。

对网络媒体而言，采取合约广告模式，有些广告位特别好卖，有些广告位不好卖，同时需要有广告销售团队来向广告主销售广告位。合约广告投放都是以排期的形式进行，媒体将自己的广告位按照时间排期进行售卖，固定的位置、承诺的展示时间、承诺一定的流量和效果，在这个排期内，广告主对整个广告位是独占的。这种形式对媒体资源的售卖率是有一定保证的，而且交易模式也比较简单成熟，上下游的利益都能保证，大家都乐于接受。到目前为止，互联网上很大部分优质广告位还是以这种模式售卖。但是这种排期模式也会有明显的问题。对于媒体而言，能卖出去的都是一些优质的广告位置，如网站的首页、横幅位等。而媒体还有很多其他的边角位置，如网站内页、侧边栏等，往往不太受排期包段模式下的广告主所欢迎，所以这类位置以前大多是赠送或者捆绑销售。显然，媒体是希望使这部分广告位也体现出价值，转化成收益。对于广告主而言，因为排期包段买到的广告位是面向所有用户的，那么这些流量中可能有很大部分并非品牌的目标受众。例如一个汽车品牌的广告主，采买了视频网站的插片广告，如果当前进入视频网站的用户是一个汽车爱好者或者观看汽车类视频的用户，则这个广告是有价值的；如果进入视频网站的是一位看动画片的小朋友，那么虽然广告还是展示了（因为包时段），但是流量其实是被浪费了，因为他根本不是汽车的潜在用户。为了解决传统排期广告的一些痛点，市面上就出现了竞价广告模式。

（二）竞价广告

竞价广告起源于广告网络，后发展为程序化广告。

1. 广告网络

网络媒体和广告主的数量都很多，如果采用合约广告模式效率很低。广告网络（也称为广告联盟，ad network，ADN），是多个网络媒体联合起来共同来售卖广告位。广告网络的作用相当于广告代理，同时服务于广告主和媒体：一方面为广告主采购媒体广告资源，另一方面可以为媒体销售广告资源。借助广告网络软件，网络媒体只要接入广告网络，就无须关心广告投放的具体过程，也不用关心每次展示的投放结果。这极大地方便了网络媒体，广告媒体就有了长尾流量变现的可能。对网络媒体而言，借助广告网络，不用花太多的精力去售卖广告，可以将精力集中在媒体运营上；缺点是广告客户资源掌握在广告网络手里，自己沦为广告网络的广告资源供应商。广告网络让广告主有了更多的广告资源选择，可以吸引更多的广告主。对广告主而言，广告网络的优点是让广告投放定向、精准，适合做效果广告。

2. 程序化广告

广告主希望精准地投放定向广告，可以全面收集网民信息，有利于分析、预测顾客需求。为了实现精细化的定向广告投放，程序化广告（programmatic advertising）应运而生。程序化广告是指利用技术手段进行广告交易和管理的一种广告形态。通过程序化广告平台，广告主可以程序化采购媒体资源，广告平台利用算法只把广告投放给目标受众。程序化广告的价值主要体现在精准广告定向、媒体资源的自动化交易（广告主自动化购买媒体资源、媒体自动化售卖媒体资源）。程序化广告交易模式下，广告主关心的是广告投放给谁看，因此交易淡化了媒体广告位的概念，买卖的标的变成了目标受众。

程序广告平台运作模式为：媒体方将流量接入供给方平台（SSP）进行管理，广告主通过需求方平台（DSP）进行广告投放，广告主和媒体在广告交易平台（ADX）基于实时竞价（RTB）进行广告交易。

SSP（sell side platform），供应方平台。SSP服务于媒体方，主要作用是帮助媒体方进行流量分配管理、资源定价等，帮助媒体方实现资源效益最大化。

DSP（demand-side platform），需求方平台。DSP服务于甲方（广告主）或广告代理公司，广告主可以按照自己的广告目标受众和预算（广告预算及出价），通过RTB机制挑选和购买来自各种资源渠道（广告交易平台或供应方平台）的广告流量。

ADX（ad exchange），广告交易平台。ADX的主要功能是广告交易、实时竞价、广告资源和广告需求的匹配等。ADX出现的原因主要是广告网络之间的资源不均衡，如一家广告网络可能需要某类定向客户，但库存没有符合要求的媒体资源，广告交易平台可以让各个广告网络互通有无。

RTB（real time bidding），实时竞价技术。RTB 可以针对广告主的每次广告展示请求进行评估以及出价的竞价技术。

DMP（data management platform），数据资源平台。程序化广告淡化了媒体资源的概念，而转变为对目标受众的购买，因此需要有各种网民画像数据来支持定向广告投放。

oCPX，是以目标转化为优化方式的出价方式。其中 o 为 optimized（优化），包括 oCPC（优化点击出价）、oCPM（优化千次展现出价）、oCPA（优化行为出价）等。

3. 原生广告

随着广告行业的发展，一种将广告变成内容，在不影响广告受众体验的前提下，将广告内容融入产品使用环境的原生广告形式应运而生。原生广告必须具备几个特点：首先，广告内容对用户有价值，而不是纯粹的推销；其次，广告内容不能影响用户体验，即在程序化投放广告时，广告内容不能影响用户的感官体验、交互体验和情感体验。

三、广告效果指标与计费方式

（一）互联网广告效果指标

互联网广告营销效果指标包括广告展示量、广告点击量、广告到达率、广告二跳率、广告转化率共五个。

（1）广告展示量（impression）。广告每一次显示称为一次展示。其统计周期通常有小时、天、周和月等，被统计对象包括图片广告、文字链广告、软文、邮件广告、视频广告、富媒体广告等多种广告形式。广告展示量是 CPM 付费的基础。

（2）广告点击量（click）。网民点击广告的次数称为广告点击量。

（3）广告到达率（reach rate）。广告到达量与广告点击量的比值称为广告到达率，即网民通过点击广告进入被推广网站的比例。广告到达量是指网民通过点击广告进入推广网站的次数。广告到达率通常反映广告点击量的质量，是判断广告是否存在虚假点击的指标之一。广告到达率也能反映广告着陆页的加载效率。

（4）广告二跳率（2nd-click rate）。通过点击广告进入推广网站的网民，在网站上产生了有效点击的比例。广告带来的用户在着陆页面上产生的第一次有效点击称为二跳，二跳的次数即为二跳量。广告二跳量与广告到达量的比值称为广告二跳率。广告二跳率通常反映广告带来的流量是否有效，是判断广告是否存在虚假点击的指标之一。广告二跳率也能反映着陆页面对用户的吸引程度。

（5）广告转化率（conversion rate）。通过点击广告进入推广网站的网民形成转化的比例。转化是指网民的身份产生转变的标志，如网民从普通浏览者升级为注册用户或购买用户等。转化标志一般指某些特定页面，如注册成功页、购买成功页、下载成功页等，这些页面的浏览量称为转化量。广告用户的转化量与广告到达量的比值称为广告转化率。广告转化量的统计是进行 CPA、CPS 付费的基础。广告转化率通常反映广告的直接收益。

(二) 互联网广告计费方式

广告主在互联网媒体投放广告，需要支付广告费。互联网广告漏斗模型（图6.3）展现了广告的三个核心环节：展示、点击和转化。先是通过互联网媒体广告位向用户曝光展示广告，然后用户点击广告，在落地页完成转化。

图6.3 互联网广告漏斗模型

展示，是广告被成功显示在网民浏览的网页上，计为一次展示或曝光；点击，网民点击广告一下，计为一次点击；转化，网民完成广告主的期望行动，计为一次转化。转化可以是下单支付，或下载安装App、填写提交表单、关注公众号等。一般来说，展示曝光的次数多，点击的较少，转化的更少，从数量角度看呈漏斗形状，所以称之为漏斗模型（表6.1）。

表6.1 互联网广告漏斗模型的含义

广告漏斗模型	概念含义	对广告主的意义
展示	广告创意被成功显示在网民浏览的网页上，计为一次曝光（展现）	广告曝光展现多少次
点击	网民点击广告一下，计为一次点击	广告被点击多少次
转化	网民完成广告主期望行动的次数，计为一次转化	下单支付、下载安装App、填写提交表单、关注公众号等

互联网广告的计费方式相应地有三种：在展示环节计费，在点击环节计费，在转化环节计费。

1. 展示环节计费

按时长计费（cost per time，CPT）：按时长为单位计费。

按天播放计费（cost per day，CPD）：按每日为单位计费。

每千次印象费用（cost per mille/cost per thousand impressions，CPM）：广告每显示1000次的费用。按千次展示计费又具体分为合约CPM和竞价CPM。

2. 点击环节计费

按点击计费（cost per click，CPC）是按广告被网民点击的次数计费的一种广告投放形式。

3. 转化环节计费

按行动付费（cost per action，CPA）：是按网民在落地页的转化行为计费。

按订单付费（cost per order，CPO）：也称为cost-per-transaction，即根据每个订单/每次交易来收费。

按销售效果计费（cost for per sale，CPS）。

四、互联网广告策划程序

企业互联网广告有两种运作模式：第一种是内部成立广告部门，招募相关专业人员，自主开展互联网广告策划、创意设计、媒体选择、广告投放等工作；第二种是将广告业务委托给广告公司。无论采用哪种模式，都需要按照广告策划与实施程序（图6.4）来开展互联网广告工作。

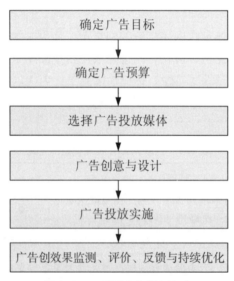

图6.4 互联网广告策划程序

1. 确定广告目标

首先确定互联网广告的目标，想达到什么目的，是品牌广告还是效果广告。

其次确定目标受众，互联网广告是定向广告，就是确定互联网广告希望让什么人看。

另外，要有目标及其具体关键绩效指标，如曝光次数、浏览量、转化率、销售额、获客成本等。

2. 确定广告预算

企业首先要确定整体营销预算，再确定用于互联网广告的预算。整体营销预算可以采用销售百分比法、竞争对等法或目标任务法来确定。

销售百分比法即企业按照销售额（销售实绩或预计销售额）或单位产品售价的一定百分比来计算和决定广告开支。

竞争对等法是指企业比照竞争者的广告开支来决定本企业广告开支的多少，以保持竞争上的优势。

目标任务法是根据目标来确定任务，具体步骤：确定广告目标；决定为达到这种目标而必须执行的工作任务；估算执行工作任务所需的各种费用，这些费用的总和就是计划广告预算。

3. 选择广告投放媒体

可以发布广告的广告媒体很多，各有优劣势。企业应根据自身情况及广告目标、目标用户、媒体用户画像、成本、转化率等因素，来选择合适的广告媒体。

4. 广告创意与设计

在选择了合适的投放渠道和制定投放策略之后，接下来需要进行广告创意与设计。

5. 广告投放实施

广告投放一般是在网络媒体的广告系统上操作，如腾讯广告系统、百度广告系统等。不同的广告系统在付费方式、定向能力等方面有所差异。

6. 广告效果监测、评价、反馈与持续优化

广告主应持续对互联网广告效果进行监测、评价、反馈，并持续优化。

五、互联网广告资源与平台

（一）互联网广告媒体

国内互联网广告媒体主要有：

（1）门户网站：腾讯网、新浪、网易、搜狐、凤凰等。

（2）搜索引擎：百度搜索、搜狗、Google、360搜索等。

（3）导航：hao123、360导航、搜狗导航、2345导航、UC导航等。

（4）社交媒体：微信、微博、QQ、知乎、今日头条、手机百度等。

（5）短视频：抖音、快手、西瓜视频、微视等。

（6）长视频：腾讯视频、爱奇艺、优酷等。

（7）直播：B站、斗鱼、虎牙等直播平台。

（8）电子邮件：：网易邮箱、QQ邮箱、红帽云邮、SendCloud、Focussend、rushmail、webpower、Epsilon等。

对于从事跨境电商的企业，欧美广告资源有Google、Facebook、亚马逊、微软、Verizon、eBay等。

（二）互联网广告平台

1. 腾讯广告平台

腾讯广告（AD.QQ.COM）是腾讯为广告主提供的一站式广告投放系统。腾讯媒体

资源丰富，包括微信朋友圈、微信公众号与小程序、QQ、腾讯信息流、腾讯音乐、腾讯新闻与腾讯视频、优量汇等。腾讯广告通过以下几个步骤进行广告投放：

第一步：创建推广计划。
- 选择推广计划类型。推广计划分为展示广告计划和搜索广告计划。
- 选择对应的推广目标。
- 设置计划日预算。

第二步：设置广告。
- 选择广告形式。
- 选择目标详情。
- 选择广告展现位置。
- 选择投放目标人群。
- 设置广告投放时间、出价和日预算。

第三步：设置创意。
- 选择广告在流量上的呈现样式。
- 提交广告。

2. 谷歌广告平台

谷歌广告（Google Ads）是谷歌（Google）的广告平台，广告客户可以在其中通过竞价向网络用户展示产品、服务等广告内容。谷歌广告通过以下几个步骤进行投放：

第一步：创建广告账户。准备 Gmail 邮箱、信用卡和网银，然后进入 https://ads.google.com 进行注册。

第二步：确定广告系列目标和类型。首先确定广告系列目标，然后选择广告系列类型。你选择的广告系列类型将决定广告的显示位置。

广告系列的作用在于帮助广告主找到最优化的广告组合，包括搜索广告（search）、展示广告（display）、购物广告（shopping）、视频广告（video）。

第三步：选择目标位置。通过选择特定的位置，你可以更好地定位广告，并获得高质量的潜在客户。默认情况下，谷歌广告会根据用户可能看到的位置向他们展示广告。如果要缩小搜索范围，你可以还选择国家、城市。在其目标选项下，你甚至可以在一个地点周围添加几公里。

第四步：选择目标语言和受众。选择用户的语言，你的广告只会向具有相同语言偏好设置的用户展示。选择语言之后，为广告系列选择目标受众，可以根据教育、婚姻状况、父母身份、兴趣和其他因素缩小搜索范围。

第五步：决定预算。谷歌广告是竞价广告，没有最低或最高限额。

第六步：选择广告附加信息。广告附加信息是随广告出现在谷歌搜索结果页面中的信息，其目的是提高广告文案的有效性。广告附加信息有 3 种类型：附加电话信息，附加宣传信息，附加链接。

第七步：选择关键词。通过选择目标关键字创建广告组。关键词是广告定位的基础。如果你没有找到正确的关键词，你的广告就无法触及那些正在寻找你的产品或服务的人。

第八步：准备着陆页。如果你的目标是吸引流量或吸引潜在客户，则应该提前准备一个可靠的着陆页。

第九步：准备广告文案。

第十步：正式投放广告。

第三节 广告创意与设计

一、广告创意

（一）创意的概念

"创意"的概念源于对英文形容词 creative 的翻译，原意为"有创造力的、创造性的、产生的、引起的"等，其名词 creativity 可以翻译为"创造力"或"创意"。詹姆斯·韦伯·扬（James Webb Young）在《创意》（*A Technique for Producing Ideas*）一书（中国海关出版社 2004 年版）中对于创意的解释在广告界得到比较普遍的认同，即"创意是各种要素的重新组合，广告中的创意，常是有着生活与事件'一般知识'的人士，对来自产品的'特定知识'加以新组合的结果"。

广告的展示、点击和转化三个环节，很需要很好创意才能提高点击率和转化率。因此，创意是广告成功的关键。

（二）创意思维

创意思维也称创造性思维，是人脑对客观事物本质属性和内在联系的概括和间接反映，以新颖独特的思维活动揭示客观事物本质及其内在联系并指引人去获得对问题的新的解释，从而产生前所未有的思维成果。

创意思维可以采用 SCAMPER 法。SCAMPER 法是美国心理学家罗伯特·艾伯尔（Robert Eberle）为激发人们推敲出新构想的方法而提出的，主要通过 7 种思维启发方式帮助我们拓宽解决问题的思路，这里的 7 个字母分表代表了不同的思路，分别是：substitue，替代；combine，结合；adapt 调整；modify，修改；put to other uses，挪为他用；eliminate，消除；reverse，重组。

创意思维的组织方式可以采用头脑风暴法。头脑风暴法强调集体思考，着重互相激发思考，鼓励参加者于指定时间内，构想出大量创意的意念，并从中引发新颖的构思。该方法的基本原理是：只专心提出构想而不加以评价；不局限思考的空间，鼓励想出越多主意越好。

（三）销售卖点的提炼

USP（Unique Selling Proposition）即"独特的销售主张"，是罗塞·瑞夫斯（Rosser Reeves）在 20 世纪 50 年代首创的，他当时是美国一家广告公司的董事长。瑞夫斯认为，广告必须引发消费者的认同，USP 是消费者从广告中得到的东西，而不是广告人员硬性赋予广告的东西；消费者只能从一条广告中记住一个信息，因此，一个 USP 所要传达的意思必须是单一的。USP 理论认为，一个广告中必须包含一个向消费者提出的销售主张，这个主张要具备三个要点：一是利益承诺，强调产品有哪些具体的特殊功效和能给消费者提供哪些实际利益；二是独特，这是竞争对手无法提出或没有提出的；三是强而有力，能够吸引数量巨大的受众并令其采取行动。瑞夫斯给出的广告的定义就是："以最小的成本将独特的销售主张灌输到最大数量的人群的头脑中的艺术。"

可用运用 FABE 法提炼销售卖点。FABE 分别表示特征（features）、优点（advantages）、利益（benefits）和证据（evidence）。特征，是指产品特征，是产品的固有属性；优点，是指产品相对于竞品的竞争优势；利益，是指产品能够给用户带来什么好处；证据，是指特征、优点和利益的证明材料。

二、广告设计

广告设计既发挥着创作功能，又发挥着认可功能。在整个设计过程中，设计师随时都面临着认可的问题，广告创意和表现形式都有可能发生变化，因此广告设计是一个反复的过程。

1. 广告设计元素

一般来讲，广告设计元素包括品牌、产品和卖点。品牌元素包括品牌名称、品牌 logo。产品元素包括产品主图、细节图、产品功能、产品参数等，还可以加上产品的使用场景，如模特加产品形式。卖点元素包括销售卖点、卖点文案，广告创意环节产生的销售卖点的文案创意、图文文案要表现出来。

2. 广告设计与营销沟通

营销沟通过程可以用 AIDMA 模型概括：attention，引起注意；interest，诱发兴趣；desire，刺激欲望；memory，记忆；action，促成购买。广告作为沟通工具，在广告设计过程中也要遵循 AIDMA 过程：首先，广告要引起用户注意，引起用户的兴趣，刺激用户的欲望；其次，广告要多次展现，让用户记住；最后，要能引导用户行动。

第四节 互联网广告监管

一、互联网广告监管机制

（一）监管主体

我国实行政府主导型广告管理制度，这是一种以行政管理为主、行业自律和社会监督为辅的广告管理制度。《广告法》第六条规定：国务院市场监督管理部门主管全国的广告监督管理工作，国务院有关部门在各自的职责范围内负责广告管理相关工作；县级以上地方市场监督管理部门主管本行政区域的广告监督管理工作，县级以上地方人民政府有关部门在各自的职责范围内负责广告管理相关工作。

（二）监管对象

监管对象分为广告主、广告经营者、广告发布者、广告代言人、广告媒介等。

（三）监管依据

在我国广告产业发展初期，为了加强管理，促进广告行业的健康发展，国务院分别于 1982 年和 1987 年颁布了《广告管理暂行条例》和《广告管理条例》，这两部管理法规成为工商行政管理机关开展相关工作的基本依据。

1994 年 10 月 27 日，第八届全国人民代表大会常务委员会第十次会议通过了《中华人民共和国广告法》，自 1995 年 2 月 1 日起正式实施。这是一部规范广告活动、保障消费者合法权益、推动广告业健康稳定发展、适应社会主义市场经济体制发展的重要法律，标志着中国广告业发展正式步入法制化的轨道。

为规范互联网广告活动，保护消费者的合法权益，促进互联网广告业的健康发展，维护公平竞争的市场经济秩序，根据《广告法》等法律、行政法规制定了《互联网广告管理暂行办法》，自 2016 年 9 月 1 日起施行。为进一步完善互联网广告监管制度，增强互联网广告监管的科学性、有效性，促进互联网广告业持续健康发展，国家市场监督管理总局在修订《互联网广告管理暂行办法》的基础上，起草了《互联网广告管理办法（公开征求意见稿）》，并于 2021 年 11 月 26 日向社会公开征求意见。

2021 年 4 月 29 日，第十三届全国人大常委会第二十八次会议对《广告法》作了最新的修正。国务院、有关管理部门和地方权力机关制定了一系列与广告相关的法律、法规等。此外，中国广告协会制定的《中国广告行业自律规则》等行业自律规则，也为广告行业的健康稳定发展作出了重要贡献。

除以上法律法规外，还有针对特定行业广告监管的法律法规，包括《兽药广告审查发布标准》《药品、医疗器械、保健食品、特殊医学用途配方食品广告审查管理暂行办法》《农药广告审查发布标准》《房地产广告发布规定》《医疗广告管理办法》等。

二、《广告法》重点条文解读

随着广告行业的发展，《广告法》也在与时俱进，广告从业人员要及时了解新《广告法》的最新精神与具体条文。接来下简单介绍《广告法》的原则，并对其重点条文进行解读。

（一）真实性原则

真实性原则是《广告法》最为核心的原则。真实性包括两个层面：广告产品真实，广告表现要真实。《广告法》第三条："广告应当真实、合法，以健康的表现形式表达广告内容"。第四条："广告主应当对广告内容的真实性负责。"广告主是广告内容真实性的第一责任人，对发布虚假广告承担行政责任、民事责任、刑事责任。

《广告法》第二十八条规定："广告以虚假或者引人误解的内容欺骗、误导消费者的，构成虚假广告。广告有下列情形之一的，为虚假广告：（一）商品或者服务不存在的；（二）商品的性能、功能、产地、用途、质量、规格、成分、价格、生产者、有效期限、销售状况、曾获荣誉等信息，或者服务的内容、提供者、形式、质量、价格、销售状况、曾获荣誉等信息，以及与商品或者服务有关的允诺等信息与实际情况不符，对购买行为有实质性影响的；（三）使用虚构、伪造或者无法验证的科研成果、统计资料、调查结果、文摘、引用语等信息作证明材料的；（四）虚构使用商品或者接受服务的效果的；（五）以虚假或者引人误解的内容欺骗、误导消费者的其他情形。"

案例：某公司在其网店发布某家用网线广告，含有"十佳名优品牌""质量信得过产品""国家高新技术企业认定"和"诚信示范企业"等内容，均无法证明其合法性和真实性，属于虚假内容，严重误导消费者，违反了《广告法》第四条、第二十八条的规定，构成发布虚假违法广告行为。

【处理】依据《广告法》第五十五条的规定，该地市场监管局对其做出行政处罚，责令停止发布违法广告，在相应范围内消除影响，并处罚款205000元。

（资料来源：https://www.samr.gov.cn/ggjgs/sjdt/gzdt/202104/t20210420_327978.html，编者改编）

【评析】《广告法》第三条规定："广告应当真实、合法，以健康的表现形式表达广告内容，符合社会主义精神文明建设和弘扬中华民族优秀传统文化的要求。"第四条规定："广告不得含有虚假或者引人误解的内容，不得欺骗、误导消费者。"广告主应当对广告内容的真实性负责。真实性原则是《广告法》最为核心的原则。真实性包括两个层面：广告产品真实，广告表现要真实。广告允许"艺术夸张"，但不可以"无中生有"。

（二）不得使用绝对化用语

《广告法》第九条第三项：不得使用"国家级""最高级""最佳"等用语。商家想用广告树立"最好"的形象，是没有标准和依据的，违反事物客观发展规律，容易给消费者造成误导，贬低其他同行的利益。

案例：某市场监督管理局执法人员对某眼镜光学有限公司自建网站进行检查，发现该公司为凸显准分子激光设备功能特点，宣称该设备是"目前国际准分子激光设备治疗近视眼最昂贵的顶尖技术产品，具有最高的激光发射频率"等。当事人在广告宣传中使用了"最昂贵""最高""最先进"等用语，其行为违反《广告法》的有关规定。

【处理】市场监督管理局依据《广告法》及相关规定，责令当事人立即停止发布违法广告，并处以罚款3万元。

（资料来源：https://www.samr.gov.cn/ggjgs/sjdt/gzdt/201903/t20190321_292232.html，编者改编）

【评析】《广告法》第九条第三项规定：广告不得使用"国家级""最高级""最佳"等用语。

(三) 规范医疗用语

《广告法》第十七条:"除医疗、药品、医疗器械广告外,禁止其他任何广告涉及疾病治疗功能,并不得使用医疗用语或者易使推销的商品与药品、医疗器械相混淆的用语。"

例如,化妆品宣传"消炎、活血、抗敏、除菌"等作用,饮料宣传可治疗哮喘、癌症、风湿、关节痛、糖尿病等作用,都违法了《广告法》第十七条的规定。

(四) 广告代言人

《广告法》第三十八条:"广告代言人在广告中对商品、服务作推荐、证明,应当依据事实,符合本法和有关法律、行政法规规定,并不得为其未使用过的商品或者未接受过的服务作推荐、证明。不得利用不满十周岁的未成年人作为广告代言人。对在虚假广告中作推荐、证明受到行政处罚未满三年的自然人、法人或者其他组织,不得利用其作为广告代言人。"第十六条规定,医疗、药品、医疗器械广告不得利用广告代言人作推荐、证明。第十八条规定,保健食品广告不得利用广告代言人作推荐、证明。

广告代言人在广告中对商品、服务作推荐、证明,应当依据事实,符合《广告法》和有关法律、行政法规规定,并不得为其未使用过的商品或者未接受过的服务作推荐、证明;受过行政处罚的代言人在一定期限内禁止代言广告。如果代言的是虚假违法广告,代言人要承担相应的法律责任。

(五) 其他禁止性条款

《广告法》第九条:"广告不得有下列情形:(一)使用或者变相使用中华人民共和国的国旗、国歌、国徽,军旗、军歌、军徽;(二)使用或者变相使用国家机关、国家机关工作人员的名义或者形象;(三)使用'国家级''最高级''最佳'等用语;(四)损害国家的尊严或者利益,泄露国家秘密;(五)妨碍社会安定,损害社会公共利益;(六)危害人身、财产安全,泄露个人隐私;(七)妨碍社会公共秩序或者违背社会良好风尚;(八)含有淫秽、色情、赌博、迷信、恐怖、暴力的内容;(九)含有民族、种族、宗教、性别歧视的内容;(十)妨碍环境、自然资源或者文化遗产保护;(十一)法律、行政法规规定禁止的其他情形。"

【本章小结】

广告是商品经营者或者服务提供者通过一定媒介和形式直接或者间接地介绍自己所推销的商品或者服务的商业广告活动。广告之所以存在,是因为其可以沟通产销信息、促进商品销售,以及塑造品牌个性、增加产品价值。

根据广告的目的,可以把广告区分为品牌广告和效果广告两类。品牌广告是宣传品牌的广告,主要作用是在消费者脑海中形成印象;效果广告则是为了直接提升用户量、销售额。

广告行业即广告业，它是由多种市场主体共同参与的一种庞大而又复杂的专业化社会分工组织，有广告主、广告公司、广告媒体和广告受众四大主体。广告的监管部门是市场监督管理局，监管依据是《广告法》等法律法规。

互联网广告是以互联网作为传播媒体的广告，具有互动性强、可定向性、媒体表现形式丰富、广告效果监测与优化方便快捷等优势。

互联网广告的计费方式，可以在展示环节计费，可以在点击环节计费，也可以在转化环节计费。按展示计费方式有CPT、CPD、CPM等，按点击计费方式有CPC等，按转化计费方式有CPA、CPO、CPS等。

互联网广告有合约广告和竞价广告两种模式。合约广告是网络媒体和广告主或广告代理签订合同，约定在某一段时间内，在广告媒体的广告位上持续推送广告主的广告。竞价广告是指利用技术手段进行广告交易和管理的一种广告形态，通过程序化广告平台，广告主可以程序化采购媒体资源，广告平台利用算法只是把广告投放给目标受众。

创意是各种要素的重新组合，广告中的创意常是有着生活与事件一般知识的人士对来自产品的特定知识加以新组合的结果。广告设计既发挥着创作功能，又发挥着认可功能。在整个设计过程中，设计师随时都面临着认可的问题，广告创意和表现形式都有可能发生变化，因此创意设计是一个反复的过程。

复习思考题

1. 什么是广告？
2. 广告的作用？
3. 广告的分类？
4. 广告行业有哪些市场主体？
5. 简述互联网广告的特点。
6. 简述我们接触的互联网广告媒体有哪些广告位。
7. 简述互联网广告计费方式。
8. 简述CPM、CPD、CPT、CPC、CPA、CPS、CPO的含义。
9. 简述互联网广告策划流程。
10. 简述创意的概念。
11. 简述广告创意的作用。
12. 广告的市场监管部门和监管依据？

第七章 互联网营销沟通：自有媒体

【学习目标】

掌握网站营销、App 营销、短视频营销、网络直播营销等知识。

【知识导图】（图 7.1）

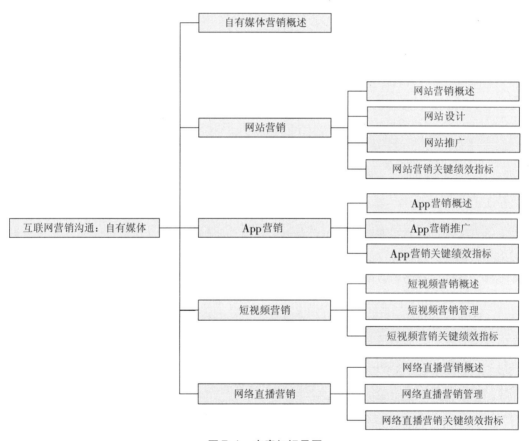

图 7.1 本章知识导图

【导入案例】

> **网站搜索引擎优化**
>
> 某企业建设了一个营销型网站，运营半年只有不到 100 PV/天。于是聘请网络营销公司 SEO 人员，希望通过搜索引擎优化，提升网站访问量。
>
> 该 SEO 人员通过查看分析搜索引擎结果网页，得出该网站流量不高的主要原因：①没有优化关键词；②缺乏品牌域名；③低质量或过时的内容；④网页的外链数低。
>
> 该 SEO 人员提出的应对措施如下：①设置与优化站内关键词；②创建高质量的网页内容，使用原创的摄影图片；③加强外链建设，举措包括建立一个独特的工具、免费提供给别人使用、坚持做持续性链接资源、赞助和参与社区活动。
>
> 经过一个多月的持续优化，来自搜索引擎的流量达到了 10000 PV/天，实现了预期目标。

第一节 自有媒体营销概述

自有媒体指的是企业向网络用户传递沟通信息的沟通媒体是企业自有的，或者是有较强控制力的。自有媒体的基本形式是网站。随着数字媒体的发展，网站的具体形式多种多样，具体包括网站、App、社交媒体网站等。

自有媒体营销，是指用网站、App、社交媒体网站等自有媒体开展营销活动。

自有媒体营销的第一个决策点是选择哪种类型的自有媒体形式，可以从可控性、成本、技术难度、沟通效果等多个角度去思考。从可控性来看，自己建设网站和 App 的可控性强，在社交媒体网站上搭建网站的可控性比较弱；从成本来看，自己建设自有媒体成本比较高，在社交媒体网站上搭建的成本比较低；从技术难度来，自己建设网站和 App 的技术难度比较高，在社交媒体网站上搭建的技术难度比较低。

自有媒体营销的第二个决策点是自有媒体的营销定位，即这个自有媒体主要用来完成哪些营销任务，是品牌宣传，还是销售、服务或客户关系管理。

自有媒体营销的第三个决策点是自有媒体的用户服务设计、用户体验设计、内容设计和营销推广。

第二节 网站营销

一、网站营销概述

（一）什么是网站营销

网站（Website）是互联网的主要媒体形式，是使用 HTML（超文本标记语言）等工具制作的用于展示特定内容相关网页的集合。域名、空间服务器与网站程序是网站的基本组成部分，随着科技的不断进步，网站的组成也日趋复杂。多数网站由域名、空间服务器、DNS 域名解析、网站程序、数据库等组成。网站是一种沟通工具，企业可以通过网站来发布自己想要公开的资讯，或者提供相关的服务。CNNIC 第 49 次报告显示，截至 2021 年 12 月，我国网站数量为 418 万个，较 2020 年 12 月下降 5.5%。

网站营销，即用网站开展营销活动，网站是营销活动的基础设施。运用网站开展营销活动，包括网上市场调研、品牌宣传、商品展示、在线交易和在线服务等营销活动。

网站按营销功能分，可以分为营销型网站、交易型网站和服务型网站。营销型网站也称为品牌宣传型网站，是以品牌宣传、公关为主，主要作用是宣传品牌，辅以商品展示、获得销售线索等功能；交易型网站也称为电子商务网站，除了品牌展示之外，还有购物车功能，能够完成订单、支付等功能；服务型网站是以提供在线客户服务为主的网站，网站的服务质量受网站导航、性能、可用性、服务流程、服务人员等因素影响。

（二）网站建设步骤

1. 网站需求分析

需求分析一般包括企业需求、客户需求。首先要了解企业什么要建立网站，即网站的营销定位，是为了树立企业形象、宣传产品与服务，还是进行网络交易、提供在线服务。其次要了解客户需求，客户对网站功能性能、服务等有什么需求。最后还要了解竞争网站，力求赢得竞争、赢得客户选择。

2. 网站技术方案

网站技术解决方案包括以下内容：采用自建服务器，还是采用云计算方案；操作系统采用 Window Server 还是 Linux、Unix；采用模板自助建站、建站套餐还是个性化开发；选择服务器端开发程序和数据库，用 PHP 还是 Node.js，数据库采用 SQL SERVER 还是 MySQL、oracle；等等。要综合分析技术方案的成本、功能、稳定性和安全性等。

3. 网站内容设计

根据网站目的确定网站内容结构。一般品牌宣传型网站应包括公司简介、行业动态、产品介绍、客户服务、案例展示、联系方式、在线留言等基本内容。如果网站内容较多，还要设计网站地图，以方便用户浏览。

4. 网页设计

网页美术设计一般要与企业整体形象一致，要符合企业 CI 规范。要注意网页色彩、图片的应用及版面策划，保持网页的整体一致性。

5. 网站建设预算

企业建站费用的预算，一般根据网站功能多少而定。网站的建设费用从几千元到十几万元不等，建设费用一般与功能要求成正比。

6. 网站测试

网站发布前要进行细致周密的测试，以保证正常浏览和使用。主要测试内容包括程序及数据库测试、链接是否有错误、浏览器兼容性等。

7. 网站上线发布与推广

网站要上传到服务器上，并与域名绑定，才能被广大网民看到。对于一个新网站，一般来说没什么人浏览，因此需要做网站推广。网站推广方式主要包括广告、SEO，在论坛、微博、博客、微信、QQ 空间等平台发布信息，在其他热门平台发布网站外部链接，等等。网站的制作越来越容易，而网站的推广却越来越难。因此，网站推广是网站营销的关键。

二、网站设计

（一）网站用户体验设计

1. 用户体验的概念

用户体验（User Experience，简称 UE），是人们对于针对使用或期望使用的产品、系统或者服务的认知印象和回应。用户体验可以分为三类，分别是感官体验、交互体验和情感体验。

（1）感官体验。即充分利用互联网可以传递多媒体信息的特点，让顾客通过视觉、听觉等来实现对品牌的感性认识，使其易于区分不同公司及其产品，达到激发兴趣和增加品牌价值的目的。感官体验一般在色彩、声音、图像、文字内容、网站布局等方面呈现。

（2）交互体验。交互是网络的重要特点，交互能够促进消费者与品牌之间的双向传播，交互体验贯穿浏览、点击、输入、输出等过程。

（3）情感体验。情感体验是网站给用户心理上的体验，情感体验的升华是口碑的传播，形成一种高度的情感认可效应。

用户体验与可用性是很容易混淆的两个概念。用户体验指用户与产品、服务、设备或环境交互时各方面的体验和感受，可用性是指用户在特定环境下完成指定目标的效果、效率和满意度。就一个网站来说，用户体验的目标是使用前、使用中和使用后让用户产生愉悦之感，可用性的目标使得网站可以更好地使用。所以，可用性与用户使用网站时完成任务的容易程度相关，用户体验则关注用户对网站交互的方式的感知。可用性操作定义为：用户能完成他们的任务吗？用户体验操作定义为：用户使用过程中愉快吗？在支持用户体验与可用性所需的资源方面，凡是负责对产品用户界面产生影响工作的员工都需要加入可用性工作中；用户体验则需要来自多个不同部门员工集体的无缝的合作，包括开发工程师、营销人员、艺术设计等。

2. 体验营销

体验营销指的是通过看（see）、听（hear）、用（use）、参与（participate）的手段，充分刺激和调动消费者的感官（sense）、情感（feel）、思考（think）、行动（act）、联想（relate）等感性因素和理性因素，重新定义、设计产品与服务，进而提升用户满意与用户忠诚。

体验营销的理论基础来源于4Cs理论。4Cs理论强调应该把用户需要和顾客满意放在第一位，其次是降低顾客的成本，再次要充分注意顾客使用过程中的便利性，最后还应以顾客为中心进行沟通。

ISO 9000：2015《质量管理体系》对"用户满意"的定义是：顾客对其期望已被满足的程度的感受。该定义的补充解释为：①投诉是一种满意程度低的最常见的表达方式，但没有投诉并不一定表明顾客很满意；②即使规定的顾客要求符合用户的愿望并得到满足，也不一定确保顾客很满意。商品或服务的水平是稳定不变的，但其对应的顾客满意度仍然会发生动态的变化。

体验营销属于服务营销的一部分，换句话说，服务营销包含体验营销。服务营销从服务人员、服务流程和服务环境三个维度去提升顾客满意度，体验营销则强调服务必须以用户为中心、以用户满意为目的。体验设计更多的是将用户作为设计的对象，是唯一的核心利益相关者；服务设计需要综合考虑所有利益相关者，如何通过设计让各方利益相关者都可以高效、愉悦地完成服务流程。

3. 用户体验设计

用户体验设计是体验营销的主要手段。用户体验设计（user experience design，UED），是以用户为中心的一种设计手段，以用户需求为目标而进行的设计。用户体验设计的侧重点在用户的需求以及体验上，每个设计都会被用户所使用，相应地就会有用户体验需要被塑造。

杰西·詹姆斯·加勒特（Jesse James Garrett）提出的用户体验五层模型是UED的经典设计模型之一。在这个模型中，将产品的用户体验分成了5个层面，由下向上、由抽象到具体分别是战略层、范围层、结构层、框架层、表现层。

·战略层：主要包括用户需求和产品目标。好的产品首先要有自己的战略定位，由于个人属性的千差万别，想要用户体验良好，一定是基于某类固定需求的目标用户群体展开的。任何产品都不能覆盖到用户的方方面面。因此，在进行战略定位的时候，首先要问几个基本的问题：面向的用户是谁？解决的痛点是什么？拥有什么样的资源促成用户需求的达成？

·范围层：范围层是根据产品目标提出产品需求；对内容和功能做取舍和排期；需要建立哪些功能，这些功能需要哪些内容，这些内容又需要哪些功能来支撑。

·结构层：主要包括交互设计与信息架构。交互设计解决产品功能通过怎样的流程行进、如何让产品易用等问题。在以内容为主的网站上，信息架构主要的工作是设计组织分类和导航的机构，让用户可以高效浏览网站内容。

·框架层：即页面元素的布局、内容的呈现。主要包括界面设计、导航设计、信息设计。界面最基本的性能是具有功能性与使用性，每个页面具体的界面设计要考虑有哪些控件，有哪些图标、文字等信息。通过界面设计，让用户明白功能操作，并将产品本身的信息更加顺畅地传递给用户。导航设计是引导用户，使用户在信息架构中顺利穿行。信息设计是传达想法给用户，使用户容易使用或理解。

·表现层：使用多种感知方式，包括听觉、视觉，保证对比和一致性，比如视觉元素的大小和颜色，配色和排版等。

4. 用户体验设计评价

评价一个以用户为中心的产品设计，可以有以下几个维度：产品在特定使用环境下为特定用户用于特定用途时所具有的效果、效率和用户主观满意度。

·效果：用户是否能正确地、完整地完成任务。

·效率：任务是否在可接受的时间内完成。

·满意度：用户是否对其体验感到满意。

（二）网站用户体验影响因素

影响用户体验的主要有三类因素，分别是系统、用户和使用环境。

对于网站的用户体验设计，设计的范围主要是网站的感官体验与交互体验。感官体验即呈现给用户视觉与听觉上的体验，强调感官的舒适性；交互体验则是交互界面与使用流程的体验，强调用户在与软硬件的交互过程中，包括浏览、点击、输入、输出等给用户产生的使用体验。

网站是给用户使用的，是在线传递用户体验的关键。网站用户体验的影响因素很多，关于这方面的模型、论述也很多。戴夫·查菲（Dave Chaffey）总结了一个在线顾客体验金字塔模型，编者在这个模型基础上进行了修改，得到了图7.2。

这个模型为网站设计用户体验提供了一个思维的框架。需要注意的是，对于不同商业需求、不同用户类型的网站，这些因素的重要性是不同的。例如，品牌宣传型网站和服务型网站需要考虑的因素是不一样的；面对消费者和企业两种用户类型，需要考虑的因素也是不一样的。

（三）品牌宣传型网站用户体验要素

以用户为中心的品牌宣传型网站设计一般从可触力、吸引力和行动力三个维度来分析其用户需求（图7.3）。

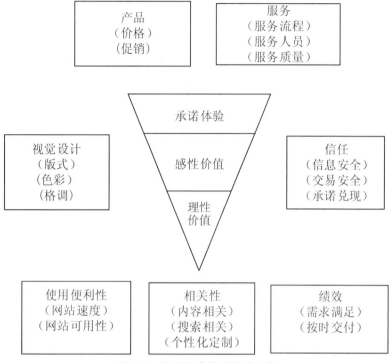

图 7.2　网站用户体验影响因素

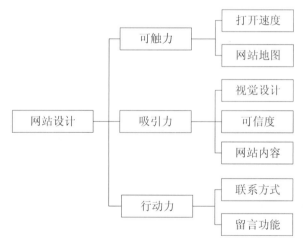

图 7.3　品牌宣传型网站用户体验设计要素

1. 可触力

可触力主要指网站性能和网站信息架构两个要素。

网站性能主要表现在打开速度方面。网站打开速度要快，让用户不需要太长时间的等待。一般等待 2～3 秒之后网站还没有打开，用户会选择离开。要提高网站打开速度，可以从以下方面着手：减少视频、动画、声音和高清图片，简化背景，精简导航页内容，减少网页表格嵌套，使用 Ajax 技术（异步更新），选用优质网站主机服务商。

网站信息架构也称为网站地图，网站地图要清晰，要符合用户习惯，使用户能够顺利找到自己想要的内容。

2. 吸引力

所谓吸引力，是指网站视觉上要好看，网站要有可信度，网站有用户想要的内容。因此，吸引力主要包括视觉设计、可信度和网站内容三个要素。

网站视觉设计。网站的色彩、色调等要与品牌定位相符，同时要符合审美观。

网站可信度。以下措施可以增加网站可信度：域名与品牌一致，网站有备案，联系方式是固定电话，有公司地址，使用企业 E-mail 地址，公布保护个人信息政策，公布售后服务承诺，网站信息经常更新。

网站内容。网站要有用户感兴趣的内容，一般用户对公司实力、品牌、商品或服务详细介绍、客户案例等内容比较感兴趣。

3. 行动力

行动力，指当用户想与品牌企业联系的时候，能方便地找到联系方式，或能够让用户留下销售线索，如客户姓名、电话、电子邮件、QQ、微信等。

网站的具体设计主要包括网站信息架构、网页设计和内容设计，这方面的内容本书不做论述，请有兴趣的读者查阅相关资料。

（四）网站内容设计

营销者通过网站上的内容与用户沟通。霍法克（Hofacker）总结了一个网站信息处理的五阶段模型（表 7.1）。

表 7.1　网站沟通模式

阶段	描述	应用
暴露	内容的展示	想展示的内容放在网页一定位置上
注意	内容被用户注意到	内容的标题、形式要吸引用户注意
理解	内容被用户理解	内容设计要容易被用户理解
接受	内容被用户接受	内容设计要容易被用户接受
记忆	内容被用户记住	内容设计要容易被用户记忆

三、网站推广

当网站建设好刚上线时，是没有流量的，需要做大量的网站推广工作。网站推广的主要手段有搜索引擎优化、搜索引擎广告推广、展示广告推广和网站联盟营销推广等。这里重点介绍搜索引擎优化、搜索引擎广告和网站联盟营销推广。

(一) 搜索引擎优化

搜索引擎是网民主动获取信息的主要方式，CNNIC 第 49 次报告显示，截至 2021 年 12 月，我国搜索引擎用户规模达 8.29 亿，较 2020 年 12 月增长 5908 万，占网民整体的 80.3%。

搜索引擎优化（search engine optimization，SEO）是一种通过分析搜索引擎的排名规律，了解各种搜索引擎怎样进行搜索、怎样抓取互联网页面、怎样确定特定关键词的搜索结果排名的技术。搜索引擎优化是对网站进行有针对性的优化，提高网站在搜索引擎中的自然排名，吸引更多的用户访问网站，提高网站的访问量。

网站搜索引擎优化的任务主要是认识与了解其他搜索引擎怎样紧抓网页、怎样索引、怎样确定搜索关键词等相关技术后，以此优化本网页内容，确保其能够与用户浏览习惯相符合，并且在不影响网民体验的前提下使其搜索引擎排名得以提升，进而使该网站访问量得以提升，最终提高本网站宣传能力或者销售能力的一种现代技术。基于搜索引擎优化处理，其实就是为让搜索引擎更易接受本网站。搜索引擎往往会比对不同网站的内容，再通过浏览器把内容以最完整、直接及最快的速度提供给网络用户。

搜索引擎优化任务具体包括：

1. 搜索引擎注册

在搜索引擎进行注册，就是主动告诉搜索引擎，这里有一个新的网站。对新网站，主动到搜索引擎注册是非常必要的。

以下为常用的搜索引擎注册地址：

·百度搜索登录地址为：http://www.baidu.com/search/url_submit.html
·Google 登录地址为：http://www.google.cn/intl/zh-CN/add_url.html
·搜狗登录地址为：http://www.sogou.com/feedback/urlfeedback.php
·雅虎中国登录地址为：http://login.yahoo.com/?login = MY_YAHOO_ID&passwd = MY_YAHOO_PASSWORD
·ALEXA 登录地址为：http://www.alexa.com/site/help/webmasters

2. 网站关键词优化

关键词，就是用户输入搜索框中命令搜索引擎寻找的东西，可以是产品名称、服务等。关键词策略是对网站的关键词进行设置，方便搜索引擎收录和用户搜索。选择什么关键词可以从以下方面去思考：首先是网站提供什么内容，其次是用户通过什么关键词搜索到我的网站，最后是关键词的竞争度。相应的，关键词策略有网站内容相关度策略、用户搜索习惯策略、基于竞争的长尾关键词策略、关键词密度策略和关键词分布策略等。

（1）网站内容相关度策略，是指选择与网站内容相关的关键词。例如，你的网站是卖手机的，那么可以选择"手机""智能手机"等关键词。

（2）用户搜索习惯策略，是指选择符合用户搜索习惯的关键词。例如，用户喜欢直接搜索手机品牌，那么建议用手机品牌名作为关键词。

（3）基于竞争的长尾关键词策略，是指有时候竞争度过大的关键词很难优化到首

（4）关键词密度策略，是指选择合适的关键词密度。关键词密度是指关键词在网页中出现的频次：

$$关键词密度 = 关键词数量／网页所有词汇数量。$$

关键字密度过高有作弊的嫌疑，过低又起不到优化的效果。关键词密度一般在 2% ～ 6% 之间比较合适。

（5）关键词分布策略，是指关键词在网页中怎么分布。关键词分布一般按照重要性自顶向下分布。

- 网页标题：< title > key1 key2_ site name < /title >
- Meta 标签：< meta name = "keywords" content = "key1, key2" / >
- Meta 标签：< meta name = "description" content = "key1 and ke2 and other" / >
- H1 标签：< h1 > key1 < /h1 >
- 网页文本：< p > …key1…key2…key1…key1… < /p >
- 图片注释：< img src = "1. jpg" alt = "key1 and other words" / >
- 超链接：尽量使用关键字作为连接的文本，而不直接给出链接地址.
  < a href = "../ spiderman3/" > 南方学院商学院 < /a >
  < a href = "../spiderman3/" > http://www.sitename.com/spiderman3 < /a >
- 超链接注释：< a href = "a. html" title = "key1 and other words" > key1 and other < /a >

3. 网站内容优化

网站内容优化主要包括：

（1）高质量、原创的内容。搜索引擎青睐原创内容，纵使转载无数次，搜索引擎会知道哪里是原创地址。

（2）内容经常更新。内容的持续更新是网站生存和发展的根本。无论是用户还是搜索引擎，均不可能对一个长期不更新的网站投入过多的关注，抛弃这类"死站"或"准死站"只是一个时间问题。同时，网站更新频率与搜索引擎的访问频率成正比。

（3）站内内容地图导航及优化。站内内容地图导航及优化主要包括：①站内的网页都要能链接至首页；②内链回环状有利于爬虫爬行，链接一般为首页→内页→首页；③相关联的网页内容要做互链，如文章下方的"相关文章"功能；④相关关键字链接至相关文章，如你站内以前有过关于"key1"的文章，在以后的文章中都可以将"key1"链接至之前的那个网页，以产生关联性；⑤定期清除无效链接。

4. 网站站外优化

从外部链接到你的网站的链接，称为"外链"或"反向链接"。反向链接是搜索引擎衡量网站质量的重要依据，在互联网上有被广泛链接的网站，会被搜索引擎优先推荐。网站发布后还应向行业网站相关目录提交本网站。可以通过交换链接、友情链接、购买链接、免费提供资源下载链接等方法进行站外优化。

5. 常用 SEO 辅助工具

（1）复合搜索工具：

http://www.gogou.org 多个搜索引擎对比检索

http://www.baigoogledu.comGG/百度对比检索

(2) 关键词分析工具：

http://www2.baidu.com/inquire/rsquery.php 扩展关键词

http://index.baidu.com/百度指数

https://adwords.google.com/select/KeywordToolExternal

http://ww.google.com/trends/关键词查询热度

http://tool.chinaz.com/Seo/Key_Density.asp 关键词密度

(3) 查询工具：

http://tool.chinaz.com/Rank/Index.asp PR 查询

http://www.alexa.com/#traffic 流量查询

http://tool.admin5.com/grasp.html 收录与反向链接查询

6. 搜索引擎优化作弊问题

搜索引擎优化的技术手段主要有黑帽（black hat）、白帽（white hat）两大类。通过作弊手法欺骗搜索引擎和访问者，最终将遭到搜索引擎惩罚的手段被称为黑帽，如隐藏关键字、制造大量的 meta 字、alt 标签等；通过正规技术和方式，且被搜索引擎所接受的 SEO 技术，称为白帽。

SEO 必须了解搜索引擎规则，避免在无意中使用以下黑帽手法，而遭到搜索引擎的惩罚：

- 关键词堆砌（keyword stuffing）；
- 隐藏文字/链接（hidden text/ link）；
- 桥页（doorway pages）；
- 无用的 meta 标签（useless meta tags）；
- 伪装页面（cloaked page）；
- 链接工厂（link farms）；
- 重定向（re-direct）。

搜索引擎对 SEO 作弊的处罚手段包括：网站的 PageRank 变为"0"，外部链接数变为"0"，网站排名骤降，以及网站在搜索中消失。

（二）搜索引擎广告

搜索引擎广告是一种按效果付费的网络推广方式。搜索引擎广告的核心是竞价排名。竞价排名按照付费最高者排名靠前的原则，对购买了同一关键词的网站进行排名。其具体做法是：广告主在购买该项服务后，通过注册一定数量的关键词，按照付费最高者排名靠前的原则，购买了同一关键词的网站按不同的顺序进行排名，出现在网民相应的搜索结果中。

搜索引擎广告付费方式是按点击付费。广告出现在搜索结果中，如果没有被用户点击，不收取广告费。在同一关键词的广告中，支付每次点击价格最高的广告排列在第一位，其他位置同样按照广告主自己设定的广告点击价格来决定广告的排名位置。

(三) 网站联盟营销

网站联盟营销包括三要素：广告主、联盟会员和联盟营销平台。广告主按照网络广告的实际效果（如销售额、引导数等）向联盟会员支付广告费用。

广告主需要推广自己的产品，于是找到网站联盟。联盟收到广告主的材料后，做成需要的广告形式再投放到相应的网站上。联盟从中会获得部分的受益，以维持联盟的正常运作。

一个网站会包含有数十个甚至成千上万个网页。网站获得收入，一般都需要在站点投放网络广告。网站站长通过网站联盟申请广告代码添加到自己的网站上，只要别人点击了相应的广告，你就能获得广告费。著名的网站联盟有百度、Google、阿里妈妈等。

四、网站营销关键绩效指标

网站营销的日常流程为：用户获取→用户转化→用户保留。网站营销漏斗模型如图7.4所示。

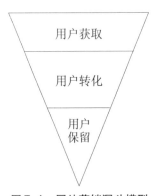

图7.4 网站营销漏斗模型

网站营销关键绩效指标（KPI）主要包括用户获取指标、用户转化指标、用户保留指标和内容类指标。

1. 用户获取指标

用户获取指标包括网站页面浏览量、独立访问者数量、每个独立访问者的页面浏览数、重复访问者数量、注册用户数、搜索引擎排名、外链数量与质量等。

（1）网站页面浏览量（page view，PV）。页面浏览量是评价网站流量最常用的指标之一，是指在一定周期内所有访问者浏览的页面数量。用户每次对网站中的每个网页访问均被记录1次；如果用户对同一页面进行多次访问，访问量则累计。

（2）独立访问者数量（unique visitor，UV），也称为独立用户数量或者独立IP数量。独立访问者数量描述了网站访问者的总体状况，指在一定统计周期内（如每天、每月）访问网站的用户数量，每一个固定的访问者只代表一个唯一的用户。

（3）每个独立访问者的页面浏览数。指在一定时间内全部页面浏览数与所有访问者数量相除的结果，即平均一个用户浏览的网页数量。这一指标表明了访问者对网站内容或者产品信息感兴趣的程度，也就是我们常说的网站黏性。

（4）重复访问者数量（repeat visitor，RV）。独立访问者在指定时间内访问过某网站两次或两次以上，则该访问者就是重复访问者。重复访问者数量会对搜索引擎判断网站是否给用户创造价值、带来更多的重复访问者产生影响。重复访问者数量是评价网站流量的一个重要性指标。

（5）注册用户。注册用户指在网站注册成功的用户数。

（6）搜索引擎排名。这个指标反映网站被主流搜索引擎收录，以及相关关键词在搜索结果的排名状况。

（7）外链数量与质量。这个指标是常用的网站搜索引擎推广指标，在一定程度上可以表明对网站推广所做的努力，可以反映该网站在行业中受到其他网站的关注程度。

一般由网站推广岗位负责网站用户获取指标。

2. 用户转化指标

用户转化指标主要有咨询服务数量、成交率、商品交易额、退货率等。一般由销售客服负责网站用户转化指标。

3. 用户留存指标

用户留存类指标包括用户满意度、用户满意率和用户流失率，一般由销售客服和售后客服负责网站用户留存类指标。

4. 内容类指标

内容类指标包括内容创作数量和内容创作质量，后者又包括阅读量、阅读时长、分享量、关键词文章排名和收录等。一般由网站编辑负责网站创作内容类指标。

网站营销绩效监测工具主要有 Alexa、站长之家、CNZZ（友盟）、51.LA 统计等。

第三节　App 营销

一、App 营销概述

App（application）意思是可安装的应用程序。App 是移动端的网站，其用户体验设计、服务设计和内容设计等内容与网站是大体相同的。

CNNIC 第 49 次报告显示，截至 2021 年 12 月，我国国内市场上监测到的 App 数量为 252 万款。

从营销任务角度，App 能够完成市场调研、品牌宣传、销售、服务和客户关系管理等职能。利用 App 开展营销，其主要任务有两个：一是开发一个 App；二是用 App 开展营销活动，具体包括网上市场调研、品牌展示、商品展示、在线咨询、在线交易、在线服务和客户关系管理等。

二、App 营销推广

App 营销推广，是把 App 作为推广对象。App 推广与网站推广有较大的不同。

App 推广方法主要有网络广告推广、手机应用市场渠道推广、运营商渠道推广、手机厂商渠道推广、线下店面推广等。

（1）网络广告推广。如腾讯广告、百度广告、头条广告、好耶广告等推广 App。

（2）手机应用市场渠道推广。通过各大手机厂商的手机应用市场、第三方应用商店等推广 App。如安卓版本手机应用市场渠道有腾讯手机助手、华为、小米、联想、酷派、OPPO、VIVO、Google Play、豌豆荚、手机管家等，IOS 版本手机应用市场渠道有 App Store91 助手、PP 助手、iTools 等。

（3）运营商渠道推广。运营商可通过中国移动、中国电信、中国联通等运营商渠道预装 App。

（4）手机厂商渠道。可通过手机厂商预装 App。重要的手机厂商有华为、三星、小米、OPPO、VIVO 等。

（5）线下店面推广。大量的线下手机店也是推广 App 的重要渠道。

三、App 营销关键绩效指标

App 营销和网站营销一样，都是围绕用户来开展。App 营销关键绩效指标包括用户获取指标、用户转化指标、用户留存指标。

1. 用户获取指标

用户获取指标包括新增用户数和用户获取成本。

（1）新增用户数，是指安装应用后，第一次使用 App 的用户数量。按照统计周期的不同，它可细分为日新增用户数（daily new users，DNU）、周新增用户数（weekly new users，WNU）和月新增用户数（monthly new users，MNU）。

（2）用户获取成本（customer acquisition cost，CAC），可以用来衡量获取有效用户的成本。这个统计数据能够帮助我们分析推广渠道的优劣，选取性价比高的推广方法。

2. 用户转化指标

用户转化指标包括活跃用户数、每个用户总活跃天数和用户平均收入。

（1）活跃用户数，指在某统计周期内打开过 App 的用户数量。按照统计周期的不同，它可细分为日活跃用户数（daily active user，DAU）、周活跃用户数（weekly active user，WAU）、月活跃用户数（monthly active user，MAU）。

（2）每个用户总活跃天数（total active days per user，TAD），指在统计周期内，平均每个用户使用 App 的天数。

（3）用户平均收入（average revenue per user，ARPU），指每个用户平均一个时间段带来的收入。它注重的是该时间段内从每个用户身上得到的利润。

3. 用户留存指标

用户留存指标包括用户留存数和用户留存率。

（1）用户留存数，指在某一统计时段内的新增用户中再经过一段时间后仍启动该应用的用户数，可以细分为次日留存、周留存、月留存和平台留存。从次日留存可以分析用户短期流失原因；周留存用户已经完全体验过 App，极有可能成为活跃用户；月留存能体现新版本的留存情况；平台留存能反映哪个推广渠道效果好。

（2）用户留存率。留存用户占某一统计时段内新增用户的比例即是用户留存率。

用户留存数和用户留存率体现了 App 的质量和保留用户的能力。

4. App 营销绩效监测工具

App 营销绩效监测工具常见的有蝉大师、App annie、ASO114、ASO100、应用雷达、易观千帆、CNZZ 动统计工具、百度移动统计工具、酷传、友盟＋等。

第四节 短视频营销

一、短视频营销概述

（一）短视频营销发展现状

短视频，是指在各种短视频平台上播放的视频内容，视频播放时长从几秒钟到几分钟不等。短视频营销是内容营销的一种，主要借助短视频，向受众传播有价值的内容，以吸引用户了解企业品牌产或销售商品。

短视频具有内容丰富、表现灵活、互动性强等特点，受到网民的普遍欢迎。短视频是互联网营销的重要工具，各类短视频平台是互联网营销的重要渠道。短视频自媒体平台有抖音、快手、西瓜视频、火山小视频、B 站、微视、微信视频等。

从营销定位来看，短视频既可以用于品牌传播，也可以用于销售。

（二）短视频营销影响因素

短视频营销主要受短视频平台内容分发模式影响。短视频平台内容分发模式是算法推荐的信息流模式和订阅关注模式兼有，但以算法推荐为主，订阅模式为辅。由于每个短视频平台算法逻辑是不一样的，所以呈现出来的推荐内容也是大有区别，这与短视频平台的经营理念有关。这里简单介绍一下短视频平台算法推荐的机制和原理。

一般来讲，推荐系统会根据短视频质量和账号权重等指标来决定推荐内容的次数。

首先根据短视频质量来推荐展示。发一条短视频，短视频平台没法判断其内容质量，所以先给一个基础展示量（初始流量），如 500 次展示。然后推荐系统通过算法模型评估展示反馈的数据。反馈数据一般包括转发数包括、完播率、停留时长、评论数、点赞数等。根据这些数据，推荐系统按照评价模型判定这条短视频的质量。如果这条短视频质量不错，推荐系统会加大这条内容推送展示量，如 1000 次展示。如果反馈数据继续不错,继续加大至1万、5万、10万乃至100万等级别的推送展示量。这样往复循环,正反馈使高质量的内容得到更多的曝光、播放;反之,对质量不高的内容,则通过负反馈减少推荐量,最后衰减到零推荐。

另外,推荐系统还会根据账号来评价短视频质量。如果一个账号长期、持续输出高质量短视频,推荐系统会给这个账号一个比较高的权重。账号权重分值越高,初始推荐量越大;反之,推荐量越少。

二、短视频营销管理

(一)短视频营销模式

企业通过短视频进行品牌传播,主要有三种方式。第一种方式是品牌企业自己策划、拍摄、推送短视频,即OGC。目前已有很多品牌在短视频平台上注册了官方账号,并定期发布短视频,与用户进行互动。第二种方式是由用户策划、拍摄与品牌相关的短视频,即UGC。第三种方式是与短视频网红合作,进行品牌植入。短视频平台上有一批粉丝数很多的网红,品牌企业可以与这些网红合作。

(二)短视频营销团队

短视频运营工作一般需要一个团队来做,其核心任务是生产制作高质量的短视频内容。短视频运营团队可以设置编导、摄影、剪辑和运营等岗位,其中,编导主要负责短视频的内容主题等的制定策划,摄影主要负责布置场景和拍摄视频,剪辑主要负责后期的剪辑和包装,运营主要负责视频发布后获得最大的播放量、关注量等。

三、短视频营销关键绩效指标

短视频运营关键绩效指标有短视频制作数量、转发数、完播率、停留时长、评论数/点赞数、活跃度/粉丝数等。这些指标既是短视频运营团队的绩效指标,也是推荐系统的评价指标。

(1)内容数量指标,主要是短视频制作数量。一个月要产出多少条短视频,是短视频营销团队工作量的反映。

(2)内容质量指标,包括转发数、完播率和停留时长。

· 转发数。转发数是短视频质量的评价指标之一,因为用户只有非常喜欢短视频内容的时候,才愿意把内容分享给朋友。

· 完播率。短视频的观看场景多是碎片化时间,如果一个15秒的视频,用户没看完就跳过了,推荐系统会认为这个视频不太受欢迎。完播率也是短视频质量的评价指标之一。

· 停留时长。用户在看一个视频的时间越长,推荐系统认为这个视频质量越高。

(3)用户运营指标,包括评论数/点赞数、活跃度/粉丝数。

· 评论数/点赞数。评论数和点赞数也是推荐系统的重要评价依据。评论数/点赞数是互动的反映，很多人看短视频，不仅仅是看短视频的内容，也喜欢看弹幕、看评论，甚至有人喜欢看评论甚于看视频。

· 活跃度/粉丝数。账号活跃度高、粉丝数量多，可以获得推荐系统更多的推荐。

第五节　网络直播营销

一、网络直播营销概述

（一）网络直播营销发展现状

网络直播营销是基于网络直播的优点发展起来的一种新营销方式，目前已经成为互联网营销的重要手段。

CNNIC 第 49 次报告显示，截至 2021 年 12 月，我国网络直播用户规模达 7.03 亿，同比增长 8652 万，占网民整体的 68.2%。其中，电商直播用户规模为 4.64 亿，同比增长 7579 万，占网民整体的 44.9%；游戏直播的用户规模为 3.02 亿，同比增长 6268 万，占网民整体的 29.2%；真人秀直播的用户规模为 1.94 亿，同比增长 272 万，占网民整体的 18.8%；演唱会直播的用户规模为 1.42 亿，同比增长 476 万，占网民整体的 13.8%；体育直播的用户规模为 2.84 亿，同比增长 9381 万，占网民整体的 27.5%。

网络直播的快速发展可以从媒介丰富度角度去解释。网络直播的媒介丰富度仅次于面对面沟通，因此非常适合推销复杂商品。在营销定位上，网络直播主要用于销售。

（二）网络直播营销影响因素

影响网络直播效果的因素主要有人、货、场三类因素。①人的因素，主要是指主播，主播是网络直播的灵魂。主播应该具备专业的带货知识、处理突发事件的应急能力、把控直播现场氛围的能力，同时还要能说会道，掌握直播技巧，最重要的是要对带货的产品有深入了解。②货的因素，指直播的产品价格要比其他渠道低。主播可以用优惠券、折扣、满减等优惠方式来降低产品价格，不仅可以吸引更多用户前来观看，还可以促进用户下单。③场的因素，指直播间购物场景的营造。主播团队要随时注意观众的评论，根据观众评论来做互动。还可以通过抽奖、发红包等方式来提高用户的活跃度，进而吸引更多用户前来观看直播。

二、网络直播营销管理

（一）网络直播营销模式

网络直播平台很多，具体有电商直播平台（如淘宝直播）、游戏直播平台（如斗鱼、虎牙、企鹅电竞等）、娱乐直播平台（YY、网易 CC 等）。直播营销主要有两种方式：一是企业自己做直播，直接销售商品；二是企业与网红主播合作，由网红主播代为推销商品。这两种方式各有优缺点。

（二）网络直播营销团队搭建

如果选择自己做直播，则需要搭建直播团队。直播团队可以设置编导、场控、主播、副播、助理、商品运营、活动运营等岗位。其中，编导负责直播总体策划工作，场控负责操作直播中控台、控制直播间节奏等，主播主要负责在直播间介绍产品、展示产品、与粉丝互动等，副播主要协助主播直播、与主播进行配合、直播间规则说明等，主播助理负责配合直播间所有现场工作、灯光设备调试、商品摆放等，商品运营负责商品的提供、挖掘产品卖点、产品知识培训、商品的优化等，活动运营负责搜集直播平台活动信息、活动策划与执行等。

（三）网络直播环境搭建

进行网络直播需要设备有电脑、手机、摄像头、麦克风&声卡、监听耳机、补光灯等（表7.2）。

表7.2 直播环境搭建

单位：台或个

品名	型号	用途	数量
电脑	戴尔（DELL）成就5090 全新第九代酷睿 21.5英寸屏商用家用台式电脑（Intel i7－9700/8GB/256GB 固态/集显/无光驱/支持网络同传）	主播用电脑	1
摄像头	罗技 C930e	主播摄像头	1
麦克风&声卡	铁三角 at2020－BK 电容麦克风＋艾肯 nano 外置声卡	音频采集	1
视频采集卡	天创恒达 TCNT3110	用于直播推流的视频采集	1
监控显示器	惠普（HP）32GD 32英寸 HDR600 2K DCI－P3 数字电影级色域 75Hz FreeSync 电脑显示器	主播直播间监控	1
补光灯	漾菲斯（YOUFES）YS1 手机直播支架/补光灯/主播美颜灯/落地三脚架	补光	2

（四）网络直播营销日常工作

网络直播营销的日常工作主要分为直播前、直播中、直播后三个阶段。

1. 直播前

（1）选品。选品要为直播和用户服务。直播商品的吸引力、竞争力直接影响到直播转化效果，直播团队必须认真根据品牌、直播主题及直播目的选择符合要求的商品。首先要选择与目标用户需求匹配度高、性价比高的商品。除此之外，还可以按照以下策略来选择直播商品。

· 新品首发。直播间可以作为新品的首发地。新品对品牌忠实粉丝来说具有强烈的吸引力，可充分吸引品牌的忠实用户的关注，快速打开新品市场。

· 热销爆款。热销商品是销量的保证，也是直播用户最关切的商品。在直播间也可以充分利用热销商品来引流，提高直播间的竞争力。在打造爆款时，可从新鲜感、低价格、易分享等角度来选择。

· 特价商品。特价商品也是吸引人气的重要手段。一般用库存积压商品做特价处理，在回馈粉丝的同时，也快速回流资金。

· 主题商品。每一场直播可以选择一个主题，如夏季特卖专场。在直播间，除了重点推荐主题商品外，还可以介绍搭配商品，如服装主题直播专场可匹配推销腰带、鞋子、箱包等，以带动整体销量。

· 价格等级选品。按价格区间，在直播中将产品分为低档、中档、中高档及高档等等级，在不同时间段上线不同等级的产品。并结合前期直播经验，及时调整策略。例如，在拉动销量上选取价格相对较低、性价比高的产品，而在品牌形象打造上则选用品牌经典款和热销款，以增强用户对品牌的认知。

当直播选品类别确定后，接下来可重点优化直播间商品分布。例如，可设置为热销爆款20%＋新品首发20%＋特价20%＋常规款40%＋利润款20%，其中爆款与新品帮助品牌增加竞争力、获取直播流量，特价快速清库存回笼资金，常规款与利润款则在丰富品类的基础上提升利润。

（2）直播预告。随着使用直播的商户越来越多，直播的推广和流量获取成为直播运营的重点。直播前要提前预告，为直播引流。商家可根据自身实际需求和直播目标，确定要预告的推广渠道、推广时间、推广频次和推广内容等。此外，还可通过导购、社群等方式预告推广。

· 线上预告推广。直播开始前，常在公众号推文、微博、商城首页及商品详情页等直接推送每场直播的小程序码和链接，为直播进行预告推广。

· 社交媒体预告推广。社交媒体形式非常多样化，可在微信朋友圈、微信群、QQ群等社交媒体和社区里预告推广。

· 线下预告推广。线下门店也是直播预告推广的渠道之一，每一位进店的客户都是对品牌和商品感兴趣的潜在消费者。商家可在门店电视屏、海报等增加直播二维码，当顾客进店后，门店导购可结合直播优惠活动等引导顾客扫码关注公众号并预约直播间。

· 广告预告推广。通过广告、与网红商业合作等做预告推广。

2. 直播中

直播现场是影响转化的关键，一看直播现场互动氛围如何，二看直播间活动是否有吸引力，能否激发用户购买欲望，促进转化。在一场直播中，直播间氛围对直播转化效果起着举足轻重的作用，直播氛围越热烈，用户转化率将越高。可以通过以下方式活跃直播间氛围。

（1）抢红包。抢红包是直播互动中最常见的一种互动，能最快调动观看直播互动的热情。某品牌在直播中，主播安排了三轮抢红包的活动，每轮抢红包开始前，在屏幕右上角出现100元红包的提示信息，可以吸引用户持续观看。

（2）点赞与评论互动。为了让直播间不冷场，维持良好的直播氛围，主播可借助点赞和评论区与用户展开互动，以延长用户观看时长。例如在某品牌的直播中，主播口头提醒直播观众全场点赞满十万，即开启新一轮红包赠送的任务；临近任务完成时，主播再次渲染，将直播间氛围再次推向高潮。

（3）发送关键词截图。关键词截图送奖的好处在于，能够搭配优质的直播内容吸引用户不断观看直播。在操作上，用户在评论中输入指定关键词参与抽奖，主播通过及时截图方式现场播报中奖名单，也是一个比较常用和适用的直播间互动方式。某品牌直播时，主播现场口播"评论区上第一个文字显示正确的用户才可领取奖品"，主播倒数开始后评论区即被关键字刷屏，直播现场氛围瞬间进入一个小高峰。

（4）商品知识问答。直播中出现的行业和商品知识讲解、互动问答，不但可以帮助观看直播的用户了解产品详情，还可以加强直播主播的专业形象，增加用户对品牌的信任度。

（5）直播+社群。社群作为承载私域流量重要的载体，也是企业经营的重要场景，而直播+社群能够为商家带来高效的转化。借助门店导购将线下的购买力快速转化到线上，进行社群分级分层管理，同时共享直播内容、社群里导购一对一介绍，形成更大的用户覆盖面，用户黏性也相对高，使直播转化率得到提高。

（6）直播+社交裂变。直播和裂变的结合能够帮助商家在短时间内聚集大量用户，促进销量的提升。例如，商家在直播中将原价100元的商品设置成最低9.9元的砍价活动，用户在直播间发起购买后分享给好友、朋友圈等进行砍价，砍价结束后用户可以以优惠价购买商品；好友可以再次发起砍价，通过好友裂变为直播间带来更多流量，也促进销量提升。

（7）直播+限时折扣。价格优势一直是商家吸引客户下单的重要方式。在直播中同样可以借助限时折扣等，集中引爆用户购买意愿，在短时间即形成销量的爆发增长。某品牌在直播中通过主播发放优惠券、限时折扣等折上折的方式，营造良好的直播氛围，刺激用户购买，实现快速促单，直播期间发放优惠券6000张，带动商城整体业绩突破1000万元。

（8）直播+秒杀。直播间的秒杀活动一般都会掀起直播氛围的小高潮，促进销量的提升。某品牌在工厂直播首秀中，将原价1688元的产品，在当晚6:55分以888元限时秒杀的形式推出，让现场用户直享直播福利，从而刺激购买需求，提高销量。

3. 直播后

直播结束，并不是商家跟用户关系的终结，而是进一步将公域流量转化私域流量，建立黏性。在直播过程中，商家可主要通过以下几种方式来沉淀流量。

（1）引导关注公众号。微信公众号触达用户方便，是商家私域运营的一个重要渠道。在直播设置时，商家可选择开启"关注公众号"。当用户进入并关注直播间后，可同步关注商家公众号。

（2）客服互动。直播过程中主播与用户的互动有限，为解决用户在直播过程中遇到的问题，如如何参与活动、如何购买或兑奖等，商家可以通过在直播时让用户加客服微信进行咨询的方式来解决。如此一来，客服与用户之间便形成直接可触达的关系链，直播结束后借由客服微信与用户加强黏性，并促进复购下单。

（3）社群运营。社群是沉淀和运营私域流量重要的载体，商家必须对社群进行持续不断的运营，拉近用户与品牌之间的关系，打造高忠诚度社群。

（五）网络直播营销规范

网络直播作为新的营销工具，目前既需要国家立法规范，也需要行业和从业者自律。

中国广告协会于2020年发布《网络直播营销活动行为规范》（以下简称《规范》），对直播电商中的各类角色、行为都作了全面的定义和规范。这是国内第一个关于网络视频营销活动的专门自律规范。《规范》从2020年7月1日起实施。

《规范》除了前言部分介绍制定出台《规范》的工作背景，正文共6章44条，全面涵盖了网络直播营销活动应普遍遵守的原则、针对不同主体的特定规范、鼓励情形和实施保障等。《规范》侧重为从事网络直播营销活动的商家、主播、平台、主播服务机构（如MCN）和参与营销互动的用户等主体提供行为指南。《规范》相关的条款摘录如下：

> 第四条　网络直播营销活动中所发布的信息不得包含以下内容：
> （一）反对宪法所确定的基本原则及违反国家法律、法规禁止性规定的；
> （二）损害国家主权、统一和领土完整的；
> （三）危害国家安全、泄露国家秘密以及损害国家荣誉和利益的；
> （四）含有民族、种族、宗教、性别歧视的；
> （五）散布谣言等扰乱社会秩序，破坏社会稳定的；
> （六）淫秽、色情、赌博、迷信、恐怖、暴力或者教唆犯罪的；
> （七）侮辱、诽谤、恐吓、涉及他人隐私等侵害他人合法权益的；
> （八）危害未成年人身心健康的；
> （九）其他危害社会公德或者民族优秀文化传统的。
>
> 第五条　网络直播营销活动应当全面、真实、准确地披露商品或者服务信息，依法保障消费者的知情权和选择权；严格履行产品责任，严把直播产品和服务质量关；依法依约积极兑现售后承诺，建立健全消费者保护机制，保护消费者的合法权益。
>
> 第六条　网络直播营销主体不得利用刷单、炒信等流量造假方式虚构或篡改交易数据和用户评价；不得进行虚假或者引人误解的商业宣传，欺骗、误导消费者。
>
> 在网络直播营销中发布商业广告的，应当严格遵守《中华人民共和国广告法》的各项规定。

第七条　网络直播营销主体应当依法履行网络安全与个人信息保护等方面的义务，收集、使用用户个人信息时应当遵守法律、行政法规等相关规定。

第八条　网络直播营销主体应当遵守法律和商业道德，公平参与市场竞争。不得违反法律规定，从事扰乱市场竞争秩序，损害其他经营者或者消费者合法权益的行为。

第九条　网络直播营销主体应当建立健全知识产权保护机制，尊重和保护他人知识产权或涉及第三方的商业秘密及其他专有权利。

第十条　网络直播营销主体之间应当依法或按照平台规则订立合同，明确各自的权利义务。

第十一条　网络直播营销主体应当完善对未成年人的保护机制，注重对未成年人身心健康的保护。

三、网络直播营销关键绩效指标

网络直播营销关键绩效指标主要有最高在线人数、直播人均停留时长、直播转粉数、直播转化率、商品交易总额（GMV）、投资回报率（ROI）。其中，

投资回报率 =（商品交易总额 - 产品成本 - 广告费用）/（产品成本 + 广告费用）。

【本章小结】

自有媒体，指的是企业向网络用户传递沟通信息，沟通渠道是企业自有的，或者是有较强控制力的。自有媒体的基本形式是网站。随着数字媒体的发展，网站的具体形式多种多样，具体包括网站、App、社交媒体网站等。

运用网站开展营销活动，包括网上市场调研、品牌宣传、商品展示、在线交易和在线服务等，还包括基于网站的服务设计与服务营销、内容设计与内容营销。从企业角度，网站能够完成市场调研、品牌宣传、销售、服务和客户关系管理等任务。网站按营销功能分，可以分为营销型网站、交易型网站和服务型网站。营销型网站也称为品牌宣传型网站，是以品牌宣传、公关为主，主要作用是宣传品牌，辅以商品展示、获得销售线索等功能；交易型网站也称为电子商务网站，除了品牌展示之外，还有购物车功能，能够完成订单、支付等功能；服务型网站是以提供在线客户服务为主的网站，网站的服务质量受网站导航、性能、可用性、服务流程、服务人员等因素影响。品牌宣传型网站可以从可触力、吸引力和行动力三个维度来思考其设计。网站营销的核心流程为：用户获取→用户转化→用户留存。网站推广方法主要有搜索引擎注册、搜索引擎优化和搜索引擎广告等。

短视频的营销定位是品牌传播，短视频运营团队可以设置编导、摄影、剪辑和运营等岗位。短视频平台内容分发模式是算法推荐的信息流模式和订阅关注模式兼有，但以算法推荐为主，订阅模式为辅。短视频运营关键绩效指标有短视频制作数量、转发数、完播率、停留时长、评论数/点赞数、活跃度/粉丝数等。

网络直播的营销定位是销售渠道,网络直播团队可以设置编导、场控、运营、场控、主播、副播、助理、商品运营、活动运营等岗位。网络直播日常运营包括直播选品、直播前的预告推广、直播中的互动、直播后的售后服务和关系维护。

复习思考题

1. 简述自有媒体形式。
2. 简述品牌宣传型网站设计要点。
3. 简述网站推广方法。
4. 简述网站营销关键绩效指标。
5. 简述 App 推广方法。
6. 简述 App 推广关键绩效指标。
7. 简述短视频营销原理。
8. 简述短视频营销定位。
9. 简述网络直播团队构成。
10. 简述网络直播关键绩效指标。

第八章 互联网营销沟通：口碑媒体

【学习目标】

掌握互联网口碑媒体营销、互联网品牌和互联网公关等知识。

【知识导图】（图8.1）

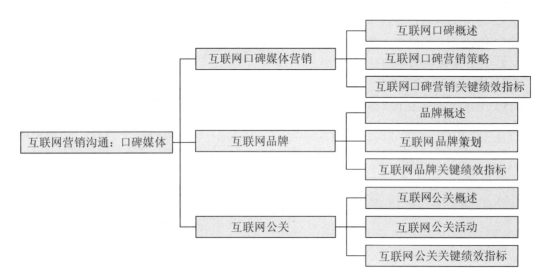

图8.1 本章知识导图

【导入案例】

谷歌深谙口碑媒体营销

2004年谷歌推出Gmail电子邮件时，只提供了几千个试用账户，想试用的人必须有人邀请。这些数量有限的"邀请码"迅速在全球流行，被用来交换各种各样的东西。传统的商业营销逻辑是因为信息不对称，传播主要通过广告和公关。但是，社交媒体改变了传播模式，也改变了信息不对称程度。信息对称让用户用脚投票的能力大大增强，一个产品或一个服务好不好，企业自己吹牛不算数了，大家说了算；好消息或坏消息，大家很快就可以通过社交网络分享。信息的公平对等特性也使网络公共空间具备了一定的信息过滤能力，假的真不了，真的也假不了。

（资料来源：https://www.zw.cn/zwnews/735.html，编者改编）

第一节　互联网口碑媒体营销

一、互联网口碑概述

（一）什么是互联网口碑

口碑，指众人口头的颂扬，泛指众人的议论、群众的口头传说。互联网口碑（Internet word of mouth，IWOM）是消费者借助网络媒介发表的个人看法，具体指网民通过论坛、博客、视频等网络渠道，与其他网民共同分享的关于公司、产品或服务的信息。

菲利普·科特勒将口碑媒体营销定义为：由生产者以外的个人通过明示或暗示的方法，不经过第三方处理、加工，传递关于某一特定或某一种类的产品、品牌、厂商、销售者，以及能够使人联想到上述对象的任何组织或个人信息，从而导致受众获得信息、改变态度，甚至影响购买行为的一种双向互动传播行为。

口碑营销有两个关键因素，一是口碑内容，二是传播媒介。

（二）互联网口碑的作用

1. 经济学角度

古典经济学的两大前提条件是理性人和完美信息。但现实世界大量存在信息不对称情况，如买卖双方的信息不对称、股东与职业经理人的信息不对称。信息经济学就是研究在不对称信息条件下，如何设计一种制度来规范交易者的行为，从而促成交易的发生。互联网口碑有利于改善信息不对称状况，促进交易发生。

2. 营销学角度

学者研究发现互联网口碑对信息搜索过程、用户态度以及购买决策都有很强的影响力。Chevalier（2006）以 Amazon 和 Barnes Noble 两个电子商务网站的消费者书评为对象，研究发现，对书籍的评分均值越高，相关书籍销量越大。Chen（2004）研究指出，评论的发帖量对销售会产生影响。因此，互联网口碑有助于品牌传播和促进销售。

与付费媒体和自有媒体相比，互联网口碑的作用表现为：

（1）消费者信任度高。付费媒体的广告和自有媒体一般都站在企业的角度，消费者一般会怀疑其真实性和准确性，不愿意接受那些明显带有商业目的、为企业的利益服务的广告宣传。相反，互联网口碑传播者是消费者的亲人、朋友、同学、同事、其他消费者等，与服务的提供者没有密切的关系，其信息更值得信任。有调查表明，约65%的受访者表示更愿意相信与自己价值观相似和兴趣相投的人。

（2）传播成本较低。口碑营销因为口口相传，就像"病毒"一样扩散，所以又称为病毒式营销。与广播、电视、报刊、网络广告等日益上涨的费用相比，口碑传播的成本还是比较低的。良好的口碑是企业的巨大财富，它的形成需要企业方方面面的配合，前期需要投入较大人力、物力、财力，口碑一旦形成，消费者就会自行宣传企业的产品和服务，并且很容易形成稳定的忠实顾客，这会大大节省广告费用。

（3）有利于品牌塑造。口碑传播不同于广告宣传，前者是企业的良好形象的象征，后者仅是商业行为。口碑传播是消费者满意度较高的表现，而夸张的广告宣传可能引起消费者的反感。拥有良好口碑的企业往往受社会公众的拥护和支持。企业赢得好的口碑后，就能拥有高知名度和美誉度，拥有良好的企业形象。良好的企业形象一经形成，就会成为企业的无形资产，有利于产品的销售与推广，有利于新产品推出。

（4）有利于顾客忠诚。互联网口碑是反映产品和品牌忠诚度的重要指标。消费者信任和喜爱口碑良好的企业，会在情感上认同、接受其产品和品牌，经由满意的体验而上升为依赖和忠诚。互联网时代商业模式的特点是，互联网品牌会竭尽全力实现用户体验最佳化，获得用户的满意和忠诚，并由用户间口碑传播进一步扩大影响力。杰出的产品、服务和超出用户期望的用户体验是消费者口碑宣传的主要动力。因此，口碑媒体的使用有助于企业把顾客需求、顾客满意放在第一位，打造良好的产品、服务和用户体验。

（三）互联网口碑媒体渠道

按照互联网口碑媒体的定义，凡是网民能够发表言论并可能对别的网友产生影响的媒体，都可以看作互联网口碑媒体。

互联网上各类网站、App都有很强的互动性，概括起来，互联网口碑媒体主要有：百度贴吧、网络论坛、知乎、小红书等网络社区，QQ群、微信群、钉钉群等网络社群，微信朋友圈的点赞、在看、转发等，微博的点赞、评论和转发，抖音、快手等短视频、直播的弹幕、点赞、分享等，淘宝、天猫等电商平台的顾客好评，拼多多等的拼团、集赞、转发等社交裂变手段，其本质都是口碑媒体传播。

（四）互联网口碑来源

互联网口碑的来源主要四个，分别是品牌企业、媒体、意见领袖和网络用户。

品牌企业出于品牌宣传和销售的需要，会主动宣传自己，或者与媒体合作对品牌进行报道。关于这块内容，将在本章"互联网公关"部分进行介绍。

意见领袖是团队中信息和影响的重要来源，并能左右多数人态度倾向的少数人。尽管他们不一定是团体正式领袖，但其往往消息灵通、精通时事，或足智多谋，在某方面有出色才干，或有一定人际关系能力而获得大家认可，从而成为群众或公众的意见领袖。在消费行为学中，意见领袖特指为他人过滤、解释或提供信息的人，这种人因为持续关注程度高而对某类产品或服务有更多的知识和经验。家庭成员、朋友或媒体、虚拟社区消息灵通的人士常常充当意见领袖。网络用户基于自己的消费经历、所见所闻，也会对品牌和产品提出自己的意见。

根据口碑来源的关系亲密程度，互联网口碑可以分为强关系口碑和弱关系口碑。强关系口碑如朋友圈、家族群、同学群等，弱关系口碑主要有微博、网店评论、短视频评论等。

(五) 互联网口碑内容

根据口碑内容，互联网口碑可以分为正面口碑和负面口碑。正面口碑是指包含对产品或服务正面评价信息的口碑；负面口碑是指包含对产品或服务负面评价信息的口碑，是贬斥该产品或服务的，劝说其他消费者避免购买该产品或服务。

根据口碑内容，互联网口碑还可以分为单面口碑和双面口碑。单面口碑指在一个口碑信息里只包含正面的信息，或者只包含负面的信息；双面口碑指在一个口碑信息里既包括肯定支持性的信息，又包括否定反对性的信息。

(六) 互联网口碑传播动机

互联网口碑传播动机分为内因（人口特征、动机等）、外因（信息内容、激励）和内因外因的相互作用。

Dichter（1966）提出了参与正面口碑传播的四大动机：产品涉入、自身涉入、他人涉入和信息涉入。Sundaram等（1998）认为参与正面口碑传播的动机有利他主义、产品涉入、自我强化、帮助企业，参与负面口碑传播的动机有利他主义、减少焦虑、报复、寻求建议。陈明亮、章晶晶（2008）研究发现，互联网口碑的来源可靠性、互联网口碑的内容、互联网口碑接受者的动机对传播意愿有影响；该研究将影响因素拓展到互联网口碑来源、口碑内容和动机。郭国庆、汪晓凡、曾艳（2010）研究了物质诱因、回报诱因、社交诱因和表现诱因这四种不同诱因类型和社交关系的关系强度组合对互联网口碑传播意愿的影响；该研究将动机细分为物质、回报、社交和表现等四种，并将动机类型与关系强度进行组合，研究不同组合对传播意愿的影响。唐雪梅、赖胜强、朱敏（2012）研究发现，负面口碑传播意愿高于正面口碑，情绪型互联网口碑传播意愿高于事实型互联网口碑；该研究将互联网口碑的内容进行分类，分为正向、负向、情绪型和事实型。陈静宇、王春国、唐小飞（2014）研究发现，信息内容主题类型、信息源、传播组合策略对传播意愿有影响。

薛骏川（2012）研究发现，正面口碑和负面口碑都对消费决策有影响，但负面口碑比正面口碑影响更大。研究发现，消费者认为既提到优点又提及缺点的双面口碑比纯粹赞扬或者批评的单面口碑可信度更高。消费者更倾向于把正面口碑告知强关系对象，把负面口碑发布给弱关系对象。消费风险越大，消费者越会主动寻找口碑，并会更加注重负面口碑。消费者认为负面信息比正面或中性的信息更诚实可信，所以倾向于寻找产品和服务的负面评论。

(七) 网络结构与互联网口碑传播

社交网络的结构是社交媒体营销的基础。网络科学是专门研究复杂网络系统的定性和定量规律的一门崭新的交叉科学。互联网、移动通信网、交通网、电力网、经济网、社会关系网等都是复杂网络，认识复杂网络的小世界特性、无标度特性对口碑媒体营销具有重要意义。

20世纪60年代，匈牙利数学家埃尔德什（Paul Erdos）和瑞尼（Alfred Renyi）开创了复杂网络理论研究，建立了 ER 随机图理论，奠定了随机网络理论的基础。随机网络理论的重要假设为：网络节点之间的链接是随机选择建立连接的。随机网络模型的前提是深刻的平等主义：完全随机的安排链接，因此所有的节点都有等同的机会获得链接。

1. 复杂网络的小世界特性

20 世纪 60 年代，美国耶鲁大学的社会心理学家米尔格伦（Stanley Milgram）设计了一个连锁信件实验。在美国中部地区随机地选择 300 个左右居民，给他们发送附有指令的包裹，希望他们把这个包裹送到波士顿的一个指定目标那里。波士顿很远，多半没人认识这个指定对象，包裹当然不能直接送达，只能交给自己认识的人，并且需要标注具体把包裹交给了谁，这样就能统计这个包裹会历经多少人之手。最后只有 64 个包裹成功送达指定目标，有效数据不足 1/4。米尔格伦发现，这 64 个包裹经过的中间人从 1 人到 10 人不等，其中位数正好是 5。六度分割理论（six degrees of separation）即由此而来。这个理论断言，世界上任意两个人之间最多隔了 5 个中间人，用数学语言表述为平均最小路径为 6。这个社会实验体现了一个似乎很普遍的社会现象：社会化的现代人类社会成员之间，都可能通过六度空间联系起来。这说明世界很小，因此，六度分割理论也称为小世界理论。

但小世界理论仅是一个理论假说，或者叫数学猜想，尚缺乏严格的证明。1998 年，美国康奈尔大学理论和应用力学系的博士生邓肯·沃茨（Duncan Watts）及其导师史蒂文·斯特罗加茨（Steven Strogatz）在 *Nature* 上发表了题为 *Collective Dynamics of "Small-World" Networks* 的论文，从数学上证明了小世界特性，这在今天被称为 WS 模型。

人类社会网络结构的小世界特性告诉我们，社交网络节点是连通的，且距离很短。这给互联网营销带来巨大的想象空间。但是，社交网络的节点关系有强有弱，节点之间信任有高有低，一个节点通过社交网络能到达目的节点，但未必能建立联系、关系；同时，营销信息在社会网络中传播会衰减，需要激励和成本。

2. 复杂网络的无标度特性

美国物理学家艾伯特·巴拉巴西（Albert Barabási）和他的博士生雷卡·艾伯特（Réka Albert）合作发现了复杂网络的另一种特性：无标度。无标度特性包括两个方面：①网络上的所有链接在节点间的分布是幂律分布，少数的节点拥有大量的链接；②网络生长过程中，新增加的节点优先与拥有很多链接的节点建立联系。呈现无标度特性的网络属于无标度网络。无标度网络模型又称为 BA 模型。自然界存在的复杂网络大多属于无标度网络，人类社会的社交网络也属于无标度网络。

大量实证研究表明，真实世界的许多网络不是随机网络，而是兼具小世界特性和无标度特性。复杂网络的小世界特性和无标度特性对我们研究信息如何在社交网络中传播具有重要意义。

二、互联网口碑媒体营销策略

(一) 口碑营销一般策略

根据互联网口碑理论，满意顾客传播正面口碑，不满意顾客传播负面口碑。口碑营销关键的是做好产品和服务，提升用户在线体验；同时，对不满用户及时做好补救措施，提升用户满意度。因此，互联网口碑营销策略为：

(1) 确保产品质量、服务质量让用户满意。产品和服务质量是口碑营销的基础，高质量的产品和服务方能产生正面口碑。

(2) 吸引用户参与产品生产与改进。因为用户对产品的涉入度越高，越可能产生口碑。

(3) 多渠道倾听互联网口碑，从中筛选可信的正面口碑、双面口碑，并向其他用户展示。从官方网站、App、社交媒体、短视频、直播、网络社区等多个渠道收集口碑，首先保证口碑要可信，是用户的真实体验，而不是杜撰的。把正面口碑和双面口碑置顶，优先展示给用户。

(4) 高度重视负面口碑，并及时、诚恳地处理负面口碑。负面口碑传播意愿高于正面口碑；越是高卷入度的产品，越是要重视负面口碑。对负面口碑的处理，首先要及时，其次要诚恳。

(5) 口碑传播时，正面口碑通过强关系渠道传播，双面口碑通过弱关系渠道传播。

(二) 互联网口碑传播渠道策略

社交媒体是互联网口碑传播的重要渠道。社交媒体（social media）也称为社会化媒体，指互联网上基于用户关系的内容生产与交换平台。社交媒体网站允许人们撰写内容、分享内容、评价、讨论和相互沟通。

我国的社交媒体经过多年的发展，类别呈现多样性，当前主要有微信、微博、抖音、快手、B 站、小红书、论坛社区、博客、问答、网络直播等。社交媒体营销就是要借助这些社交媒体，去倾听用户的声音，宣传推广自己的品牌与产品。

(三) 关键意见领袖营销策略

关键意见领袖（key opinion leader, KOL）是拥有更多、更准确的产品信息，且为相关群体所接受或信任，并对该群体的购买行为有较大影响力的人。关键意见领袖是具有相对更高社会地位的个人或组织，人们在作出重要决定时大都会听取他们的建议和意见。关键意见领袖营销是利用关键意见领袖建立的口碑和信誉，在其粉丝中为品牌、产品推广提供背书，在拓展消费者品牌认知的基础上，加速消费者对品牌从认知到信任的过程，最终形成转化的一种营销模式。

关键意见领袖营销过程主要包括以下步骤：

(1) 设定目标。首先要确定传播目的，是提升品牌知名度、品牌忠诚度，还是增加销量。然后根据目的来设定目标，目标的设定会影响到对关键意见领袖的选择。假设目的是提高品牌知名度,那么首选当下热门流量的关键意见领袖,如当红的流量明星;如果想提高品牌的忠诚度,可以选择粉丝量不一定很多,但粉丝忠诚度比较高的关键意见领袖,如行业专家。

(2)确定目标受众。目标受众直接决定着传播效果。首先分析企业的目标受众,还要分析关键意见领袖的粉丝是否属于目标受众的范围。可以通过目标受众和粉丝用户画像来进行分析。用户画像的维度通常包括社会属性(人口统计学、兴趣)、媒体属性(媒体偏好、影响力、影响领域)和会员属性(消费能力、渠道倾向、品牌忠诚度)等。

(3)识别并匹配合适的关键意见领袖。互联网上大大小小的关键意见领袖很多,但要识别其是否有价值,因为有些所谓的关键意见领袖粉丝众多,但并没有影响力,也就没有营销价值。可以从以下维度判断关键意见领袖的营销价值:①是否专业。关键意见领袖对某类产品比其他人有着更为长期和深入的介入,因此对产品更了解,有更广的信息来源、更多的知识和更丰富的经验。②人际沟通。关键意见领袖具有极强的社交能力和人际沟通技巧,且积极参加各类活动,善于交朋结友,是群体的舆论中心和信息发布中心,对他人有强大的感染力。

同时结合以下几个维度进一步筛选:①更新内容及频率。这位关键意见领袖最近更新了什么内容?可以进行二次传播吗?更新的频率是多久一次?②流量。这位关键意见领袖有多少粉丝?每条更新的内容有多少转发量、评论量和点赞量?③平台。这位关键意见领袖经常活跃在哪一个平台上?这个平台是你计划内进行传播的平台吗?

(4)确定合作方式及内容。和关键意见领袖正式合作后,通常来说,需要给他准备时间,一般为一个月。合作要制定计划表,计划表里需要告诉关键意见领袖什么时间点要发什么内容,这样方便他及时进行规划。

(5)营销效果监测。在合作开展的同时需要对效果进行监测,监测的内容包括曝光率、点击率、点赞量、评论量等指标信息。通过观察这些硬性的指标来检测和关键意见领袖的合作是否有效。如果没有效果,或者收效不大,应及时做出调整,如换掉关键意见领袖、改变营销规划等。

(四)内容营销策略

内容营销指的是在实体环境或网站上制作并上传内容的一种营销方法,通过合理的内容创建、发布及传播,向用户传递有价值的信息,从而实现营销的目的。

实体环境的内容营销,主要内容载体包括企业的 logo(VI)、画册、网站、广告,甚至是 T 恤、纸杯、手提袋等。互联网环境下的内容营销,是指在网站、App、社交媒体网站、短视频、网络直播、网络社区、电子邮件等自有媒体上制作并上传内容的一种营销方法。由企业品牌等营销者制作内容,通过网站、App、社交媒体网站、短视频、网络直播、网络社区、电子邮件等互联网营销媒体与潜在顾客进行沟通。互联网内容营销与实体环境的内容营销,只是媒体形式不同,但传递的内容的核心必须是一致的。

1. 内容生产策略

网站内容生产模式主要有三种,分别是品牌生产内容、专业生产内容和用户生产内容。①品牌生产内容（brand generated content，BGC），创作主体是品牌、企业等组织，是品牌企业为宣传品牌而生产的内容。②专业生产内容（professionally generated content，PGC），创作主体是拥有专业知识、内容相关领域资质和一定权威的舆论领袖，如经济学者写的财经文章，教师写的教育教学文章，或者专业机构在抖音、快手上发的短视频，都属于 PGC。③用户生成内容（user generated content，UGC），创作主体是一般用户，如用户在贴吧、知乎等上发表的文章、评论，或者在抖音、快手上发的短视频，都属于 UGC。

内容营销要求品牌不断创造高质量的 BGC，同时激发 UGC 和 PGC，以达到增长目标。

互联网上用户生成的内容包括推文、访谈、博客文章、图片、视频、评测、评论等，这些宽泛的内容涵盖了广泛的主题，其中很多都与品牌业务无关。但是，有些内容很重要，因为这些内容对消费者态度和行为产生了巨大的影响。根据 Bright Local 的一项调查：91% 的 18～34 岁的人相信在线评论和个人推荐一样多，68% 的消费者在信任一个品牌之前必须至少看到 4 篇评论，40% 的消费者在阅读负面评论后会停止使用该商家。

对用户生产内容，首先要保证内容的真实性，无论是用户身份还是用户体验都要保证真实，尽可能从第三方平台收集评论。在今天，精明的消费者可以发现虚假评论，他们知道不要相信一个一直获得完美 5 星评级的品牌。评论无论好坏，都可以帮助消费者做出明智的购买决定。即使是负面评论仍然是有价值的，客户反馈可以帮助阐明产品或服务需要改进的地方，这不仅有利于下一个买家，而且有利于企业。

其次，根据用户生成内容的动机制定策略激励用户。有关研究显示，用户生成内容的动机主要有品牌涉入、利他主义等，可以通过给予优质 UGC 作者品牌荣誉、置顶、点赞等方式给予激励。UGC 营销的关键在鼓励用户制作可以推销品牌的内容来促进传播。

最后，可举办关于用户生成内容的比赛。竞赛不仅有助于增加 UGC 提交的数量，而且还有助于提高其质量。成功举办比赛的关键是确保奖励足够诱人以鼓励参与，还必须强调奖品是有限的，因为这会促使粉丝创作出更具创意的参赛作品。

2. 内容传播策略

如果网站上的内容非常多，怎么把内容组织起来并分发给用户，是网站内容营销的关键。网站内容分发模式主要有四种，分别是分类索引模式、搜索模式、订阅模式和算法推荐模式。这四种模式对应四种商业模式，分别是门户网站模式、搜索引擎模式、社交网站模式、信息流模式（表8.1）。

表8.1 网站内容分发模式

内容分发模式	代表网站	内容营销关键因素
分类索引模式	新浪、搜狐、网易等	上门户网站首页
搜索模式	Google、百度、搜狗等	提高搜索引擎排名

续表 8.1

内容分发模式	代表网站	内容营销关键因素
订阅模式	微信、微博、抖音等	提高用户关注量
算法推荐模式	今日头条、抖音、快手等	获得内容算法推荐系统更多的推荐

在一个网站里面，当前四种分发模式同时存在，只不过不同分发模式的用户使用率不同。例如，对 PC 时代的网站，以分类索引模式和搜索模式分发为主；对社交媒体网站（微信、微博等），以订阅模式为主；对抖音、快手等短视频平台，则以算法推荐模式为主。

在 PC 时代，网站内容营销的关键是上门户网站首页和提高搜索引擎排名；社交媒体网站营销的关键是提高用户关注数量；短视频营销和网络直播营销等靠内容算法推荐的内容营销，则主要靠推荐系统的推荐。

三、互联网口碑营销关键绩效指标

互联网口碑营销关键绩效指标一般从以下方面进行评价：

（1）互联网口碑数量指标，包括互联网口碑总数、正面口碑数量、负面口碑数量和双面口碑数量。

（2）互联网口碑影响力指标，包括权威媒体口碑数量、意见领袖口碑数量和口碑转发数。

（3）互联网负面口碑监测与处理指标，包括负面口碑监测的及时性、负面口碑应对的及时性、负面口碑处理的妥善性和负面口碑用户回访的满意度。

第二节 网络品牌

一、品牌理论

品牌是指消费者对一个企业及其产品（系列）、售后服务、文化价值的认知程度，会给产品或服务带来有差别的、正面的影响。企业通过产品提供功能价值，通过品牌提供认知价值。一项研究表明，72% 的顾客愿意为他们选择的品牌支付高出次优的竞争品牌的 20% 的额外费用。

品牌对营销者的作用在于：有利于促进产品销售，树立企业形象；有利于保护品牌所有者的合法权益；有利于约束企业的不良行为。品牌对消费者的作用在于：有利于消费者辨认、识别及选购商品；有利于维护消费者利益。

品牌理论主要有 USP 理论、品牌形象论、品牌定位论、整合营销传播理论、品牌资产论和品牌关系论等。

（一）USP 理论

20 世纪 50 年代初美国人罗瑟·瑞夫斯（Rosser Reeves）提出 USP 理论，要求向消费者表达一个"独特的销售主张"（unique selling proposition，USP），简称 USP 理论，又称为创意理论。

企业能生产出各式各样的产品，消费者难以区分记忆和选择接受，如何让消费者接受呢？方法是企业只传播最独特的那一点，即独特的销售主张。USP 理论的特点是：强调产品具体的特殊功效和利益，每一个广告都必须对消费者有一个销售主张；这一销售主张必须是竞争对手无法也不能提出的，是具有独特性的；其利益必须聚焦在一个点上，必须具有很强的销售力，能够说服消费者。

USP 理论适合提炼广告语、宣传口号、广告软文等。

（二）品牌形象论

20 世纪 50 年代末 60 年代初，随着科技进步，各种替代品和仿制品不断涌现，寻找 USP 变得愈益困难。大卫·奥格威（David Ogilvy）提出品牌形象论（Brand Image），认为在产品功能利益点越来越小的情况下，顾客购买时看重的是产品实质价值与心理价值之和，即：顾客绩效 = 产品价值 + 心理价值。心理价值来源于品牌形象，因此要塑造品牌形象来增加顾客的心理价值。

品牌形象包括商标、logo、包装、价格、历史声誉、广告方式的总和。

（三）品牌定位论

品牌定位论包括市场细分（segmentation）、目标市场选择（targeting）和市场定位（positioning）。

美国营销专家艾·里斯（Al Ries）与杰克·特劳特（Jack Trout）于 20 世纪 70 年代提出定位理论。定位理论认为打造品牌就是要让品牌在消费者心智中代表某个品类或者某个特性。定位理论非常强调心智和认知，认为认知大于事实，认知最大的规律是分化。

里斯和特劳特认为，定位是企业对未来的潜在顾客的心智所下的功夫。市场定位的实质是使本企业品牌和其他企业品牌严格区分开，并且通过市场定位使顾客明显地感觉和认知到这种差别，从而在其心目中留下特殊的印象。

（四）整合营销传播理论

1992 年，美国西北大学教授唐·舒尔茨（Don E. Schultz）及其合作者斯坦利·田纳本（Stanley I. Tannenbaum）、罗伯特·劳特伯恩（Robert F. Lauterborn）发表全球第一部整合营销传播（integrated marketing communications，IMC）专著《整合营销传播》。整合营销传播把广告、促销、公关、直销、CI、包装、新闻媒体等一切传播活动都涵盖到营销活动的范围内，使企业能够将统一的传播资讯传达给消费者。所以，整合营销传播也被称为用一个声音说话（speak with one voice），即营销传播的一元化策略。

舒尔茨对内容整合与资源整合进行了表述。他认为内容整合包括：精确区隔消费者——根据消费者的行为及对产品的需求来区分；提供一个具有竞争力的利益点——根据消费者的购买诱因确定；确认目前消费者如何在心智中进行品牌定位；建立一个突出的、整体的品牌个性，以便消费者能够区别本品牌与竞争品牌的不同，其关键是"用一个声音来说话"。

舒尔茨认为，应该发掘关键接触点，了解如何才能更有效地接触消费者。传播手段包括广告、直销、公关、包装、商品展示、店面促销等，关键是"在什么时候使用什么传播手段"。无论是内容整合还是资源整合，两者都统一到建立良好的品牌—顾客关系上来。内容整合是资源整合的基础，资源整合推动内容整合的实现。

我们要区分营销渠道和传播渠道。营销渠道侧重销售和售后，传播渠道侧重沟通和形象。当然，各个渠道、各类信息、各种声音还是要最大限度地整合，以快速建立品牌形象，积累品牌资产。

（五）品牌资产理论

品牌资产（brand equity）是能够增加或减少企业所销售产品或服务的价值的一系列资产与负债，它主要包括品牌忠诚度、品牌认知度、品牌感知质量、品牌联想、其他专有资产（如商标、专利、渠道关系等），这些资产通过多种方式向消费者和企业提供价值。

品牌资产之所以有价值并能为企业创造附加值，是因为它在消费者心中产生了广泛而高度的知名度、良好且与预期一致的产品知觉质量、强有力且正面的品牌联想（关联性）以及稳定的忠诚消费者这四个核心特性，即品牌知名度、品牌知觉质量、品牌联想和品牌忠诚度，这是品牌资产价值构成的重要来源。

品牌资产管理要从构成品牌资产的几个要素入手，具体方法如下：

（1）建立品牌知名度。建立品牌知名度通常可采用的做法是：①给品牌取个好名字；②通过广告、公关等手段打造品牌知名度。

（2）建立品质认知度。建立品质认知度可从以下方面着手：①注重对品质的承诺；②创造一种对品质追求的文化；③增加培育消费者信心的投入。

（3）建立品牌联想。品牌联想是指消费者看到某一个品牌的时候所能联想到的内容，包括产品特性、消费者利益、价格、使用方式、生活方式与个性等。

（4）维持品牌忠诚度。维持品牌忠诚度的通常做法有：①深入地了解顾客需求；②提高消费者的转移成本。

（六）品牌关系理论

卢泰宏、周志民在《基于品牌关系的品牌理论：研究模型及展望》一文（《商业经济与管理》2003年第2期）中对品牌关系理论进行了梳理，以下主要介绍品牌关系概念、品牌关系角色模型和品牌关系动态模型。

1. 品牌关系的概念

1983年，美国学者贝利（Berry）提出关系营销的概念。1992年，布兰克司通

(Blankston)结合关系营销理论和人际关系理论,提出品牌关系(Brand Relationship),他认为品牌关系是指消费者对品牌的态度与品牌对消费者的态度之间的互动。

2. 品牌关系角色模型

品牌角色阶梯模型动态地描述了品牌在与消费者关系中所充当的角色。在不同的关系阶段,品牌充当了不同的角色,对消费者有着不同的含义。最初,品牌只是衡量产品质量的参考;随着营销人员在品牌中增添情感成分,品牌就发展出了个性;当亲密关系建立起来时,品牌就成为一个偶像;下一个阶段,消费者变得非常容易受企业营销活动的影响;最后,品牌成为企业政策的代名词,在社会文化认可中承担更多的责任。

3. 品牌关系动态模型

品牌关系动态模型的视角是:消费者与品牌之间的关系如同人际关系的发展一样,有一个从无到有、从陌生到熟悉、从一般到亲密直至忠诚的渐进过程。

品牌关系五阶段论包括起始、成长、维持、恶化和瓦解。品牌关系六阶段论则包括注意、了解、共生、相伴、分裂、复合。

二、互联网品牌策划

移动互联网和社交媒体普及后,让每个消费者具备了发声的平台,从个体消费者到意见领袖,都具备了传播品牌认知的传播渠道。

互联网品牌策划主要通过互联网品牌定位、互联网品牌元素设计、互联网品牌推广与传播、互联网品牌关系建立和互联网品牌保护等步骤进行。

1. 互联网品牌定位

互联网品牌首先要做好人设,即品牌定位。市场分析主要了解目标顾客需求和竞争品牌定位。目标顾客需求分析要找到顾客没有满足的需求或者对目前供应不够满意的地方,竞争品牌分析要找到对手不擅长、没有做到或者做得不到位的地方。

品牌定位是根据竞争者现有产品在市场上所处的位置,针对顾客对该产品某种特征或属性的重视程度,强有力地塑造出本企业产品与众不同的、给人印象鲜明的个性或形象,并把这种形象生动地传递给顾客。当顾客产生相关需求时,便会将该品牌作为首选,也就是说这个品牌占据了这个定位。

定位之父特劳特认为,定位就是让你的产品与别人不同,就是在市场细分的基础上形成产品、服务、价格等方面差异化,而这是通过客户的心智来完成的。

可以用以下公式来简单衡量顾客价值:顾客价值(品牌认知)= 产品功能性能 × 服务质量 × 便利/价格。可以看到,顾客价值跟产品功能性能、产品(服务)质量、便利性和价格这四个因素直接相关。产品质量越好,顾客价值越高;服务质量越高,顾客价值越高;便利性越好,顾客价值越高;价格越低,顾客价值越高。

定位的目标是要形成相对于竞争对手的差异化优势,这种差异化体现在产品功能性能、产品(服务)质量、便利性、价格等方面,而且这种差异化优势要为顾客所认可。

2. 互联网品牌元素设计

互联网品牌设计要将品牌具象化,以利于传播和认知。互联网品牌元素主要指企业在互联网上的域名、网址（通用网址和无线网址）和网络名片（品牌词）等。互联网品牌元素设计包括品牌语言系统和品牌视觉系统。

品牌语言系统包括品牌理念、品牌价值主张、品牌故事和品牌口号（slogan）。

品牌视觉系统包括基础系统和应用系统。基础系统包括标志、辅助图形、VI规范、品牌吉祥物等，应用系统包括产品包装设计、门店/店铺设计、电商网站设计、社交媒体形象设计、宣传物设计、其他设计（办公用品、公关用品、员工服装等）。

3. 互联网品牌推广与传播

互联网品牌推广与传播，主要工作是通过广告和公关传播，也可以在官网、社交媒体与网民良好互动。

4. 互联网品牌关系建立

互联网品牌关系建立可以依靠微博、微信公众号、网络社区等社交媒体，通过社交媒体持续为大众客户创造社交价值、情绪价值等，并建立私域流量池，为客户创造专属价值。

5. 互联网品牌保护

品牌保护包括品牌的经营保护、品牌的法律保护和品牌的社会保护三个组成部分。互联网品牌保护是对企业品牌的所有人、合法使用人的品牌实行资格保护措施，以防范来自网络上的侵害和侵权行为，包括对企业的域名保护，企业名称、商标的线上保护，企业品牌舆情监控等。

（1）积极注册域名。运用域名保护战略来斩断仿冒者的企图已经成为知名企业实施品牌保护重要措施。跨国企业的网上品牌保护意识比较强，它们常常广泛地将与自身商标、商号、行业属性等一切可能与自身形象发生关联标识的衍生形式域名注册下来。

（2）实行针对域名的全网品牌保护。企业品牌是具有生命力的，从早期的商标、商号到传统互联网的域名，再到当前的移动互联网，甚至到未来的物联网，在不同的时代，其品牌的内涵与外延也将发生变化。

采取合理措施减少域名被抢先注册。为平衡商标、企业名称等民事权益人与互联网域名持有者之间的权益，我国修订了域名争议解决办法。

合理使用争议解决机制、仲裁和民事诉讼手段。为平衡商标、企业名称等民事权益人与互联网域名持有者之间的权益，《中国互联网络信息中心通用网址争议解决办法》《中国互联网络信息中心域名争议解决办法》已出台，并已经全面实施。

（3）监控企业品牌舆情。对企业进行媒体监测，随时掌握自身、用户、竞争对手等舆情动态，可以掌握先机，及时处理品牌危机，确保品牌声誉安全。

三、互联网品牌关键绩效指标

互联网品牌关键绩效考核指标主要有：

（1）品牌资产指标，包括品牌价值和品牌成长率。

（2）品牌认知指标，包括认知覆盖率、头脑占有率和心理占有率。

（3）品牌关系指标，包括品牌联想、品牌偏好和品牌忠诚。

第三节 互联网公关

一、互联网公关概述

(一) 互联网公关的概念

公共关系（public relations）简称公关，是指组织机构与公众环境之间的沟通与传播关系。公共关系是指某一组织为改善与社会公众的关系，促进公众对组织的认识、理解及支持，达到树立良好组织形象、促进商品销售目的而开展的一系列公共活动。它的本意是社会组织、集体或个人必须与其周围的各种内部、外部公众建立良好的关系。它是一种状态，任何一个企业或个人都处于某种公共关系状态之中。它又是一种活动，当一个工商企业或个人有意识地、自觉地采取措施去改善和维持自己的公共关系状态时，就是在从事公共关系活动。

作为公共关系主体长期发展战略组合的一部分，公共关系的含义是指这种管理职能：评估社会公众的态度，确认与公众利益相符合的个人或组织的政策与程序，拟定并执行各种行动方案，提高主体的知名度和美誉度，改善形象，争取相关公众的理解与接受。

互联网公关也就是指企业在网络空间的公众关系。企业通过各种方式与网络公众增进了解，进而维持与公众的良好关系与互动。

(二) 互联网公关的作用

互联网公关作用是维护和改善企业形象，提升品牌知名度，以获得更多商机。信息化的高速发展使产品的科技含量日益趋同，生产管理的规范化和程序化则导致同类产品在质量上难分高下，企业的竞争已由有形资产的竞争转变为品牌、形象、商誉等无形资产的竞争。

(三) 网络危机公关

由于企业的管理不善、同行竞争甚至遭遇恶意破坏或者是外界特殊事件的影响，而给企业或品牌带来危机，企业针对危机所采取的一系列自救行动，包括消除影响、恢复形象，就是危机公关。

危机公关具有意外性、破坏性、紧迫性等特点。①意外性，指危机爆发的具体时间、实际规模、具体态势和影响深度都是企业始料未及的。②破坏性，由于危机常具有意外性的特点，必然不同程度地给企业造成破坏、混乱和恐慌，而且由于决策的时间以及信息有限，往往会导致决策失误，从而带来无可估量的损失。③紧迫性，对企业来说，危机一旦爆发，其破坏性的能量就会被迅速释放，并呈快速蔓延之势，如果不能及时控制，危机会急剧恶化，使企业遭受更大损失。

危机公关最基本的经验可归结为：勇于承担责任，说真话，赶快说。如何赶快说？网络媒介是一条捷径。

二、互联网公关媒体渠道

互联网公关主要是在官方网站、官方社交媒体网站、第三方网站、网络社区等媒体宣传你的公司、品牌、产品或网站，主要活动有网上新闻发布、网络主题访谈、专题报道等，也包括通过网络方式消除负面影响。网络新闻发布媒体渠道主要有官方网站、官方社交媒体、网络社区、合作网络媒体等。

（一）官方微博公关

1. 微博概述

微博是一种基于用户关系信息分享、传播以及获取的社交媒体，通过关注机制分享简短实时信息的广播式社交媒体。微博用户可以通过 PC、手机等多种终端接入，以文字、图片、视频等多媒体形式，实现信息的即时分享、传播互动。微博虽然有一定的互动性，但主要还是广播形式的媒体。

微博定位与公众号定位相似，两者又有一定的区别。微信公众号是社交媒体，微博偏向大众传媒。所以，在互联网营销中，微信公众号侧重在线服务和客户关系管理，微博偏重于品牌传播和公共关系管理。企业可以通过微博平台向用户传播企业信息、品牌信息，与社会大众进行沟通，树立良好的企业形象和品牌形象。

2. 微博内容运营

微博运营主要是内容运营，微博的内容主要为短视频、图片、图文、文字和头条文章五种。在内容建设的过程中，要逐步建立起微博素材库，内容要原创，并制定合理的发布时间。

（1）选题。选题决定着整篇内容的命运、内容的阅读量和传播效果，因此选题是内容建设过程中的核心步骤。

（2）素材收集。选好题后就要开始素材的收集工作，主要收集行业的相关信息、相关领域的大事件和重要变化等。

（3）内容编辑。在内容编辑的过程中，编辑的内容要与定位相结合，同时能够引起用户的共鸣感。

（4）内容审核。在内容编辑完成之后要对内容进行一次预览，确保发布的信息没有错误。

3. 微博推广

微博与微信同样是社交媒体，其内容分发主要也是订阅关注模式，订阅关注的主动权也在用户手里，用户也是通过"关注"或"取消关注"来决定是否接受微博内容。但微博与微信有所不同，微博的内容分发主要是通过热点事件方式来传播的。因此，微博推广中系统推荐和大 V 推荐非常重要。微博推广方法主要有：

（1）借势。随时关注热点社会新闻、事件等，结合企业或产品发布相应的内容。

（2）微博大V推荐。微博是无标度网络，少量的大V拥有大量的粉丝。因此，微博大V推荐是微博推广的重要手段。可以寻找相关行业微博大V，付费推荐。

（3）微博活动推广。通过策划活动进行推广，活动可以根据节日、节气、产品本身、体育热点、新闻热点、娱乐热点等进行策划，活动的方式可以是转发抽奖等。

（4）建立微博矩阵。借助企业名人、品牌建立微博矩阵，共同展现企业形象、品牌形象。

（5）账号认证。获得认证的好处是可以形成较权威的良好形象，微博信息可被外部搜索引擎收录，更易于传播。

（6）微博广告推广。粉丝通、粉丝头条、微任务都是效果不错的推广工具。粉丝通的功能较为强大，企业的推广使用粉丝通较多。

（7）网络广告推广。在一些门户网站广告、腾讯广告、百度推广等广告平台发布企业微博的广告。

除了以上推广方式之外，还有软文推广、话题推广、粉丝互动、企业内部引流等多种推广方式。

（二）公共网络社区公关

1. 什么是网络社区

人们从地理要素（区域）、经济要素（经济生活）、社会要素（社会交往）以及社会心理要素（共同纽带中的认同意识和相同价值观念）的结合上来把握社区这一概念，即把社区视为生活在同一地理区域内、具有共同意识和共同利益的社会群体。在社会学中，构成一个社区，应包括以下五个基本要素：一定范围的地域空间，一定规模的社区设施，一定数量的社区人口，一定类型的社区活动，一定特征的社区文化。社区就是一个聚居在一定地域范围内的人们所组成的社会生活共同体。

网络社区也称为互联网社区、虚拟社区，是指包括网络论坛、贴吧、公告栏、群组讨论等形式在内的网上交流空间，同一主题的网络社区集中了具有共同兴趣的访问者。多年前人们把论坛说成社区。到了今天，我们对网络社区有了更加深入全面的认识，论坛只是构成社区的一部分，是社区中的公共活动和议论的场所，是组织社区活动和体现社区文化特征的平台。

2. 公共网络社区的特点

公共网络社区具有虚拟性和开放性的特点

网络社区的虚拟性。网络社区得以形成的基础性平台只是一种虚拟的网络空间，没有明确的地域观念，社区成员的互动是以电子交互方式实现。因此，虚拟性是网络社区和现实社会社区之间的重要区别。正是在这个意义上，网络社区又被称为"虚拟社区"。

网络社区的开放性。网络社区在短短的时间里得到迅猛发展，是因为它具有把世界"一网打尽"的能力。在横向上，国家间、地区间的距离因虚拟社区的互联而不复存在；在纵向上，历史、种族、信仰将被逐渐淡化，不同文化背景、不同语言的人们能够聚集在一起实时地、"面对面"地互动。因此，网络社区的跨地域性是它与现实社区最重要的区别之一。

3. 公共网络社区公关的作用

公共网络社区公关可以增进企业和网站访问者之间的关系，有利于培养社区成员对网站的忠诚度，可以促进企业产品的销售。具体来说，公共网络社区公关有以下几个方面的作用：

（1）与用户沟通。互联网营销人员可以与访问者直接沟通，了解客户对产品或服务的意见和建议。同时，消费者可以在社区发表自己的意见，交流使用产品的体验。企业可以从社区里发现很多有意义的信息，依此来改进企业产品和服务。

（2）用户资料的积累。访问者要想加入社区，必须通过注册（提交自己的信息，如年龄、性别、个人收入以及联系方式等）。同时，网络社区经营者在长期的积累中，对成员的生活风格、消费风格、兴趣爱好、主要的技能、职业以及大体的收入水平等有了相当的了解。企业还可以在社区直接进行在线调查，邀请访问者或会员参与。

（3）提供在线服务。企业可以在网络社区里开展产品安装、售后服务、问题解答等在线服务，客户在购买或者使用产品时所遇到的问题都可以发布在社区论坛里。企业还可以通过社区的聊天室开设即时免费咨询活动，帮助访问者解决一些常见问题。

（4）促进产品销售。企业网站通过网络社区积累了一定的会员，可以使用 E - Mail 列表进行产品促销。同时，成员对网站的忠诚，对企业产品的不断熟悉，有利于他们转化为企业的客户。而且，通过对现有客户提供各种在线服务会获得良好的口碑，也可能刺激企业产品的销售。

（5）赢得客户忠诚。企业与访问者之间通过网络社区进行即时沟通，容易得到访问者的信任，这些来访者通过和企业的交流而可能成为企业的客户，因为人们更愿意从比较熟悉的企业购买产品。企业网站通过网络社区来产生互动，有了互动才能创造关系，有了关系才会带来认同，有了对社区的认同才会产生对企业的忠诚。

4. 公共网络社区媒体渠道

我国常用公共网络社区平台有水木社区、猫扑社区、天涯社区、百度贴吧、CSDN、凯迪社区、知乎、豆瓣、虎扑、东方财富博客、西祠胡同、雪球、果壳网等。

（三）知乎网络社区公关

1. 知识类网络社区概述

随着信息和网络技术的快速发展，特别是 Web 2.0 技术的兴起和网络社交服务的迅速普及，以"提问 - 回答"为主要服务内容的知识社区应运而生。对某一特定主题产生兴趣的一群人，为了知识的获得、需求的沟通，并进行创造和分享相关知识的活动，形成一个群体。他们在网站平台上分享交流自己的知识。帮助用户筛选有效知识信息的知识平台以及网络知识社区，有知乎、果壳、逻辑思维等。在五花八门的问答网站中，知乎是其中蓬勃发展的佼佼者，其分享的内容具有专业化、用户主体平民化、讨论效果理性化、运行方式社交化的特征。

作为国内代表性的网络知识社区，知乎以问答形式为主。用户可以在其提供的平台上对自己感兴趣的问题搜索答案，如果没有得到满意的答案可以自行提问；还可以在自己擅长的领域内解答其他用户的提问。用户之间还可以互相修改对方的问题。知乎作为一款网络问答社区类型软件，连接各行各业的用户，用户分布及其广泛。用户分享着彼此的知识、经验和见解，为中文互联网源源不断地提供多种多样的信息。知乎包含首页、话题页、知乎大学、通知网页、个人主页和问题网页，其中，问题网页为最主要的网页。

知乎的社区运营主要包括三大层面：内容运营、用户运营和产品运营，与内容和用户直接相关的主要是前两种。知乎的内容运营主要分为热门运营和领域运营。作为问答社区，大量的活跃用户使知乎站内每天会产生诸多问题和回答。对领域运营而言，维系用户关系，发现本领域的热点、优质问题并进行运营，使其得到充分讨论是运营的常规工作。除此之外，领域运营还负责整个领域的内容框架搭建，以保证领域知识结构的丰富和完整。热门运营和领域运营的工作比较相似，也是一个发现热门问题并进行运营，使其得到充分讨论的过程。这里的"热门"一般是指热点事件所引发的站内外讨论，因为热点事件往往会涉及不同领域，所以热门运营的工作会和领域运营产生一定的重叠和交叉。

2. 知乎社区公关

知乎社群的角色分化基本呈现金字塔状，同时这个金字塔模式图也可视为用户在使用知乎过程中的理想成长路径，即用户角色从消费型用户→普通创作用户→意见领袖的流动。任何一个平台的用户都有自己的成长周期。在用户使用知乎的过程中，理想的用户角色流动过程是一部分消费型用户在长期的浏览下被激发，发现自己也可以像其他用户那样去创作，进而转化为潜在的可以写内容的用户。同时，潜在的可以写内容的用户慢慢地向能够输出一定优质内容的创作用户转化，而能够输出一定优质内容的创作用户在持续地创作和成长中会被知乎运营发现并维系，进而逐渐向意见领袖阵营靠拢。

（1）意见领袖。知乎在未开放注册阶段的用户构成呈现出一种精英化特质，这种现象和知乎团队运营初期的战略——知识创立有很大关系。知乎凭借创始人团队的人脉关系，拉来了如雷军、李开复等创投圈专业人士，这些在现实生活或公共平台上拥有较高影响力和专业知识背景的意见领袖可以说是知乎社区的首批开拓者，不仅发挥了巨大的名人效应，贡献了大量优质问答，吸引了更多专业人士加入，而且在很大程度上奠定了知乎专业、理性的讨论氛围。

2013年，随着知乎的开放注册，用户逐渐多元和丰富，一些用户凭借其在某些话题领域专业的知识储备、认真分享的态度、持续高质量的回答逐渐发展成为新的意见领袖，可以看成意见领袖的2.0版——草根意见领袖，笔者将其定义为高质量用户。这些人目前是知乎内容创作的中坚力量。他们在不断创造优质内容的同时也被知乎官方认可和激励，被赋予"优秀回答者"的标识，这也可以视为知乎平台相对成熟后，对优质用户进行的"造星"运动。在知乎社区，想要收获影响力和其他用户的认可，唯一的办法就是持续地创造优质内容。专业的知识、优质的回答、在社区的活跃度可以说是成为知乎意见领袖（或称高质量用户）的关键要素。相比微博和传统媒体上的意见领袖，知乎意见领袖对社群成员的影响依赖于其优质专业的回答，而非某种身份，这也和知乎作为一个知识社区，"内容"是其立足的根本密切相关。

(2) 普通创作用户。这部分用户不同于上一层级已经在知乎站内建立起较高知名度的意见领袖，他们不一定有优秀回答者的标识，也没有意见领袖那么大的影响力，但是在某些话题领域有一定的产出和建树，生产积极性和内容质量都较高，处于成长阶段。同时，普通创作用户中还包括一些潜在的可以创作内容的用户，这些用户往往有一定的创作痕迹，但没有持续产出。

(3) 消费型用户。消费型用户是知乎用户群众数量最多的一类，他们是知乎内容的消费者，更是将知乎作为获取信息的渠道。他们主要在社区中进行浏览、点赞、评论等操作。但在消费的同时，这部分用户也会完成对社区规划和氛围的自我驯化。

（四）问答网络社区公关

问答网络社区公关是利用问答平台的特性，回答或者是模拟用户问答的形式进行产品或企业的宣传。主要的问答平台有百度知道、百度经验、百度贴吧、知乎、悟空问答、搜狗问答、360问答、快搜问答、天涯问答等。

问答推广的方式有两种：一种是自问自答，一种是回答别人的问题。接下来主要讲的是自问自答的详细操作方法。

· 准备账号。

· 策划问题标题。

· 策划问题内容。有标题后，要有详细的问题描述。我们在策划问题内容时，描述中至少包含一次要优化的关键词；但量也别太多，关键词出现两三次即可。

· 策划回答内容。标题有了后，围绕标题来策划回答的内容。在准备内容时，注意：尽量模拟不同的角色，从不同的角度去回答问题。回答自然、真实、可信。在内容里一定包含要优化的关键词，关键词出现两三次即可。

· 发布问题。

· 回答问题。

· 设置最佳答案。

（五）合作媒体公关

合作媒体有以下几种类型：①综合性门户网站，如腾讯、百度、字节跳动、搜狐、新浪、网易、TOM等；②行业性门户网站或媒体；③新闻媒体的网络版，如新华网、人民网、中青网、南方网、CCTV.com等。

与合作媒体可以开展品牌主题访谈、赞助等活动。

品牌主题访谈。在电视或者广播节目里的访谈节目，也可以在网上进行。例如，针对网友普遍关心的某企业的大事件对该企业的管理层进行访谈，或者就某一时段的社会热点，对相关人士的访问，等等。

参与或赞助网络媒体组织的主题活动。与线下媒体相似，一些主流的网上媒体也会在某个时段，推出一些吸引网民参与或关注的主题活动；也可能是就某些社会热点问题，在网络上组织相关活动，请广大网民积极参与。企业可选择性地参与或者赞助这些活动，借助这些活动增进网民对企业的了解，展示企业热心社会公益事业的形象，或推广企业品牌。

三、互联网公关关键绩效指标

互联网公关关键绩效指标主要有公关策略目标达成度、公关传播目标达成度、公关效果目标达成度、公关活动目标达成度、危机公关处理目标达成度、媒体正面曝光次数目标达成度、品牌市场价值增长目标达成度和品牌美誉度目标达成度。

【本章小结】

互联网口碑媒体营销是由生产者以外的个人通过明示或暗示的方法，不经过第三方处理、加工，传递关于某一特定或某一种类的产品、品牌、厂商、销售者，以及能够使人联想到上述对象的任何组织或个人信息，从而导致受众获得信息、改变态度，甚至影响购买行为的一种双向互动传播行为。互联网口碑有利于消除信息不对称，有利于品牌传播和销售。互联网口碑主要来源于品牌、媒体、意见领袖和网络用户。口碑内容分为正面口碑和负面口碑、单面口碑和双面口碑。互联网口碑传播动机分为内因（人口特征、需要、动机等）、外因（信息内容、网站社交功能、激励）和内因外因的相互作用。

互联网口碑营销的一般策略为：确保产品质量、服务质量和用户体验，让用户满意；从官方网站、App、社交媒体、短视频、直播、网络社区等多个渠道听取互联网口碑；收集可靠的正面口碑，向其他用户展示可信的正面口碑；高度重视并及时应对负面口碑；适当使用双面口碑。

关键意见领袖营销，是利用关键意见领袖建立的口碑和信誉，在其粉丝中为品牌、产品推广提供背书，在拓展消费者对品牌认知的基础上，加速消费者对品牌从认知到信任的过程，最终转化的一种营销模式。用户生成内容是由用户而不是平台的拥有者产生的任何形式的内容。用户生成内容营销是通过吸引用户参与、发表对品牌传播和销售促进有正面影响的内容。

品牌理论主要有 USP 理论、品牌形象论、品牌定位论、品牌资产论、整合营销传播理论等。

互联网公关也就是指企业在网络空间的公众关系。企业通过各种方式与网络公众增进了解，进而维持与公众的良好关系与互动。网络社区，也称为互联网社区、虚拟社区，是指包括网络论坛、贴吧、公告栏、群组讨论等形式在内的网上交流空间，同一主题的网络社区集中了具有共同兴趣的访问者，具有虚拟性、开放性等特点。网络社区可以与用户沟通、积累用户资料、提供在线服务、赢得顾客忠诚。

案例分析一

2014 年夏日的一个清晨，英国伦敦切尔西区，化妆品公司 Rodial 的 CEO Maria

Hatzistefani 正如往常一样准备开始一天的工作，却惊讶地发现，不断有市场部员工来汇报，今天公司网站及社交媒体访问量猛增，电商销售量也飙升。大家都一时摸不着头脑，到底发生了什么？

后来经过对访问人群的分析，发现她们基本都是由卡戴珊家族的超级网红小女儿 Kylie Jenner 带来的。Kylie 当时只有 17 岁，但拥有 2200 万 Instagram（照片墙）追随者的她，恰好是 Rodial 旗下小众化妆品牌 Nip+Fab 的粉丝。昨天她在 Instagram 上发了一个帖子，推荐 Nip+Fab 品牌的 Dragon's Blood Serum 产品。这个帖子收获了近 50 万个赞，随后带来的访问量几乎瘫痪了 Nip+Fab 的网站，Dragon's Blood Serum 也成为最热销单品。

几个月后，Kylie Jenner 被 Nip+Fab 聘为品牌大使，继续她的神奇种草。Nip+Fab 应该庆幸趁早与 Kylie 开始了商业合作。因为 Kylie Jenner 在 2014 年首次为该品牌发帖，还只是自发之举（非商业赞助）。而如今，拥有 1.3 亿 Instagram 粉丝的 Kylie，据报每次商业合作的价格，已达 100 万美元一帖，可看中她巨大影响力的品牌商家们依然趋之若鹜。

（资料来源：https：//m.sohu.com/a/311765835_99948839，编者改编）

案例分析二

Hotmail 在 1 年半时间里，就吸引了 1200 万注册用户，并以每天超过 15 万新用户的速度发展。在网站创建的 12 个月内，Hotmail 只花费了很少的营销费用，还不到其直接竞争者的 3%。

实施办法：提供免费 E-mail 地址和服务；在每一封免费发出的信息底部附加一个简单标签："Get your private, free email at http://www.hotmail.com"；然后，人们利用免费 E-mail 向朋友或同事发送信息。接收邮件的人将看到邮件底部的信息，这些人会加入使用免费 E-mail 服务的行列。这样，Hotmail 提供免费 E-mail 的信息将在更大的范围扩散。

（资料来源：https：//wiki.mbalib.com/wiki/%E7%97%85%E6%AF%92%E8%90%A5%E9%94%80，编者改编）

复习思考题

1. 什么是口碑？
2. 简述口碑的作用。
3. 互联网口碑媒体渠道有哪些？
4. 简述口碑来源。
5. 简述口碑内容分类。
6. 简述口碑传播动机。
7. 简述口碑传播原理。

8. 简述口碑传播策略。
9. 简述互联网口碑营销一般策略。
10. 简述关键意见领袖营销。
11. 简述用户生成内容营销。
12. 简述互联网公关的定义与作用。

第九章　互联网客户关系管理

【学习目标】

1. 掌握客户关系管理的定义、客户关系管理的作用，了解客户关系管理发展历史和客户关系管理理论。
2. 掌握互联网环境下客户关系管理过程、建立客户关系的方式、客户分析方法和客户关系管理策略。
3. 掌握许可电子邮件、品牌网络社区、社会化媒体客户关系管理和e-CRM系统等互联网客户关系管理工具。

【知识导图】（图9.1）

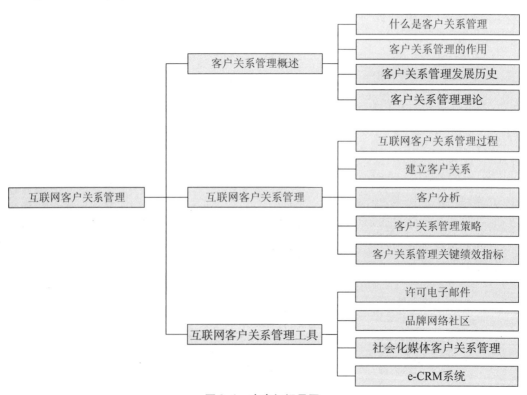

图9.1　本章知识导图

【导入案例】

迪克连锁超市的客户关系管理

迪克连锁超市采用 CRM（客户关系管理）系统对数据加以梳理，预测顾客什么时候会再次购买某些特定产品，该系统会在恰当的时间推出特惠价格。

该软件是这样运行的：在迪克超市每周消费 25 美元以上的顾客每隔一周就会收到一份订制的购物清单。这张清单是由顾客以往的采购记录及厂家所提供的商品现价、交易政策或折扣共同派生出来的。顾客购物时可随身携带此清单，也可以将其放在家中。当顾客到收银台结账时，收银员就会扫描一下印有条形码的购物清单或者顾客常用的优惠俱乐部会员卡。无论哪种方式，购物单上的任何特价商品都会被自动予以兑现，而且这位顾客在该店的购物记录会被刷新，生成下一份购物清单。

"顾客们认为这太棒了，因为购物清单准确地反映了他们要购买的商品。如果顾客养有狗或猫，我们就会给他提供狗粮或猫粮优惠；如果顾客有小孩，他们就可以得到孩童产品（如尿布及婴幼儿食品）优惠；常买很多蔬菜的顾客会得到许多蔬菜类产品的优惠，"罗布说，"如果他们不只在一家超市购物，他们就会错过我们根据其购物记录而专门提供的一些特价优惠，因为很显然我们无法得知他们在其他地方买了些什么。但是，如果他们所购商品中的大部分源于我们商店，他们通常可以得到相当的价值回报。我们比较忠诚的顾客常会随同购物清单一起得到价值为 30 到 40 美元的折价券。我们的目标就是回报那些把他们大部分的日常消费都花在我们这儿的顾客。"

有时可以通过获取其他相关单位的赞助，来尽量减少折扣优惠所造成的经济损失；反过来，这些单位可以分享你不断收集到的信息。以迪克超市为例，生产厂商会给予绝大多数的打折商品补贴。作为整个协议的一部分，生产厂家可以获得从极为详尽的销售信息中所得到的分析结果（消费者名字已去除）。这些销售信息的处理加工均是由关系营销集团进行的，这家公司不但提供软件产品，而且还提供扫描数据采掘服务。

迪克超市成了为数不多的一对一营销的成功实践者之一：利用从其顾客处所得到的信息向顾客提供了竞争对手无法轻易仿效的激励，因为这些激励是根据每个顾客独自的爱好及购物周期而专门设计的。一位顾客在迪克超市购物越多，超市为其专门订制的优惠也就越多，这样就越发激励顾客保持忠诚。

（资料来源：https://wiki.mbalib.com/wiki/Customer_Relationship_Management，编者改编）

第一节 客户关系管理概述

一、什么是客户关系管理

与客户建立长久的、互惠互利的关系,对任何商业组织而言都是非常重要的。客户关系管理的思想理念有悠久的历史。客户关系管理(customer relationship management,CRM)这个概念最早是由高德纳咨询公司(Gartner Group)提出来的。高德纳认为,客户关系管理是为企业提供全方位的管理视角,赋予企业更完善的客户交流能力,最大化客户的收益率。IBM认为,客户关系管理包括企业识别、挑选、获取、发展和保持客户的整个商业过程。IBM把客户关系管理分为三类:关系管理、流程管理和接入管理。综上,客户关系管理有两层含义:①客户关系管理是企业的经营管理理念;②客户关系管理是实现企业经营管理理念的综合解决方案。

首先,客户关系管理体现为企业的经营管理理念。客户关系管理的核心逻辑为:①客户是企业的一项重要资产,为了实现客户生命周期内对企业收入、利润贡献的最大化,要建立长期的客户关系;②为了建立长期客户关系,要提高客户满意度和忠诚度;③为了提高客户满意度和忠诚度,要收集、分析客户信息,深入了解客户需求,在此基础上制定相应的营销策略,做到一对一营销、个性化营销;④销售策略和服务策略;最后,对所有与客户打交道的接触点进行全面管理,保证所有与客户打交道的人员(如营销、销售、服务)能够获得自己业务所需的客户信息,企业能以一种形象、一种策略、一个声音与客户沟通交流。

其次,客户关系管理是实现企业经营管理理念的综合解决方案。其实现要借助先进信息技术和信息系统,信息技术的进步使得收集、存储、处理和利用客户信息的能力大幅提高。

二、客户关系管理的作用

从客户角度来看,营销主要有两个任务:一是获取新客户,二是在客户生命周期内最大化客户价值。研究表明,获取新客户的成本是留住老客户的3~5倍,老客户对企业的贡献是新客户的3~5倍。从企业经营管理角度层面,客户关系管理可以降低成本、增加收入。从业务层面看,客户关系管理的作用可以归纳如下:

(1)从营销角度看,客户关系管理有助于营销部门、营销人员迅速识别潜在客户,并进行客户价值分析和分类,以选择合适的客户,用更少的时间创建量身定制的个性营销方案,实施一对一营销,为企业带来更多的客户,为网站、App、公众号、直播间等数字化信息平台带来更多的流量。

(2)从销售角度看,客户关系管理有助于销售部门和销售人员将注意力和精力集中在最有价值的客户身上，掌握关于客户及潜在客户的全面、准确的信息，有利于销售人员发现和把握交叉销售和追加销售机会，有机会在老客户处获得新商机。

（3）从服务角度看，客户关系管理有助于服务部门和服务人员改善服务质量，使其能够前所未有地深入了解客户的感受及其对公司、产品、服务等的评价，借此改善服务和产品。

三、客户关系管理发展历史

在商业史上，客户关系管理不是什么新鲜事物。假如你是成熟社区的小店老板，你肯定会秉承"客户是上帝"的经营理念，努力记住每一位客户怎么称呼、他们喜欢什么等信息。每当客户进店的时候，你会亲切地称呼他，热情地征询他需要什么。但如果你生意做大了，做成了大型连锁店，客户数量很多，你肯定就记不住每一位客户怎么称呼以及他们喜欢什么了。这个时候，就需要借助信息技术来系统收集、存储、管理客户信息，来提高客户满意度和忠诚度。可见，客户关系管理的发展是由需求和技术两种力量共同驱动的。

1. 需求驱动

客户关系管理首先是需求驱动的。我们可以从顾客、营销、销售和服务等角度来考察对客户关系管理的需求。

（1）顾客的需求。顾客经常碰到这种情形：有同一企业的多个销售人员向我推销同一产品，谁的方案更优惠、谁更值得信任？我上次购买的东西还没用完，怎么又收到推销广告？我已经明确提出不希望再给我发广告了，怎么情况并没有改变？我通过网站反馈产品质量问题，要求企业和我联系，怎么到现在还没人与我联系？广告上承诺的优惠、服务，为什么服务人员认为我没有资格享受？

（2）营销人员的需求。去年花费了几千万元营销费用，我怎样才能知道这些费用的投资回报率？在展览会上，我们一共收集了几千张名片，怎么利用它们才好？展览会上，我们向1000多人发放了公司资料，这些人对我们产品的看法怎样？其中有多少人已经与销售人员接触了？我应该和那些真正的潜在购买者多接触，但我怎么才能知道谁是真正的潜在购买者？我怎么才能知道其他部门的同事和客户的联系情况，以防止重复地给客户发放相同的资料？有越来越多的人访问过我们的站点了，但我怎么才能知道这些人是谁？……

（3）销售的需求。营销部提供的客户销售线索很多，但很难从中找到真正的顾客，我常在这些线索上花费大量时间；出差在外，要是能看到公司电脑里的客户、产品信息就好了；我这次去见的是一个老客户，应该给他什么报价才能留住他呢？

（4）服务人员的需求。营销为吸引潜在客户注意，夸大宣传服务水平，实际上产品功能、性能或服务水平达不到营销宣传所说的水平；销售为了拿下客户，给客户承诺了做不到的服务，或者承诺的服务水平太高，导致服务不经济。其实很多客户提出的使用故障都是自己的误操作引起的，很多情况下都可以自己解决，但回答这种类型的客户电话占去了服务工程师的很多时间。

上面的问题可归纳为三个方面的问题：其一，企业的营销部、销售部和客户服务部门难以获得完成本职工作所需的客户信息；其二，客户信息分散在营销部、销售部、客户服务部等部门，使得各部门难以在统一的信息基础上面对客户；其三，对同一个客户，营销部、销售部和客户服务部是否应该以一种形象、一种策略、一个声音来服务客户？

这需要从企业层面对客户的各项信息和业务流程进行集成，组建一个以客户为中心的后台客户数据库，实现对客户业务流程的全面管理，使得营销部、销售部和客户服务部能够获得完成本职工作所需要的客户信息，而且营销部、销售部和客户服务部能够以一种形象、一种策略、一个声音面对同一个客户，以提高客户满意度和忠诚度，最终提高客户对企业的利润贡献。

2. 信息技术推动

客户信息是客户关系管理的基础，客户信息的采集、存储、处理、通信、分析等技术的发展，也在推动着客户关系管理的发展。早期的通信手段是电话，因此发展出电话呼叫中心。随着计算机和互联网的发展，后续发展出基于互联网和计算机的计算机呼叫中心（CTI），基于数据库、数据仓库、数据挖掘等技术发展出基于客户资料分析的关联销售功能，基于大数据、人工智能等技术发展出基于客户资料分析的智能营销、智能客服等功能，基于移动通信技术、VPN、身份认证、GIS等技术发展出移动 CRM，基于云计算技术发展出基于 SaaS 的在线 CRM。技术的进步使得企业收集、存储、处理和利用客户信息的能力大幅提高，在此基础上开展营销、销售和服务的能力大幅提升。因此，信息技术和信息系统是客户关系管理发展的主要推动力。

四、客户关系管理理论

（一）关系营销理论

1980 年美国最早提出"接触管理"，提出在与客户的每一个接触点接近客户、了解客户、服务客户，最大限度地增加客户占有率。

1985 年，巴巴拉·本德·杰克逊（Barbara B. Jackson）提出了关系营销理论，关系营销是把营销活动看成一个企业与客户、供应商、分销商、竞争者、政府机构及其他公众发生互动作用的过程，其核心是建立和发展与这些公众的良好关系。

与关系营销理念对应的是交易市场营销理念，交易市场营销把主要目标和资源放在获取新客户方面，不大重视与客户建立和保持长久关系。而关系营销认为保持老客户比吸引新客户更重要，强调保留老客户，把资源放在提升客户忠诚度方面，希望与客户保持长久关系，最大化客户在客户生命周期内对企业利润的贡献。

在实践中，交易营销和关系营销哪个占主导，跟产品属性、消费者、信息技术等因素有关。一般认为，当服务在产品中占比比较高的时候，关系营销更优于交易营销。在大宗产品和服务业，我们已经看到关系营销远比交易营销适用；但在消费品行业，关系营销更多适用于与经销商的合作，而与终端消费者长期以来多是交易营销。但是，随着移动互联网、社交媒体的发展，与消费者的关系营销也开始取得长足发展。

（二）客户满意理论

与客户建立关系并保持长久关系，关键是要满足客户需求并保证客户满意。

科特勒认为，客户满意来源于客户的期望绩效与客户感受绩效的比较。客户对产品或服务期望绩效来源于过往经验、他人经验的影响和公司承诺，而感受绩效来源于整体客户价值（由产品价值、服务价值、人员价值、形象价值等构成）与整体客户成本（由货币成本、时间成本、体力成本、精神成本等构成）之间的差异（图9.2）。

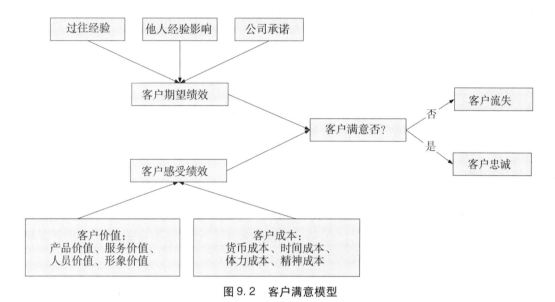

图9.2　客户满意模型

在客户满意与客户忠诚的关系问题上，目前的研究认为，高水平的满意度可增加客户对品牌的偏爱态度，从而增加对该品牌的重复购买意向。

第二节　互联网客户关系管理

一、互联网客户关系管理过程

互联网环境下的客户关系管理核心逻辑为：以互联网客户为中心，建立互联网客户联系，采集客户数据；有了客户数据后，可以对客户价值进行分析，在此基础上对客户分类，并制定相应的营销策略；最后获得客户关系管理绩效，客户关系管理的绩效主要体现在客户重复购买/推荐购买、口碑传播或改进产品与服务（图9.3）。

不同的用户对企业的价值是不同的。因此，要采集用户数据，并评价分析用户生命周期的价值，根据用户价值对用户进行分类，并制定相应的营销策略、销售策略和服务策略，在用户生命周期内获取最大用户价值。

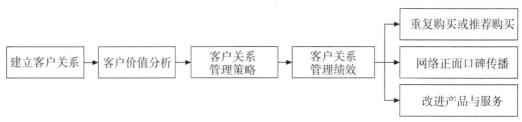

图 9.3 互联网客户关系管理核心逻辑

二、建立客户关系

与客户建立联系是客户关系管理的第一个环节,建立联系后才能与客户进一步沟通。在传统商业环境下,市场营销者与客户建立关系的接触点是展览会、电视报纸等广告、门店等,一般由营销人员、销售人员与客户面对面沟通,或通过电视、报纸等媒体沟通,留下客户的电话号码、家庭地址、信箱等联系方式。在互联网环境下,互联网营销者与客户的接触点非常多,有营销网站、App、电商网站、微信公众号、微博、直播间、短视频平台、各类网络广告等,建立联系的方式也多种多样,如客户留下电子邮件、微信、QQ 号、电话号码,或加入微信群、QQ 群,或下载安装 App 并注册账号,或收藏网站,或关注官方公众号、微博、抖音、快手等短视频平台账号,以及直播间等。具体采用哪种方法,要根据具体情况来分析。

三、客户分析

与客户建立关系后,接下来就是采集客户数据、对客户进行分析,基于客户分析和企业资源,制定并实施客户关系管理策略(一对一营销、个性化营销),从而提高客户满意度、忠诚度,最终实现客户生命周期内对企业收入、利润贡献的最大化。

客户分析可以分为客户需求分析、客户满意度分析和客户价值分析等。

(一)客户需求分析

卡诺模型(KANO)是东京理工大学教授狩野纪昭(Noriaki Kano)发明的对用户需求分类和优先排序的有用工具,以分析用户需求对用户满意的影响为基础,体现了产品性能和用户满意之间的非线性关系。根据不同类型的功能需求与用户满意度之间的关系,卡诺模型定义了五种需求类型:

必备(基本)型需求(M):需求满足时,用户不会感到满意;需求不满足时,用户会很不满意。

期望型需求(O):需求满足时,用户会感到很满意;需求不满足时,用户会很不满意。

魅力型需求(A):该需求超过用户对产品本来的期望,使得用户的满意度急剧上升。即使表现得不完善，用户的满意度也不受影响。

无差异型需求（I）：需求被满足或未被满足，都不会对用户的满意度造成影响。

反向型需求（R）：该需求与用户的满意度呈反向相关，满足该要求，反而会使用户的满意度下降。

卡诺模型主要是通过标准化问卷进行调研，根据调研结果对各因素属性归类，解决产品属性的定位问题，以提高客户满意度。衡量需求的具备度可采用 Better 系数和 Worse 系数。

Better 系数 =（期望数 + 魅力数）/（期望数 + 魅力数 + 必备数 + 无差异数）。

Better 系数越接近 1，表示需求具备度越高，该需求对用户满意度提升的影响效果越大。

Worse 系数 = -1 ×（期望数 + 必备数）/（期望数 + 魅力数 + 必备数 + 无差异数）。

Worse 系数越接近 -1，表示需求具备度越低，该需求对用户满意度造成的负面影响越大。

（二）客户满意度分析

客户满意度指数（customer satisfaction index，CSI）是近年来国际上发展起来的质量评价指标，有国家层面的、也有企业层面的。

1989 年，瑞典首先提出并建立了国家客户满意度指数测评体系，量化地评价客户重购率和品牌忠诚度等指标，获取相关的信息为企业策划提供支持，使企业优化流程，做出最佳的决策。美国质量协会（ASQ）从 20 世纪 90 年代开始研究如何评价客户满意，1994 年开始建立一个全国范围的、跨行业的总体指数 ACSI，每季度在《财富》杂志上公布一次用户满意度指数。

企业层面的客户满意度指数测评可以分四个步骤进行。

1. 确立客户满意度指数指标体系

指标体系分为四个层次。第一层次：总的测评目标"客户满意度指数"，为一级指标；第二层次：客户满意度指数模型中的六大要素——客户期望、客户对质量的感知、客户对价值的感知、客户满意度、客户抱怨、客户忠诚，为二级指标；第三层次：由二级指标具体展开而得到的指标，符合不同行业、企业、产品或服务的特点，为三级指标；第四层次：三级指标具体展开为问卷上的问题，形成四级指标。

2. 指标的量化

客户满意度指数测评指标主要采用态度量化方法。一般用李克特量表，即对 5 级态度"很满意、满意、一般、不满意、很不满意"分别赋值为 5，4，3，2，1（或相反顺序）。

3. 指标的权重

每项指标在测评体系中的重要性不同，需要赋予不同的权重，即加权。加权方法除了主观赋权法以外，还有直接比较法、对偶比较法、德尔菲法、层次分析法。企业可以依据测评人员的经验和专业知识选择适用的方法。

4. 抽样设计

一般进行随机抽样，可根据企业实际情况选用简单随机抽样、分层抽样、整群抽样、多级抽样、等距抽样和多级混合抽样等不同的抽样方法。较常用的是简单随机抽样，它是各种抽样方法的基础。

（三）客户价值分析

1. RFM 模型

在众多的客户价值分析模式中，RFM 模型是被广泛提到的。RFM 模型通过客户的最近消费行为、消费频率和总消费金额三项指标来描述该客户价值状况。在 RFM 模型中，R（recency）表示客户最近一次消费行为，F（frequency）表示消费频率，M（monetary）表示总消费金额。

（1）最近一次消费。最近一次消费是客户上一次购买的时间距离现在的天数。

客户最近一次消费的状态是持续变动的。在客户距上一次购买时间满一个月之后，在数据库里就成为最近一次消费为两个月前的客户；同一天，最近一次消费为 3 个月前的客户进行了一次购买，他就成为最近一次消费为一天前的客户。

客户最近一次消费信息对营销人员的作用主要是提供促销信息。理论上，上一次消费时间越近的客户应该是比较有价值的客户，最近一次消费客户最有可能对营销刺激有所反应。

客户最近一次消费也是维系客户的一个重要指标。最近才买你的商品、服务或是光顾你商店的客户，是最有可能再向你购买东西的客户。另外，要吸引一个几个月前才上门的客户购买，比吸引一个一年多以前来过的客户要容易得多。营销人员应接受这种营销哲学：与客户建立长期的关系而不仅是卖东西，会让客户持续保持往来，并赢得他们的忠诚度。

（2）消费频率。消费频率是客户在限定的期间内所购买的次数。可以说最常购买的客户也是满意度最高的客户，其忠诚度也最高。

（3）总消费金额。总消费金额是指客户在一段时间内的消费总金额。帕雷托法则表明，企业 80% 的收入来自 20% 的顾客。如果你的营销预算不多，而且只能提供信息给少数客户，你会将广告投放给贡献 80% 收入的客户，而不是贡献不到 20% 收入的客户。

RFM 模型较为动态地展示了一个客户的全部轮廓，这为个性化的沟通和服务提供了依据。同时，如果与该客户打交道的时间足够长，也能够较为精确地判断该客户的长期价值乃至终身价值，通过改善上述三项指标的状况，从而为更多的经营决策提供支持。

RFM 模型非常适用于生产多种商品的企业，而且这些商品单价相对不高，如消费品、化妆品、小家电等；它也适合在一个企业内只有少数耐久商品，但是该商品中有一部分属于消耗品，如复印机、打印机、汽车维修等；RFM 对于加油站、旅行保险、运输、快递、快餐店、KTV、证券公司等也很适合。

RFM 可以用来提高客户的交易次数。业界以往常用的直接邮寄，常常一次寄发成千上万封邮购清单,其实这是很浪费钱的。根据统计,如果将所有最近一次消费的客户分为五级,最好的第五级的回复率是第四级的3倍,因为这些客户刚完成交易不久,所以会更注意同一公司的产品信息。如果用总消费金额来把客户分为五级,最好与次好的平均回复率几乎没有显著差异。

有些人会用客户绝对贡献金额来分析客户是否流失,但是仅看绝对金额有时会曲解客户行为。因为每个商品价格可能不同,对不同产品的促销有不同的折扣,所以采用相对的分级(如R、F、M都各分为五级)来比较消费者在级别区间的变动,则更可以现出相对行为。企业通过R、F的变化,可以推测客户消费的异动状况,根据客户流失的可能性,列出客户清单,再从M的角度来分析,就可以把重点放在贡献度高且流失机会也高的客户上,对他们重点拜访或联系,以最有效的方式挽回更多的商机。

RFM也不能滥用,而造成高消费频率的客户不断收到促销信息。企业应该设计一个客户接触频率规则,如:购买三天或一周内应该打一个感谢的电话(或发E-mail),并主动关心消费者是否有使用方面的问题;一个月后发出使用是否满意的询问;三个月后提供交叉销售的建议,并开始注意客户的流失可能性,不断地创造主动接触客户的机会。这样一来,客户再购买的机会也会大幅提高。

2. 客户生命周期价值模型

客户生命周期价值(customer lifetime value,CLV)用来衡量一个客户(用户)在一段时期内对企业有多大价值,也称为终身价值(lifetime value,LTV)。每个客户的价值都由三部分构成:①历史价值,指到目前为止已经实现了的客户价值;②当前价值,指如果客户当前行为模式不发生改变的话,将来会给公司带来的客户价值;③潜在价值,指如果公司通过有效的交叉销售可以调动客户购买积极性,或促使客户向别人推荐产品和服务等,从而可能增加的客户价值。

对CLV进行计算的方法很多。如果只考虑历史价值,则计算公式为:

$$CLV = \sum M$$

式中:M——客户年贡献收益。

只考虑当前价值,可以用以下公式计算:

$$CLV = Mt$$

式中:t——客户平均存续时间(年)。

以上算法没有考虑客户流失的情况。如果考虑流失率,可以用以下公式:

$$CLV = Mt(1-R)^t$$

式中:R——客户流失率。

以上算法没有考虑获客成本(CAC)和服务成本(COC),如果考虑获客成本和服务成本,则有:

$$CLV = Mt(1-R)^t - CAC - COC$$

由上式可知,对互联网营销最有意义的指标是客户流失率和客户保留率。有关研究显示,保留率增加5%会使利润增加25%,获得新客户的费用比保留现有客户高5~10倍。互联网营销者要降低客户流失率、提高客户保留率。

3. 客户影响力模型

RFM 模型和 CLV 模型都是从用户对企业的收入贡献角度来衡量用户价值。在互联网环境下，用户的正面评论、转发等影响力也可以为企业带来价值。因此，可以从影响力角度评价互联网用户价值。客户影响力一是考虑客户推荐意愿，二是考虑客户推荐的影响力。

4. 客户与企业价值共创模型

传统的价值创造观点认为，价值是由企业创造的，通过交换传递给消费者；消费者不是价值的创造者，而是价值的使用者或消费者。随着环境的变化，消费者的角色发生了很大转变，消费者不再是消极的购买者，已经转变为积极的参与者。消费者积极参与企业的研发、设计和生产，以及在消费领域贡献自己的知识技能，以创造更好的消费体验。这些都说明价值不仅仅来源于生产者，还可以建立在消费者参与的基础上，即消费者与企业以及其他相关利益者共同创造价值。

价值共创对企业和消费者都具有重要的意义。通过让用户参与价值共创，帮助企业提高服务质量、降低成本、提高效率、发现市场机会、发明新产品、改进现有产品、提高品牌知名度、提升品牌价值等，这些构建了企业区别于其他竞争对手的竞争优势。消费者通过参与价值共创，可以获得自己满意的产品，获得成就感、荣誉感或奖励，通过整个价值共创的交互获得独特的体验等。同时，价值共创有利于提高顾客满意度、忠诚度等。

目前对价值共创模型的研究刚刚开始，有兴趣的读者可以上网查阅相关文献，本书不做详细论述。

四、客户关系管理策略

对客户进行分析后，接下来可以根据客户需求、客户满意度、客户价值等对客户进行分类。在互联网环境下，据客户数据颗粒度较细，可以将客户类的数量、类的分支等做进一步的细化，可以用树形图来表示客户分类体系。当然，不同企业客户分类的依据、类的数量等是不同的。

企业的营销资源、销售资源和服务资源等是有限的，因此，对不同的客户要求采用与之相适应的客户关系管理策略，如营销策略、销售策略、服务策略等。

（一）接触点全面管理提高客户满意度

对所有与客户打交道的接触点进行全面管理，保证所有与客户打交道的渠道、人员（如营销、销售、服务等）能够获得自己业务所需的客户信息，企业能以一种形象、一种策略、一个声音与客户沟通交流。

（二）会员制提高客户忠诚度

在互联网环境下，会员制是提升客户忠诚度最常用的方法。会员制一般是根据用户价值将用户分类，可分为以下几种：①无差别会员：用户提供相关信息即可获得会员身份，会员权益无差别；②等级会员：根据用户行为数据划分不同等级，不同等级的会员享受不同权益；③付费会员和非付费会员：付费用户享有特殊权益，付费会员需要为会员身份进行单独付费。这几种类型会员可以单独出现，也可以同时出现。实施会员制的重点是看需要对用户分群到何种程度才能实现客户价值的最大化。

不同的企业，其会员权益不同。常见的会员权益可以划分为以下三类：价格折扣型、服务型、扩展型。①价格折扣型常见的会员权益包括商品折扣、积分返利、优惠券、会员日活动特价和会员价商品；②服务型常见的会员权益包括物流服务、售后服务和客服服务；③扩展型会员权益视各自商业拓展情况，有很大的不同，主要包括视频VIP、线下优惠和其他。

（三）客户服务补救

客户服务补救是指因客户对产品或服务质量不满意，为重新赢得客户而所做的补救措施。服务补救计划一般包括四个步骤：道歉、紧急复原、补偿和跟踪。

(1) 道歉。产品和服务质量不满意的补救开始于向客户道歉。当感觉到客户的不满时，应有人及时向客户道歉。

(2) 紧急复原。对产品或服务的失败必须紧急应对，如退换货或重新服务等。

(3) 补偿。对服务失败而导致客户损失、客户不满，应进行补偿，如赠品、延长保修期、优先选择权等。

(4) 补救效果跟踪。这用于检验企业挽回客户好感的努力是否成功。

五、客户关系管理关键绩效指标

客户关系管理的关键绩效指标包括客户满意度、客户保留率、客户流失率、客户忠诚度、客户利润和客户终身价值。

(1) 客户满意度：指客户购买产品或服务的满意程度。

(2) 客户保留率（客户流失率）：保留率＝来年的客户数/某年的客户数，流失率＝1－保留率。

(3) 客户忠诚度：通常是指客户对特定的企业、产品或服务重复购买的程度。有许多企业以客户保留率或客户市场占有率来粗略估计客户忠诚度。

(4) 客户利润：客户利润＝客户销售收入－客户获得成本－客户服务成本。

(5) 客户终身价值：是关键客户的衡量指标，终身价值通常是选择总额或净额为计算基础。总额是指客户在某段时间的总消费金额，净额是指总消费金额扣除成本（产品、营销、服务）所得到的值。

对于会员制，一般用以下三个指标来衡量会员制的效果，分别是渗透率、转化率、续费率。渗透率代表企业目前所有正在服务的用户人群中，已经成为付费会员或高等级会员的比例；转化率代表一段时间内，企业有针对性地向部分特定用户进行付费引导后，用户从非付费用户身份转化为付费会员的比例；续费率是决定用户生命周期的关键，是开展付费会员企业的核心关注指标。续费率代表付费会员在会员身份到期时，持续付费延长会员身份的人数比例。与之相对应的为付费会员流失率。通常情况下，企业希望提升续费率，降低流失率，这样意味着付费会员具有较高黏性，以及企业的权益对付费会员具有吸引力。

第三节 互联网客户关系管理工具

互联网环境下的 CRM 工具有很多，接下来主要介绍许可电子邮件、网络社区、社会化媒体客户关系管理和 e-CRM 系统。

一、许可电子邮件

（一）什么是许可电子邮件

许可电子邮件是在用户事先许可的前提下，通过电子邮件的方式向目标用户传递有价值的信息。

按照电子邮件地址的所有权来分，可以将电子邮件分为内部列表和外部列表。内部列表是一个企业/网站利用注册用户的资料开展的电子邮件营销，外部列表是指利用专业服务商或者其他可以提供专业服务的机构提供的电子邮件营销服务。投放电子邮件广告的企业本身并不拥有用户的电子邮件地址资料，也无须管理、维护这些用户资料。利用内部列表开展电子邮件营销，其本质是客户关系管理范畴；利用外部列表，实质是由专业服务商投放电子邮件广告，其本质是网络广告范畴。

内部列表电子邮件营销和外部列表电子邮件营销在操作方法上有明显的区别，但都必须满足电子邮件营销的三个基本因素：基于用户许可、通过电子邮件传递信息、信息对用户是有价值的。

（二）许可电子邮件的优点

许可电子邮件可以作为销售工具。电子邮件营销的优点在于：

（1）可定向地向目标消费群投放广告。通过电子邮件数据库，广告主可以设定收信人的年龄、性别、学历、工作状况和月收入等，从而能够准确圈定目标消费群。

（2）制作维护简单快捷，成本低。电子邮件广告的制作和维护比传统媒体简单、快捷。电子邮件广告如同其他网络广告一样，只要确定了设计方案，即可马上交由技术人员制作和投放，整个过程可以在短短几天甚至一两天内完成。

（三）许可电子邮件营销的条件

开展许可电子邮件需要解决三个基本问题：向哪些用户发送电子邮件、发送什么内容的电子邮件，以及如何发送这些邮件。这里将这三个基本问题进一步归纳为三大基础，即：

（1）许可电子邮件营销的技术基础。从技术上保证用户加入邮件列表、退出邮件列表，并实现对用户资料的管理，以及电子邮件的效果跟踪等功能。邮件列表的建立通常要与网站的其他功能相结合，并不是一个人或者一个部门可以独立完成的工作，将涉及技术开发、网页设计、内容编辑等内容，也可能涉及市场、销售、技术等部门的职责；如果是外包服务，还需要与专业服务商进行功能需求沟通。

（2）用户的电子邮件地址资源。在用户自愿加入邮件列表的前提下，获得足够多的用户电子邮件地址资源是许可电子邮件营销发挥作用的必要条件。获得用户许可的方式有很多，如用户为获得某些服务而注册为会员，或者用户主动订阅的新闻邮件、电子刊物等。邮件列表的用户数量需要较长时期的积累。为了获得更多的用户电子邮件地址，还需要对邮件列表本身进行必要的推广，同样需要投入相当的营销资源。

（3）电子邮件的内容。营销信息是通过电子邮件向用户发送的，邮件的内容对用户有价值才能引起用户的关注。有效的内容设计是许可电子邮件营销发挥作用的基本前提。

（四）许可电子邮件撰写

（1）电子邮件的标题。电子邮件标题应引起潜在客户的注意和兴趣。尽管电子邮件的正文至关重要，但是标题往往会决定该电子邮件是否会被打开，还是被放在收件人的垃圾邮件/广告邮件文件夹，或被防火墙拦截，或该邮件在收件人按下"删除"键后彻底消失。

（2）电子邮件文本。电子邮件文本应该简练，没有拼写错误。采用礼貌用语，如"您""请""谢谢""顺颂""商祺"等字样。群发邮件时，一定要注意邮件主题和邮件内容的字词书写，很多邮件服务器有垃圾邮件过滤功能，如果邮件主题和邮件内容中包含不符合要求的词，服务器将会过滤掉该邮件。

（3）电子邮件签名。电子邮件就像常规信笺的信头一样，可以明确发函人的身份、联系方法。签名一般包括联系人、部门、公司名称、联系方式、广告语等。对不同的邮件发送对象可以使用不同的签名，可以依据具体的客户和产品、服务制定不同版本的签名。签名文件与邮件正文之间的距离不要太长，只需将二者的信息区分开来就行了，一般情况下为三行。

（五）许可电子邮件营销关键绩效指标

（1）跳出率。跳出率是被退回的电子邮件数量占总发送电子邮件总数的百分比。

跳出率 =（被退回的电子邮件数量／发送电子邮件总数）× 100。

（2）打开率。打开率是已打开的电子邮件数量占已发送电子邮件数量的百分比。

打开率 =（已打开的电子邮件数量／已发送电子邮件数量）× 100。

了解邮件打开率可以帮助你确定需要改进的地方，如邮件主题/或发件人字段。低打开率通常归因于邮件主题，因此请考虑采取 A／B 测试你的邮件主题，以找出哪些与你产生共鸣的受众。同样，如果你将公司名称列为电子邮件的发件人，请尝试将其切换为你的实际名称，然后再观察你的邮件打开率是否有所提高。

(3) 点击率。点击率是指点击给定电子邮件中的一个或多个链接的电子邮件收件人的百分比。

点击率 =（点击至少一个链接的收件人数／已发送的电子邮件数量）× 100。

这可能是最受欢迎的电子邮件营销指标，理由很充分：点击率可帮助确定电子邮件是否正在执行其工作，以及电子邮件副本或广告素材是否让受众想要了解有关你的品牌和产品的更多信息。如果是这样，他们将至少点击一个链接。这是一个很好的度量标准；如果你的邮件质量在提高，你的点击率也会提高。

(4) 转化率。电子邮件转化率是指打开电子邮件、单击链接并完成所需操作（如下载内容或进行购买）的电子邮件收件人的百分比。

转化率 =（完成所需操作的收件人数／已发送的电子邮件数量）× 100。

转化率是最重要的电子邮件营销指标之一。你的号召性用语应直接与你的电子邮件广告活动的目标相关联。转化率会反映出你的号召性用语是否有效，即你的电子邮件广告活动是否有效。要提高转化率，可采用 A/B 实验测试不同的号召性用语和着陆页副本。

(5) 退订率。退订率是指在收到任何指定电子邮件后取消订阅电子邮件列表的人数。

退订率 =（电子邮件列表中退订的收件人数量／已发送的电子邮件数量）× 100。

你发送的每一批邮件都会有几封退订，这是很正常的事情；然而，如果有大量的退订，你的邮件内容很可能是罪魁祸首。卖家之家建议你跟踪每一封电子邮件的退订率，这可以帮助你确定是否有一个特别有问题的电子邮件，确保你的电子邮件内容提供的价值不会过于激进，并且你不会过于频繁地向订阅者发送电子邮件。

(6) 列表增长率。列表增长率显示你的电子邮件列表增长的速度。如果你的整体电子邮件营销目标是扩大渠道，那么你的列表增长率可能是一个有用的关键指标。

列表增长率 =［(新增订阅用户数量 - 退订用户数量)／订阅者总数］× 100。

(7) 电子邮件分享率。获得新订阅者的一种方法是鼓励收件人与朋友分享你的电子邮件。

电子邮件分享率 =（转发数量／发送的电子邮件数量）× 100。

二、品牌网络社区

网络社区既是营销工具，也是客户关系管理的工具之一。品牌网络社区主要包括 BBS、论坛、公告栏、群组等形式的网上交流空间。

(一) 如何搭建品牌网络社区

要快速搭建起一个品牌网络社区，可以用 Discuz! 和 PHPWind 等工具。

(1) Discuz!。Discuz! 是一套通用的社区论坛软件系统，自 2001 年 6 月面世以来，已拥有 200 多万个网站用户案例。用户可以在不需要任何编程的基础上，通过简单的设置和安装，在互联网上搭建起具备完善功能、很强负载能力和可高度定制的论坛服务。Discuz! 的基础架构采用世界上最流行的 Web 编程组合 PHP + MySQL 实现，是一个经过完善设计，适用于各种服务器环境的高效论坛系统解决方案。

（2）PHPWind。PHPWind 是一个基于 PHP 和 MySQL 的开源社区程序，是国内很受欢迎的通用型论坛程序之一。PHPWind 现已有累积超过 100 万个网站，其中活跃网站近 10 万，每天有 1 亿人群聚集在 PHPWind 搭建的社区。

（二）品牌网络社区运营

首先要明确建立品牌网络社区的出发点：品牌网络社区对我们产生什么价值，对用户产生什么价值，即明确品牌网络社区的定位。品牌网络社区运营的目标可以是：满足用户需求，提供对用户有价值的产品或是内容；让用户参与，与用户互动，提高用户对品牌的认同感、归属感；找到目标客户；服务目标顾客并进行转化。

（三）品牌网络社区关键绩效指标

品牌网络社区营销关键绩效指标主要有网络社区用户指标、网络社区帖子指标和网络社区转化指标。

（1）网络社区用户指标，包括网络社区用户数、网络社区新增用户数、网络社区活跃用户数、网络社区活跃度和网络社区用户使用时长。

（2）网络社区帖子指标，包括网络社区发帖数、网络社区发帖数增长率和网络社区跟帖数。

（3）网络社区转化指标，主要是 GMW。

三、社会化媒体客户关系管理

社会化媒体（social media）指互联网上基于用户关系的内容生产与交换平台。社交媒体是人们彼此之间用来分享意见、见解、经验和观点的工具和平台，现阶段主要包括微博、微信、博客、播客等。接下来以微信公众号为例，介绍如何运用微信公众号进行客户关系管理。

（一）微信公众号营销定位

微信公众号分为订阅号、服务号和小程序三类，其功能也各不相同。

微信订阅号为媒体和个人提供一种新的信息传播方式，其主要功能类似报纸、杂志，在微信侧向用户提供新闻信息或娱乐趣事，适用人群为个人、媒体、企业、政府或其他组织，一天内可群发一条消息。微信服务号为企业和组织提供强大的业务服务与用户管理能力，主要偏向服务类交互，适用人群为媒体、企业、政府或其他组织，一个月内可发送四条群发消息。小程序是一种新的开发能力，开发者可以快速开发一个小程序。小程序可以在微信内被便捷地获取和传播，同时拥有出色的使用体验。

如果想用微信公众平台做品牌宣传推广，建议选择订阅号；如果想用微信公众平台进行客户服务，建议选择服务号；如果想用公众号获得更多的功能，如开通微信支付，建议选择服务号。运用微信公众号能够完成品牌宣传、销售、服务和客户关系管理等营销任务。

(二) 微信订阅号注册与设置

1. 注册

注册公众号之前需要做好前期准备。其中包括:

(1) 一个没有注册过公众号账号的电子邮箱。

(2) 身份证照片(正反面)。

(3) 手机,用来接收注册公众号的验证码。

(4) 公众号账号名称。账号名称要综合考虑多个因素,要考虑企业官方品牌名称和品牌理念,要考虑用户搜索关键词,账号名称不宜太长也不宜过短。

(5) 由于注册的公众号的主体类型不同,在注册过程中可能还需要准备营业执照、组织机构代码和已绑定银行卡的微信号等相关材料。

2. 基本设置

(1) 头像设置。在设置公众号的头像时需要注重视觉效果,头像最好能够突出公众号的行业属性。对于企业和机构组织来说,在设置公众号时可以把企业的标志或者一些具有产业特色或产品特色的标志作为公众号的头像。

(2) 功能介绍设置。在功能介绍设置方面,主要根据公众号的定位来设置,功能介绍的内容要简短,同时还要包含产品的服务特性与属性以及产品为客户所带来的价值等。

(3) 自动回复功能设置。自动回复功能包括以下三种:①被添加自动回复,是用户在关注之后自动发一条欢迎语或者菜单信息给用户。被添加自动回复的消息可以是企业的简介、活动的信息、菜单的引导等,可以使用一些表情符号,语言要有亲和力。②消息自动回复,是在不符合关键词自动回复的情况下的错误提示或者温馨提示。自动回复的消息可以是菜单栏的引导,或者是热门活动以及推送的关键词引导。③关键词自动回复,是指已经关注的用户在输入相应的关键词后,公众号按照事先设置好的匹配信息进行回复。关键词自动回复最重要的用户体验,因此在设置关键词时尽量要简短。

此外,还有自定义菜单栏等功能,可以按照运营公众号的运营风格以及公众号的属性、特点进行设置。

(三) 内容运营

公众号可以通过图片、图文、视频等形式向目标用户推送一条或几条消息,内容营销是公众号营销的核心。

微信公众号内容营销绩效指标包括阅读量、文章留言数、转发数、收藏数、原创率。其中,阅读量是一个周期内推送文章的阅读量;文章留言数是指每篇文章留言的数量,文章留言数越多代表用户的黏性越好;转发数代表用户的触动感;收藏数代表文章对多少用户有用处;原创率是指原创文章占总体文章的比例,原创率越高,代表输出的内容质量越好。

公众号内容营销需围绕其定位进行,包括内容主题、内容规划、内容撰写和内容完善等方面。

(1) 内容主题。公众号内容营销的主题可以从多方面寻找，可以结合当下的时事热点或者根据个人的灵感进行原创。

(2) 内容规划。有了内容素材之后就要进行内容规划，内容规划要围绕公众号的定位与目标用户展开，规划好推送内容文章的大纲，其中包括文章的结构、标题、观点、风格和主题等。

(3) 内容撰写。为避免用户产生视觉疲劳，内容要篇幅简短，逻辑清晰，突出重点，有自己的观点与态度，能够给用户带来有价值的信息以及能够引起用户的共鸣。内容的撰写还要注意内容的排版要简洁、美观。

(4) 内容完善。内容完善的第一步就是仔细预览全文，检查错别字。其次要检查文章有没有层次分明、语句是否通顺，以及文章阅读的节奏感等，对文章进行一次全面的审核。

(四) 营销推广

微信作为社交媒体，其内容分发主要是订阅关注模式。订阅关注的主动权在用户手里，用户通过"关注"或"取消关注"来决定是否接受公众号内容。因此，微信公众号推广就是要让用户关注公众号。

微信公众号推广方法主要有以下这些：

(1) 朋友圈推广。在朋友圈推广，把公众号推荐给亲朋好友，邀请他们关注，并且发动他们推荐给更多的亲友关注。这种方法比较适合在公众号启动初期，因为是冷启动（零用户或用户非常少），微信朋友圈用户就成为第一批种子用户。

(2) 关键意见领袖推广。关键意见领袖包括企业领导人、自媒体人、行业明星等。在公众号的初创期，让关键意见领袖帮忙做推广，可以增加公众号的可信度，快速积累起一批用户。

(3) 热门事件推广。根据时下的热点事件，结合个人的观点，构思内容发布到公众号上。因为热点事件是当下社会最关注的，所以流量特别大，这是最常用的吸引粉丝的方法。

(4) 广告推广。在广告平台上投放广告。

(5) 微信群推广。寻找相关行业的微信群，把公众号的名片或者质量高的热门文章发送到行业微信群中。

(6) 公众号互推。与其他公众号运营者联系，相互推荐。公众号互推是一种资源互换，比较适合彼此用户不重合、粉丝数量差不多的情况。

(7) 自媒体联盟。是指与其他微信公众号组成联盟进行资源互推。

(8) 活动推广。包括线上活动推广与线下活动推广，线上活动有投票、送礼品、送福利等，线下活动有行业论坛以及展览会等。

(五) 社会化媒体客户关系管理关键绩效指标

(1) 用户获取指标。在这个阶段，互联网用户通过社交媒体跳转到交易网站详细了解商家的商品和服务。用户获取指标关注的是用户对交易网站的访问情况，包括网页浏览量、独立访问者数和访问时长。

（2）用户转化指标。这里定义的转化可以是一次销售、一次订阅、一次下载、一次注册等。用户转化指标包括：

·客单价：用户每次购买的平均价值。

·顾客贡献收入：平均每个用户在某个品牌上的平均花费，用年收入除以一年的用户总量。

·转化率：采取商家渴望的活动的用户所占的百分比，用每段时间内的转化量除以总流量。

（3）用户留存指标。

·传播用户数：进行二次传播的用户数量。

·用户评价数：每段时间内的正面或负面用户评价数。

·用户满意度。

·用户满意率。

·用户流失率：用于衡量在特定时期内离开的用户数量。

·用户评价：每段时间内的正面用户评价数。

（4）内容创作指标。

内容创作指标是社交媒体运营团队的产出，具体包括：

·内容制作数量：每段时间内制作的内容数量。

·平均响应时间：对网民的评论或询问做出回应平均所需的时间。

·响应率：在一段时间内对网民的问题和评论做出响应的百分比。

（5）内容到达指标。内容到达指标关注的是社交媒体网民的规模和增长速度，包括视频观看量、帖子阅读数量、完整阅读量、粉丝增长率和粉丝/关注者。

（6）互动指标。互动指标关注的是网民在社交媒体的互动，包括：

·放大率：每个帖子的平均分享次数。

·认可率：在每段时间内获得的受众认可次数，包括各大社交媒体上的点赞数。

·平均互动率：单位报告周期内通过一个社交渠道以任何方式与你的内容互动的人占受众的百分比。

·评论数：你的每个帖子平均获得的评论数。

社交媒体营销绩效监测工具主要有新榜、西瓜数据、微博指数、微小宝、易赞据、罗网数据、TooBigData、火眼看等。

四、e-CRM 系统

（一）客户关系管理系统概述

e-CRM 是客户关系管理（CRM）的互联网化，以信息技术为手段，实现营销、客户、销售、产品、服务等方面的信息化、自动化、一体化管控，可以帮助企业统一管理客户、满足个性需求、维护客户关系、防止客户流失、简化销售流程、提升销售业绩等。

目前市场上主流的 e-CRM 软件有 Salesforce、Dynamics CRM、SAP CRM 等。e-CRM 系统主要包括以下三大功能。

1. 客户管理一体化

客户管理是 CRM 系统的前提，传统人工化、手工化、纸质化的客户管理模式，客户姓名、公司、座机、手机、地址等信息被分散记录在各个部门、人员、设备当中，企业既不清楚自己拥有多少客户，也不完全了解客户有什么需求，更无法有针对性地提供个性化需求，最后很多客户就这样白白流失掉了。CRM 系统能够帮助企业统一存储海量客户信息，通过统一格式、标准分类、严密权限清晰地呈现，不仅仅是客户姓名、电话等基本信息，更能完整记录客户从初次接触开始之后的每次沟通过程，而所有这些都会永久保存在系统中，不会受人员变动或离职影响。

2. 销售管理一体化

CRM 系统能够全面跟踪和实时监控从销售线索、客户跟进、销售签单、合同回款、售后服务到关系维护全过程。同时，配合系统提供的各种跟进、待办、日程、点评等实时提醒，促进销售人员有条不紊、精准高效地跟进每位客户，避免漏单、忘单、丢单，缩短销售周期，提高销售成功率。

3. 售后管理一体化

企业客户包含潜在客户、目标客户、成功客户、会员、VIP、渠道商、分销商、代理商等，是一个数量庞大且分类繁杂的群体，每一类、每一位客户都极具个性，再涉及历史购买、消费、回款等记录，如果没有先进的 CRM 系统来管理，根本无法全面了解和把握客户需求、问题、痛点等，很难从中找出重点客户，也无法科学、合理地分配时间、人员来重点维护核心客户，不利于企业保持长久竞争力。CRM 系统一般集客户服务、关怀、回访、投诉、建议、售后知识库等于一体，完整记录、实时监控售后服务全程，不断提升服务效率、品质，达到提升客户满意度和回头率的目的。同时，售后维修也是售后的重要内容。CRM 系统通过提供售后维修接待、受理、处理、派工等全套功能，实现维修流程自动化、过程可视化，能够帮助企业大大降低服务成本，并能从中挖掘商机，带来新一轮的销售，帮助企业找到新的利润增长点。

（二）客户关系管理系统实施关键成功因素

要成功实施 CRM 系统，其关键因素主要有：

（1）高层领导支持。领导级别越高越有利。领导作用体现在三个方面。首先，他为 CRM 设定明确的目标。其次，他是一个推动者，为实施 CRM 系统提供所需的时间、财力和其他资源。最后，他确保企业上下认识到 CRM 系统对企业的重要性。在项目出现问题时，他激励员工去解决问题而不是打退堂鼓。

（2）要专注于业务流程。花费时间去研究现有的营销、销售和服务策略，并找出改进方法。

（3）技术的灵活运用。在成功的 CRM 系统中，技术的选择总是与要改善的特定问题紧密相关。选择的标准应该是：根据业务流程中存在的问题来选择合适的技术。

（4）实施队伍。CRM 系统的实施队伍应该有业务流程重组能力、信息系统集成化能力、管理变革的能力。

（5）重视人的因素。在实施 CRM 系统的各个阶段，都争取最终用户的参与，使得这个项目成为用户负责的项目。在实施的过程中，千方百计地从用户的角度出发，为用户创造方便。

（6）分步实现。通过流程分析，可以识别业务流程重组的一些可以着手的领域，但要确定实施优先级，每次只解决几个最重要的问题，而不是毕其功于一役。

（7）系统的整合。系统各个部分的集成对 CRM 系统的成功很重要。CRM 系统的效率和有效性的获得有一个过程：终端用户效率的提高→终端用户有效性的提高→团队有效性的提高→企业有效性的提高→企业间有效性的提高。

【本章小结】

客户关系管理核心思想是，客户是企业的一项重要资产，在客户价值分析基础上对客户进行分类，通过一对一营销、销售和服务，提高客户满意度和忠诚度，提升客户对企业的收入贡献。

客户价值分析是客户关系管理的基础，本章介绍了 RFM 客户价值模型、客户生命周期价值模型、客户影响力价值和价值共创模型。RFM 客户价值模型以最近一次消费、消费频率、消费金额来评估客户价值，客户生命周期价值模型以在客户生命周期内对企业的贡献来评估客户价值，客户影响力价值模型以客户的影响力来评估客户价值。

对不同价值客户，要采取不同的营销策略、销售策略和服务策略，会员制是系统实施网络客户关系管理营销策略、销售策略、服务策略的方法体系。互联网会员类型可分为无差别会员、等级会员、付费会员和非付费会员，会员权益有价格折扣型、服务型、扩展型，一般用渗透率、转化率、续费率三个指标来衡量会员制绩效。

可以用许可电子邮件、品牌网络社区和客户关系管理系统等作为客户关系管理工具。许可电子邮件是在用户事先许可的前提下，通过电子邮件的方式向目标用户传递有价值信息。品牌网络社区是客户关系管理的工具之一，其营销定位为营销推广、在线服务和销售。用 Discuz! 或 PHPWind 工具能够快速搭建起一个网络社区。客户关系管理（CRM）系统是以客户为中心，以信息技术为手段，实现营销、销售和服务等的信息化、自动化。

案例分析

2010 年，小米创立时，可谓是一无所有，没有产品、没有用户、没有知名度。但好在雷军是产品经理出身，他懂用户。于是，小米选择从消费者入手，去挖掘他们的痛点。最开始做 MIUI 时，首先是搜集网上所有对主流手机和安卓系统不满的信息，进行数据分析，找出共性的痛点，根据这些进行改进。在经过很长时间的试运营后，小米发布第一版测试，但没有钱做推广，小米就将最初 100 个参与 MIUI 系统反馈最多的粉丝姓名放在手机启动屏幕上,这个影响力是巨大的,他会带动身边所有的人去帮助传播,并且标榜他们为"小米手机的一百个梦想赞助商"。这 100 个人就成了小米第一批最珍贵的种子用户,也是小米口碑传播的起点。接着小米社区、米聊论坛等发挥极大的作用,依靠着口碑传播,到 2011 年,MIUI 已经拥有了 50 万发烧友。在 2013 年,小米还拍了部微电影。把这 100 个人的名字印在了电影里的赛车上,名字就叫作《100 个梦想的赞助商》。

(资料来源:http://mini.eastday.com/a/180711204643502.html,编者改编)

复习思考题

1. 客户关系管理的目的是什么?
2. 客户关系管理发展动力是什么?
3. 简述客户关系管理的作用。
4. 简述 RFM 客户价值模型。
5. 简述客户生命周期价值模型。
6. 简述客户影响力价值模型。
7. 简述会员制的会员类型。
8. 简述会员制权益类型。
9. 简述客户关系管理关键绩效指标。
10. 简述许可电子邮件在客户关系管理中的作用。
11. 简述品牌网络社区在客户关系管理中的作用。

参考文献

查菲，查德威克.网络营销：战略、实施与实践［M］.马连福、高楠，等译.北京：机械工业出版社，2015.

陈明亮.客户关系管理基础理论体系框架探讨［J］.管理工程学报，2006（4）：36－41.

戴鑫.新媒体营销［M］.北京：机械工业出版社，2020.

邓乔茜，王丞，周志民.社会化媒体营销研究述评［J］.外国经济与管理，2015，37（1）：32－42.

邓胜利.国外用户体验研究进展［J］.图书情报工作，2008（3）：43－45.

丁一，郭伏，胡名彩，等.用户体验国内外研究综述［J］.工业工程与管理，2014，19（4）：92－97，114.

樊治平，王建宇，陈媛.客户关系管理（CRM）的评述与展望［J］.系统工程，2002（6）：1－8.

费巍，黄如花.基于用户行为分析的搜索引擎优化策略［J］.图书情报工作，2005（10）：75－77，110.

付真真，陆伟.基于关键词的搜索引擎优化策略及效果分析［J］.现代图书情报技术，2009（6）：61－65.

郭庆涛，郑滔.计算广告的匹配算法综述［J］.计算机工程，2011，37（7）：222－224，233.

韩志辉.定位到双定位：百年营销理论变迁［EB/OL］.https://www.sohu.com/a/215777655_605452.

贺和平，刘雁妮，周志民.体验营销研究前沿评介［J］.外国经济与管理，2010，32（8）：42－50，65.

华迎.网络营销［M］.北京：高等教育出版社，2020.

黄敏学，张皓.信息流广告的前沿实践及其理论阐释［J］.经济管理，2019，41（4）：193－208.

马晓玲，吴永和.对于搜索引擎优化（SEO）的研究［J］.情报杂志，2005（12）：119－121.

黎小林，王海忠.营销绩效评估理论述评［J］.广东商学院学报，2010，25（4）：44－52.

黎邦群.基于搜索引擎与用户体验优化的OPAC研究［J］.中国图书馆学报，2013，39（4）：120－129.

李小青.基于用户心理研究的用户体验设计［J］.情报科学,2010,28（5）:763-767.

刘满凤.国外市场营销绩效评价研究综述［J］.商讯商业经济文荟,2004（3）:33-37.

刘满凤,黎志成.网络营销绩效评价指标体系研究［J］.科技进步与对策,2001（8）:19-20.

卢泰宏,周志民.基于品牌关系的品牌理论:研究模型及展望［J］.商业经济与管理,2003（2）:4-9.

欧阳波,贺赟.用户研究和用户体验设计［J］.江苏大学学报（自然科学版）,2006（S1）:55-57,77.

彭波.互联网治理的"中国经验"［EB/OL］.http://www.rmlt.com.cn/2019/1224/564814.shtml.

齐佳音,韩新民,李怀祖.客户关系管理的管理学探讨［J］.管理工程学报,2002（3）:31-34.

瞿艳平.国内外客户关系管理理论研究述评与展望［J］.财经论丛,2011（3）:111-116.

任勇旗,唐毅.以用户为中心的搜索引擎优化研究［J］.图书馆学研究,2009（1）:44-46,96.

斯特劳斯,弗罗斯特,等.网络营销［M］.时启亮,陈育君,译.北京:中国人民大学出版社,2018.

宋聚平,王永成,滕伟,等.搜索引擎中Robot搜索算法的优化［J］.情报学报,2002（2）:130-133.

王健康,寇纪淞.客户关系管理价值链研究［J］.管理工程学报,2002（4）:51-54.

王永贵,董大海.客户关系管理的研究现状、不足和未来展望［J］.中国流通经济,2004（6）:53-57.

危伟.所有卖家都应该知道的几个电子邮件营销绩效指标［EB/OL］.https://mjzj.com/newmjzj/article/detail/46423/.

文坤梅,卢正鼎,陈莉,等.元搜索引擎中检索结果排序的优化方法［J］.华中科技大学学报（自然科学版）,2003（3）:49-51.

杨善林,王佳佳,代宝,等.在线社交网络用户行为研究现状与展望［J］.中国科学院院刊,2015,30（2）:200-215.

杨永恒,王永贵,钟旭东.客户关系管理的内涵、驱动因素及成长维度［J］.南开管理评论,2002（2）:48-52.

姚琦,马华维,阎欢,等.心理学视角下社交网络用户个体行为分析［J］.心理科学进展,2014,22（10）:1647-1659.

张洁,赵英,余红.B2C电子商务网站用户体验评价研究［J］.情报科学,2013,31

(12): 84-89, 94.

张巍, 李志蜀. 基于 PageRank 算法的搜索引擎优化策略 [J]. 计算机应用, 2005 (7): 1711-1712, 1718.

周懿瑾, 陈嘉卉. 社会化媒体时代的内容营销: 概念初探与研究展望 [J]. 外国经济与管理, 2013, 35 (6): 61-72.